灵感·山西

[法]高大伟 主编

**INSPIRING SHANXI
EN PERSPECTIVE(S)**

新星出版社 NEW STAR PRESS 　山西教育出版社 SHANXI EDUCATION PRESS

目　录

序言　　　　　　　　　　　　　　　　　　　　　　杜占元 / 1
序言　　　　　　　　　　　　　　　　　　　　　　周秉德 / 3
序言　　　　　　　　　　　　　　　　　　　　　　　　王庚 / 5
序言　　　　　　　　　　　　　　　　　　　　　　高大伟 / 7
序言　　　　　　　　　　　　　　　　　　伊琳娜·博科娃 / 10
序言　　　　　　　　　　　　　　　　　　路易斯·高塔特 / 12

第一章　黄河与黄土

山西，黄土的福泽　　　　　　　　　　　　　　　高大伟 / 17
唐风晋韵：山西历史发展脉络及其在国史上的地位　乔新华 / 21
我的家乡在山西　　　　　　　　　　　　　　　　孙瑞生 / 25
平遥古城：在历史中展望未来　　　　　　　　　　　白兰 / 28
追忆山西往事　　　　　　　　　　　　　　　　　古德曼 / 31

第二章　建筑、手工艺与生活方式

山西方言，黄土高原上的宝藏　　　　　　　　　　李小萍 / 37
日月灯，云霞帐，风雷鼓板——山西大戏场　　　　　王芳 / 40

法国大厨眼中的山西美食佳肴　　　　　　　　　　伊万·科莱 / 45
汾酒，中国人的一段乡愁　　　　　　　　　　　　肖灵 / 48
珐华：从技术到艺术的蜕变　　　　　　　　　　　高大伟 / 51

第三章　创造繁荣：过去、现在与未来

晋商，跟着"丝路"扬帆远航　　　　　　　　　　王岫 / 57
关公文化旅游的发展脉络　　　　　　　　　　　　闫爱萍 / 61
山西省旅游业的可持续发展——一个威尼斯人的思考

埃米里奥·昆特 / 64
山西——自然、建筑、文化和社会遗产宝库　让·菲利普·雷诺 / 68
全球能源转型的山西智慧　　　　　　　　　　　　武东升 / 73
从灰蒙蒙到绿莹莹——家乡的渐变色　　　　　　　韩茜 / 77

第四章　山西的文化与艺术：点亮世界文化遗产
　　　　　的中华文明之光

华夏原乡——丰富多彩的山西文物　　　　　　　　许高哲 / 85
云冈石窟：一个王朝的速写　　　　　　　　　　　赵昆雨 / 88
民族融合的画卷：山西北朝美术考古重要发现　　　武夏 / 91
千年一寺看佛光　　　　　　　　　　　　　　　　彭可儿 / 97
晋祠"三绝"与"三宝"　　　　　　　　　　　　郭晋媛 / 101
法国总统乔治·蓬皮杜访问山西云冈石窟50周年纪念

高大伟 / 104

致谢 / 108

CONTENTS

Preface	by Du Zhanyuan / 111
Preface	by Zhou Bingde / 113
Preface	by Joan Valadou / 115
Preface	by David Gosset / 117
Preface	by Irina Bokova / 120
Preface	by Louis Godart / 122

CHAPTER ONE
The Yellow River and the Loess

Shanxi, Bliss on the Loess	David Gosset / 127
Tang Style and Jin Charm: the Historical Development of Shanxi and Its Position in the Chinese History	Qiao Xinhua / 131
Shanxi, My Hometown	Sun Ruisheng / 136
Pingyao: A Living Past that Looks Into the Future	Belén Cuadra-Mora / 140
The Remembrance of Shanxi Past	David S. G. Goodman / 144

CHAPTER TWO
Architecture, Craftsmanship and Lifestyle

Shanxi Dialect: A Treasure on the Loess Plateau	Li Xiaoping / 151
Shanxi as a Grand Theater: With the Sun and the Moon Serving as Limelights, Colorful Clouds as Curtains, and Thunderstorms as Musical Accompaniment	Wang Fang / 155

Shanxi Cuisine in the Eyes of a French Chef　　　　　　　Yvan Collet / 162

Fenjiu, a Piece of Nostalgia for Chinese People　　　　　　Xiao Ling / 165

Fahua: Craftsmanship Metamorphosing into Art　　　　　David Gosset / 169

CHAPTER THREE
Creating Prosperity – Past, Present and Future

Shanxi Merchants Set Sail Across the Silk Roads　　　　　　Wang Xiu / 175

The Development of Lord Guan Cultural Tourism　　　　　Yan Aiping / 180

A Venetian Reflection for Sustainable Tourism Development
in the Shanxi Province　　　　　　　　　　　　　　　Emilio Quintè / 184

Shanxi – A Natural, Architectural, Cultural and Societal Heritage
　　　　　　　　　　　　　　　　　　　　　Jean-Philippe Raynaud / 189

Shanxi Wisdom for Global Energy Transformation　　　Wu Dongsheng / 195

From Gray to Green – Gradient Color of My Hometown　　　Han Qian / 200

CHAPTER FOUR
Culture and Arts of Shanxi - The Light of Chinese Civilization that Illuminates the World's Cultural Heritage

The Original Home of China – Rich and Colorful Cultural Relics in Shanxi
　　　　　　　　　　　　　　　　　　　　　　　　　Xu Gaozhe / 209

The Yungang Grottoes: the Epitome of a Dynasty　　　　Zhao Kunyu / 214

The Scroll of Nations Fusion: the Art Archaeology
of the Northern Dynasties in Shanxi　　　　　　　　　　　Wu Xia / 218

Foguang: A Millennium-old Temple　　　　　　　　　　Peng Ke'er / 227

"Three Wonders" and "Three Treasures" in Jinci Temple　Guo Jinyuan / 232

Commemorating the 50th Anniversary of French President Georges Pompidou's
Visit to the Yungang Grottoes in Shanxi Province   David Gosset / 236

Acknowledgments   / 241

CATALOGUE

Préface par Du Zhanyuan / 245
Préface par Zhou Bingde / 247
Préface par Joan Valadou / 249
Préface par David Gosset / 252
Préface par Irina Bokova / 255
Préface par Louis Godart / 257

CHAPITRE I
Le Fleuve Jaune et le lœss

Shanxi, les délices du lœss — David Gosset / 261

Style Tang et charme Jin: le développement historique du Shanxi et sa position dans l'histoire de la Chine — QiaoXinhua / 265

Shanxi, mon pays natal — Sun Ruisheng / 271

Pingyao: Un passé vivant tourné vers l'avenir — Belén Cuadra-Mora / 276

A la recherche du Shanxi — David S. G. Goodman / 280

CHAPITRE II
Architecture, artisanat et mode de vie

L'ancien dialecte du Shanxi: un trésor sur le plateau du lœss — Li Xiaoping / 289

Le Shanxi comme un grand théâtre: Avec le soleil et la lune comme projecteurs, les nuages colorés comme rideaux et les orages pour accompagnement musical — Wang Fang / 293

La cuisine du Shanxi vue par un chef français   Yvan Collet / 300

Fenjiu, un goût de nostalgie pour la population chinoise   Xiao Ling / 304

Fahua: L'artisanat se métamorphosant en art   David Gosset / 309

CHAPITRE III
La création de la prospérité - passé, présent et futur

Les marchands du Shanxi embarquent sur les routes de la soie   Wang Xiu / 315

Guan Yu: un exemple du développement du tourisme culturel dans la province du Shanxi   Yan Aiping / 321

Une réflexion vénitienne pour le développement du tourisme durable dans la province du Shanxi   Emilio Quintè / 326

Shanxi – un héritage naturel, patrimonial, culturel et sociétal   Jean-Philippe Raynaud / 331

La sagesse du Shanxi au service de la transition énergétique mondiale   Wu Dongsheng / 337

Du gris au vert: le dégradé de couleurs de ma ville natale   Han Qian / 343

CHAPITRE IV
Culture et art du Shanxi: les lumières de la civilisation chinoise éclairant le patrimoine culturel mondial

Aux origines de la civilisation chinoise——Les riches reliques culturelles du Shanxi   Xu Gaozhe / 353

Les grottes de Yungang: la quintessence d'une dynastie   Zhao Kunyu / 357

Le creuset des nations: l'archéologie de l'art des dynasties du Nord au Shanxi   Wu Xia / 361

Foguang: Le temple de mille ans	Peng Ke'er / 370
Les trois merveilles et les trois trésors du temple Jinci	Guo Jinyuan / 376
Commémoration du 50ᵉ anniversaire de la visite du Président français Georges Pompidou aux grottes de Yungang dans la province du Shanxi	David Gosset / 381

Remerciements / 386

序　言
杜占元

　　山西是中国内陆的一个省份。与处于中国东部沿海、享有更高海外知名度的省份相比，她在自然地理、历史人文、经济发展等方面都别具特色，是读懂广袤中国的独特篇章。高大伟先生主编的"灵感"系列丛书推出新作《灵感·山西》，显示出深入探索和全面介绍中国各地的雄心，值得祝贺。

　　当今世界，误解与偏见仍然横亘在不同国家、不同民族、不同文明之间，常常酿出令人痛心的苦果。在这样的背景下，推动文化交流和文明互鉴、增进理解互信的不懈努力，就显得尤为可贵。

　　高大伟先生多年来致力于多元文化交流，特别是对中国历史文化和经济社会发展多有卓见，令人印象深刻。高大伟先生的足迹踏遍了中国的许多地方，他极富创意地策划了"灵感"系列丛书：每部作品聚焦中国的一个省份，汇集不同国家、不同职业、不同文化背景的人士来观察和讲述。用多元视角促进交流与理解，对中外读者——无论是远在海外的读者还是本地的居民和建设者——都很有启迪。

期待"灵感"系列不断推出新的精品力作，也期待更多读者在这些作品的吸引下来中国走一走、看一看，探索属于自己的中国故事和中国灵感。

杜占元，中国外文局局长。

序 言

周秉德

前两天收到高大伟教授发来的微信，邀请我为他的新书作序，我深感荣幸。高大伟教授是法国的国际关系专家，善于研究欧洲各国与中国之间的政治、经济、文化等方面的发展与现状。如今他又主编了关于山西省的书籍《灵感·山西》，我祝贺他又有新的作品！

因为他将新书发布仪式设在2023年9月15日，恰逢周总理与蓬皮杜总统参观云冈石窟50周年的纪念日，我更进一步体会到他对我的伯父周恩来先生的敬仰之情！

1973年9月，来到中国的法国总统蓬皮杜先生虽已身患重病，却还不辞劳苦，努力推进中法关系，很值得中国人民尊重！此时，周恩来总理也已重病在身，为了中法友谊，不但与蓬皮杜总统在杭州、上海深入交流会谈，还因知道蓬皮杜对文化艺术的喜好，专门陪同他去观赏位于山西省的精美的文化古迹云冈石窟。这的确是值得纪念的日子。

我衷心预祝高大伟先生为中欧交流、中法交流，做出更多的研究与贡献。

  让我们共同祝愿中法友谊长存！

  让我们共同祝愿世界永远和平！

  周秉德，周恩来的侄女，曾任中新社副社长。

序 言

王度

法中关系的建立与发展，其基础不仅在于双方高度的政治远见和强烈的政治意愿，同时也在于双方对彼此历史文化的好奇甚至是迷恋。

这两方面往往相辅相成。无论是在法国还是在中国，文化和历史都与远大的政治抱负息息相关，也是远大抱负脚踏实地的承载者。文人墨客常心忧天下，政治领袖则往往钟爱历史、创作和思辨。

法国国家元首多年来与中国领导人之间所保持的关系，以及文化在法中关系发展中所发挥的作用，就是法中两国这一共同特点的具体体现。

多位法国总统皆钟情于中国文化，积极促进法中在文化领域的对话：从对千年中华的重要性充满远见卓识的戴高乐总统，到蓬皮杜总统、德斯坦总统，再到对中国历史与艺术满怀热爱的希拉克总统，一直到法兰西共和国现任总统马克龙。

近六十年来，法国总统与中国领导人所保持的对话不仅仅是就国际时政问题的交流，也是两大文化之间的文明交流，是人类两大思想观念之间的交锋，而其中每一种都有它的价值。

也正因此，蓬皮杜总统在1973年的中国之行中，不仅访问了北京、上海和杭州，还应周恩来总理的邀请，前往山西，参观了云冈石窟这一重要的中国历史文化遗产。

彼时，法中建交还不到十年的时间。这一次的访问，此后看来，不仅是一次意义重大的外交盛事，更是一次感人至深的人文之旅。两位为各自的国家鞠躬尽瘁的领导人，在生命即将走到尽头之际，在世界上一个最宏伟神奇的地方，相遇、相识、相知。

这一次的访问，加之蓬皮杜总统对当代艺术的热爱，为我们在他曾经来到过的上海——这座对法国人来说如此亲切的城市，留下了一笔遗产：法国蓬皮杜中心与上海西岸美术馆五年展陈合作项目。2019年，马克龙总统亲自为其揭幕，这一标志性的项目成为我们两国文化交流的前沿阵地。

本书由法国汉学家高大伟（David Gosset）主持编纂，他本人在上海生活已有多年。这本著作不仅突出了山西在中华历史和文明中的重要地位，更回顾了从长三角到黄土高原，法中外交和文化交流中的动人篇章，这正是本部作品的意义和成就所在。

王度，法国驻上海总领事。

序　言

高大伟

无论是作为读者、编辑还是作者，我对书籍都抱有始终如一的热忱。在很大程度上，我们是由自身所研读的书籍塑造而成的。我也喜爱收藏书籍，因为它们本身就是美好之物。

但《灵感·山西》于我而言却绝不仅仅是一本书籍而已。它对我来说有着非常特别的意义。安德烈·马尔罗（1901—1976）是法国著名作家，也是夏尔·戴高乐（1890—1970）政府的文化部长，他曾说过："文化使得人类不再只是宇宙偶然的产物。"而坐落于黄河之畔的山西就是这样一片文化的热土。

我在年少时便对中国产生了浓厚的兴趣。我们身处的地球村日新月异，而我们看待世界的方式也在不断演进，但中国对我却始终保持着强烈的吸引力，我就像是一个小小的天体，围绕着这颗巨大行星不停运转。

增进中西方的相互理解是我一生的重要工作，但相互欣赏是需要前提的，我们显然需要让世界上尽可能多的人了解到中华文明的渊博与美丽。

要介绍这个14亿多人口的大国,我们可以将这个庞大复杂的社会拆解为不同的要素来呈现。这种方法可称为是"万花筒式的"(kaleidoscopic)。这个单词由三个古希腊语词汇构成,分别是kalos,美丽的;eidos,形态;以及skopeo,审视。按字面意思解读就是对美好形态的观察。

这也阐明了《灵感·天津》一书在2020年的创作过程。这本书收获的成功让我们萌生出了再做一本《灵感·山西》的想法。我们希望这两本书能够成为一套系列图书的起点,带领读者游历美妙的中华大地。

《灵感·山西》的编排如同一曲复调音乐。

我要感谢本书的每一位撰稿人。第一章介绍了山西省的概况,乔新华、孙瑞生、白兰、古德曼将读者带往黄河之畔。在第二章中,李小萍、王芳、伊万·科莱、肖灵展现了山西的生活方式和独特传统。第三章的作者王岫、闫爱萍、埃米里奥·昆特、让·菲利普·雷诺、武东升、韩茜则着重从经济等当代议题解读了山西。最后,本书以文化和艺术为终章,许高哲、赵昆雨、武夏、彭可儿、郭晋媛为读者打开了通往这片古老文化宝地的大门。

这些声音各不相同。读者可根据自己的兴趣着重阅读其中的某一篇文稿,亦可自由切换阅读重点,品读这个拥有千年历史、地形地貌丰富、常住人口达3700万的省份。本书的每篇文章都以中、英、法三语呈现,也使得这首乐曲能够在多种语言中和谐共鸣。

显然,我们的目的并非完成一本关于山西的百科全书,而更多地是想将这个省份介绍给读者。我们希望这本书中的文章能够让读者体会到深入探索山西的重要意义。

与此同时，山西也代表着丰富的感官体验。

我们可以触摸山西出产的陶瓷器，品尝精美的晋菜，听闻方言和歌曲，细嗅清香的汾酒，观赏阳光的金黄倾洒在其独特地质景观上的视觉盛宴。

无论国内还是国外，来到山西的游客都将在这片土地上收获惊喜。正如我在后文中所述，他们都会感受到"黄土的福泽"。

高大伟，汉学家，1970年出生于巴黎。著有《中华复兴管窥》（2018），主编《中国与世界》三卷本。中欧论坛创始人（2002）、中欧美全球倡议（2021）发起人。

序　言
伊琳娜·博科娃

在担任联合国教科文组织总干事期间，我有幸见证了中国在保护文化遗产方面的努力。

在多次访问这个幅员辽阔的国家后，我意识到，保护文化遗产是中国人民的深切愿望。

当人们通过知识生产、阐释和比较等方式与世界交流和分享自身的文化时，也对文化保护做出了贡献。

这也是为什么我对《灵感·山西》的出版乐见其成，这是继《灵感·天津》（2020）之后又一部"灵感"系列作品。我希望，在主编高大伟的辛勤努力下，这一系列能够出版更多的作品，使"灵感"精神得以延续。

山西拥有多个联合国教科文组织评出的世界遗产，其中包括中国佛教四大名山之一的五台山、平遥古城，以及佛教艺术宝库云冈石窟。

中国拥有值得被世界深入了解的灿烂文明。展现中华文明的一种方式是分别展现其各个组成部分的风采。也正是如此，中华文明的独特性和丰富性才得以造就，统一性和多样性才得以微妙而和谐地结合。

伊琳娜·博科娃，2009年至2017年担任联合国教科文组织总干事，国际科学理事会（ISC）名誉特使。

序　言

路易斯·高塔特

作为研究古希腊的专家，我很荣幸能够应邀为《灵感·山西》一书作序。

山西是一片文化厚土。在我看来，文化是重中之重。

作为意大利总统塞尔焦·马塔雷拉的文化顾问，我曾于2016年在位于罗马的意大利总统府组织了一场有关中国的大型展览。

这场展览以"从古丝绸之路到一带一路"为主题，汇集了20余家博物馆的藏品，这场名副其实的盛会体现出不同文化之间如何相互交融、共同繁荣。

这也让我们得以从历史视角解读习近平总书记提出的"一带一路"倡议。展览大获成功，我们不得不延长了展期。2017年，我们又将其带到了都灵的东方艺术博物馆。

我在此提到这场展览有三个原因。第一，我正是在2016年展览筹备期间认识到了云冈石窟的重要意义。我也非常高兴能看到这处被联合国教科文组织列入名录的世界遗产能够在《灵感·山西》一书中得以呈现。

第二，我们展出了一些最为优秀的中国当代手工艺作品。而这与山西也有着显而易见的联系：山西是传统手工艺的发源地。这一点也在本书中有所体现。

第三，展览的成功举办离不开汉学家高大伟先生的协助，他也正是这本《灵感·山西》的主编。在过去的二十多年中，他以出色的耐心与决心将中国文化带到了全世界的视野中。在此我愿对他做出的工作致以祝贺与敬意。

《灵感·山西》是一首由中、英、法三种语言汇编而成的赞歌，献给这座最富有魅力的中国省份之一——山西。我衷心希望这本书能为中华文明与世界之间搭建起一座桥梁。

路易斯·高塔特，考古学家、山猫学会（成立于1603年）会员、法兰西铭文与美文学院（成立于1663年）成员。曾出任卡洛·阿泽利奥·钱皮（1920—2016）、乔治·纳波利塔诺及塞尔焦·马塔雷拉三任意大利总统文化顾问。

第一章

黄河与黄土

山西，黄土的福泽

高大伟

对于热爱中国的人们来说，山西有着无穷的魅力。

山西，从字面上看意为"山的西面"。如同山脉的高耸，遍布三晋大地的庙宇似乎也占据着精神世界的高地。以太行山为界划分东西，山西由此得名。太行山系的最高峰是山西省五台山北台的叶斗峰，海拔高达3061米。

山西地处内陆，群山环绕，但同时也有着纵横交错的水系。汾河全长713千米，流域面积占全省总面积的25.5%，最终汇入黄河5464千米的雄伟河道。跨过西侧鄂尔多斯段的"几"字弯，黄河在山西境内由北向南流，而后向东流转，将全长485千米的沁河纳入干流。在南北方向上，黄河分别流经山西和陕西两省，位于晋陕峡谷的壶口瀑布是世界上最大的黄色瀑布。在东西方向上，山西和河南两省的一部分以黄河为界划分。了解到这样的地理布局，我们就可以在脑海中想象出这个地处黄河以东、大部分坐落于黄河中游的省份。

如果要用一种颜色代表山西，那毫无疑问一定是黄色。在中国传统文化的表现形式中，黄色用以表示中心地位。山西是黄色的，因为黄河勾勒了山西的西、南边界，也因为山西有着独特的沙质土壤——黄土。在中文里，黄土的字面意思即为"黄色的土壤"。黄土在大自然中被雕刻出了形状和大小各异的地貌，前往山西的游客总会对此赞叹不已。黄土养育了这里的人民，也在某种意义上意味着艰辛，但同时也标志着在长期地质变化中所塑造出的独特品格。黄土的内在节奏与缓慢的地质运动相契合，能给予向往的人们充满幸福感的宁静体验。

自然赋予了山西一些特质，但一个地区的意涵远不止其地理上的禀赋。我们可以用最直接的方式来解读山西丰富的文化遗产：比如口感丰富、香气四溢的晋菜，无论是在以大同和五台山为代表的晋北地区、在以太原为代表的晋中地区，还是在以临汾、运城为代表的晋南地区，面条、面饼、羊肉、小米、高粱和陈醋等食材总能让一顿简餐化为一桌盛宴，在山西传统音乐和舞蹈的烘托下更是一种享受。因此，山西面食盛名远扬。面食本身是为了食用，但面食的制作过程也是一种值得被关注的技艺。

山西深厚的历史造就了多彩的现在。瑞典地质学家安特生（1874—1960）发现了新石器时代的仰韶文化和这一时期精美非凡的陶器。自此之后，山西对于鉴赏家们来说便产生了无限的吸引力。

到了周朝中期，晋国以现山西省的南部为基础发展成为一个强大的诸侯国。公元前453年，韩、赵、魏三家分晋，标志着战国时期的开始。公元前221年，时年38岁的秦始皇（前259—前210）统一六国，成为中国史上首位一统天下的皇帝。

山西的晋商传统也非常值得关注。在明清时期，晋商在贸易和金融领域占据了主导的地位。探访距太原约100千米的平遥，我们就能看到彼时富商巨贾积累下的大量财富。晋商在19世纪发展到鼎盛阶段。日升昌票号不仅在全国货币汇兑业务中举足轻重，还在俄罗斯和日本开设了分支机构。

在1973年的访华行程中，法国前总统乔治·蓬皮杜（1911—1974）参观了壮观的山西云冈石窟。早在20世纪初，杰出的汉学家沙畹（1865—1918）就在《华北考古记》（1909）一书中向西方学界介绍过这一文化遗迹。

陪葬秦始皇的兵马俑直到1974年才得以出土，因此1973年法国总统访华时，周恩来（1898—1976）总理没有选择带他去陕西，而是来到了山西。

另一个发生在1937年的故事也体现了山西重要的文化意义。故事的主角是两位著名的中国知识分子——林徽因（1904—1955）和梁思成（1901—1972）。作为建筑学家，林徽因和梁思成在婚后的第九年来到了山西。在这次非常重要的考察之旅中，他们证明了佛光寺的木质结构可以追溯到唐朝（618—907）。费慰梅（1909—2002）在《梁思成和林徽因——一对探索中国建筑的伴侣》（1994）一书中详细记录了夫妻二人在20世纪30年代的这些考察调研。费慰梅是美国中国学奠基人费正清（1907—1991）的妻子，他们和梁思成、林徽因夫妇有着深厚的友谊，也在某种意义上为中美关系的未来做好了准备。

21世纪的中国已然崛起，成长为林徽因和梁思成都未曾设想过的强大国家。随着中国知识与文化复兴的推进，山西流传于世的宝藏将进一步被发扬光大、重新塑造并与世界分享。山西的这一进程也将在这本书中得以呈现。

高大伟，汉学家，1970年出生于巴黎。著有《中华复兴管窥》（2018），主编《中国与世界》三卷本。中欧论坛创始人（2002）、中欧美全球倡议（2021）发起人。

唐风晋韵：山西历史发展脉络及其在国史上的地位

乔新华

"东枕太行，南临中原，西望黄河，北通幽燕"，这是山西在中国的地理空间，简称为"晋"，别称"三晋"，亦有河东、山右之古称。唐代诗人柳宗元在《晋问》中说："晋之山河，表里而险固。"清朝历史地理学家顾祖禹在《读史方舆纪要》中认为："天下之形势，必有取于山西，京师之安危，常视山西之治乱也。"走进山西，就如同走进了中国历史博物馆，时时处处感受着中华文明的历史脉动！

在中国历史的早期阶段和华夏文明的开启之时，这里是华夏文明的摇篮之一。从垣曲"世纪曙猿"到芮城"西侯度圣火"，从"丁村遗址"到"陶寺遗址"，从晋东南地区流传的上古神话故事"女娲补天""精卫填海""后羿射日"，到史籍中"尧都平阳、舜都蒲坂、禹都安邑"，我们在文献记载、考古遗址和神话故事三重证据里感受到山西在华夏文明起源史上的重要地位。著名考古学家苏秉琦先生认为：距今六千年到四五千年间，中华大地的文明火花如满天星斗一样璀璨，连接中原与北方的文化连接带，在晋南同四方的其他文化再次结合，这里是升起最早也最光亮的地带，是中国文化总根系中一个最重要的直根系。

从传说中的炎黄二帝，到尧舜禹及封建王朝建立的夏商周时期，山西曾是华夏文明的核心区域。公元前21世纪，中国历史告别了"禅让制"，进入"父传子，家天下"的夏王朝。山西南部古有"夏墟"之称。陶寺遗址的晚期，夏县"东下冯遗址"中的遗存，清楚地表明晋南是夏文化早期的中心区域。继夏而起的商朝，国家体制进一步完备，文明程度更高。山西南部发现的商代早期青铜重器和完整城池，表明这里是商王朝的经略要地。周代"封建亲戚，以藩屏周"，姬虞被封在山西，国号为"唐"。其子燮父改号为"晋"。周王室的战略屏障，曲村—天马的"晋侯墓地"是晋国历史的一个重要考古遗址，山西省会太原城西南的晋祠是山西历史文化的一个缩影！

山西是民族融合的大舞台。如魏晋南北朝时期。从304年刘渊起兵一直到6世纪后期577年北周灭北齐，山西在中国北方的地位一直很重要，平阳、平城、晋阳，先后更迭成为重要的政治军事文化中心。在北方游牧文明与中原农耕文明发生碰撞，金戈铁马之余，文化交流和民族融合也随之发生。山西作为汉民族与草原民族交汇的前沿地带，成为华夏各民族和文化交融的"大熔炉"。徐显秀墓、娄睿墓等考古发现表明，亚洲各地和地中海诸国的使者与商人曾云集于北魏首都平城和北齐别都晋阳，粟特商人带来了中亚、西亚乃至地中海各国的奇珍异宝和文化艺术，异域的宗教思想和文化艺术也曾被广泛吸纳。北朝时期，中外经济文化交流规模持续扩大，促进了"丝绸之路"的繁荣，奠定了"盛唐气象"的基石。

明清时期，山西商人纵横欧亚九千里，称雄商界五百年，开辟了南起福建、北达蒙俄、连接欧亚的国际贸易通道"万里茶路"，这是历史上"一带一路"大商圈的重要组成部分。晋商创票号、立号规，创造了汇通天下的奇迹，留下了乔家大院、王家大院、常家庄园等美轮美奂的晋商大院，传承着"诚实守信、开拓进取、和衷共济、务实经营、经世济民"的晋商精神。关公文化和洪洞大槐树根祖文化，也在这一时期发扬光大。

自1911年辛亥革命到1949年中华人民共和国成立，山西是著名的革命根据地。红军东征在山西留下光辉足迹。抗日战争时期，中共中央北方局、八路军总部、三大主力师长期在此战斗，驻扎山西，创建根据地，取得了平型关大捷、夜袭阳明堡、百团大战等一场场伟大胜利。山西成为敌后抗战的战略支点，留下了左权麻田镇、武乡王家峪八路军总部、黎城黄崖洞兵工厂等一个个革命旧址，锻造了伟大的抗战精神、太行精神。解放战争时期，英勇的人民解放军浴血奋战，力克顽敌，太原战役拔掉了国民党在华北的最后堡垒，推动了全国的解放进程。

20世纪60年代的一首民歌《人说山西好风光》唱道："人说山西好风光，地肥水美五谷香，左手一指太行山，右手一指是吕梁。站在那高处望上一望，你看那汾河的水呀，哗啦啦地流过我的小村庄。"山西历史文化多姿多彩，灿烂辉煌！

走进山西，可以了解中华五千年文明的瑰丽多姿、博大精深。请跟我来游山西！

乔新华：山西大学历史文化学院教授，博士生导师。

编者按：乔新华介绍了山西悠久历史的概况。她恰当地写道："山西省会太原城西南的晋祠是山西历史文化的一个缩影！"《灵感·山西》的读者可参阅郭晋媛关于晋祠建筑群的文章。

我的家乡在山西

孙瑞生

作为一名土生土长的山西人，我深深爱着自己的家乡，因这里悠久的历史、灿烂的文化以及美丽的自然风光而感到自豪和骄傲。作为一名《中国日报》的记者，我又时刻想着能把"山西故事"讲好，能让更多的中国人和外国人增进对山西的了解，尽可能去掉山西只是"煤炭大省"的标签。

有人说，在山西随便抓一把泥土，就能够攥出文化的汁液。此言不假。山西的版图就像一枚写满文明密码的树叶，珍存着中华文明上下五千年极其完整的印记。山西是中华文明的重要发祥地之一。尧、舜、禹都曾在山西南部地区建都。山西三大世界文化遗产——五台山、云冈石窟、平遥古城闻名遐迩。山西有全国重点文物保护单位531处，居全国之首；宋辽金及其之前的地面木结构建筑120座，占全国总数的86.95%以上；中国目前现存的3座唐代建筑都在山西。因此，山西被业界称作"中国古代建筑艺术博物馆"。在中国也有这样的说法："地下文物看陕西，地上文物看山西。"

山西还有着"表里山河"的美誉。东部的太行山和西部的黄河，成为两道天然屏障，把山西紧紧地裹挟在一起。中华"母亲河"黄河发源于青藏高原，一路清澈见底、温婉秀丽，而一旦进入晋陕峡谷，立刻雄性十足、豪迈奔放。吉县壶口表现出波澜壮阔、"千里黄河一壶收"的壮美景观。

太行山也是这样。数亿年前的地壳运动，使原本处于汪洋大海的太行山脉强烈隆起，与华北平原形成巨大的落差，从而造就了千里太行巍峨挺拔、鬼斧神工的大自然杰作，太行板山、壶关大峡谷、晋城王莽岭当属代表。

此外，由于山西地处汉民族与北方游牧民族接壤地带，自古以来便是兵家必争之地。山西成为中国长城分布较多的省份之一，从战国长城、北齐长城，到宋长城、明长城、清长城，山西长城总长度累计3500多千米，现存较完整的城墙和遗迹有1400多千米。偏关老牛湾成为长城与黄河"握手"之地。

山西有着如此丰厚的自然遗产和历史遗存，是一个文物与旅游资源富集的省份。为了扩大山西的国际影响，2015年，中国日报社组织开展了"洋眼看山西"大型境外宣传推广活动，所邀请的数十位来自世界各地的撰稿人和摄影师表示，他们大多数是第一次来山西，想不到山西这么美，文化底蕴这么深厚！

山西煤炭资源丰富，亦因挖煤而付出沉重代价。这些年经过治理，自然生态得到了恢复，环境面貌发生了巨大变化。我在山西的省会城市太原生活工作了37年之久，亲身感受了这种变化。经过持续不断的治理，森林覆盖率不断扩大，河水渐渐变清，城市更加漂亮，空气日见清新。大大小小的公园、游园随处可见。置身于风光旖旎的汾河公园，远望青山如黛，近看碧波荡漾，夕阳西下，在汾河公园晋阳桥段，你会欣赏到"汾河晚渡"的美景。太原还有令人陶醉的气候，四季分明，冬无严寒，夏无酷暑，春有百花秋有月，夏有凉风冬有雪。许多南方人来了也十分喜欢且留恋。

孙瑞生，男，1967年11月生，山西宁武人，高级记者，从事新闻工作三十余年，现任中国日报社驻山西记者站站长。1989年毕业于山西大学中文系汉语言文学专业，2008年获山西大学中国古代文学硕士学位，2009年获第五届山西省"百佳新闻工作者"荣誉称号。

平遥古城：在历史中展望未来

白兰

平遥古城位于中国黄土高原，毗邻黄河主要支流之一的汾河东岸，群山环绕，在中国历史上具有重要战略和经济意义。平遥县城是中国保存最好的四座古城之一[1]。不仅如此，平遥更是一个广受欢迎的旅游目的地，在2019年迎来了1700多万名旅客[2]。古城内，县衙、文庙、武庙、佛寺、道观、住宅以及商铺错落有致地排列在棋盘式的街道上，构建起中国北方古城的典型样式。1997年，因其保存完好的古代城市建筑，平遥古城被联合国教科文组织列为世界文化遗产[3]。

马可·波罗在游记中曾对大都——成吉思汗的都城，有如下描述："这座城市的整体规划都是按线条有规律地布置的，因此大多数街道都是笔直的，甚至从某个城门的城墙上向正前方看，都能看到对面城门的情况。"这位威尼斯旅行家所说的大都正是如今的北京，但他的话也同样适用于平遥古城。

---

1 与云南丽江、安徽徽州和四川阆中齐名。
2 《2019年平遥县国民经济和社会发展统计公报》。
3 联合国教科文组织《世界遗产公约》。平遥古城。https://whc.unesco.org/en/list/812/

平遥古城中有序、宏伟的建筑，象征着它曾经繁荣的经济，并代表了一种具有文化、社会以及建筑三重意义的景观。引导当地人和游客脚步的，是如经纬线般分布的，或垂直或平行的道路，这种道路的排布方式正是八卦图的典范。"八卦"是一种基于数学的结构，象征着自然世界，并最终聚焦人与自然的关系。"八卦"的结构蕴含着儒家等级秩序的价值体系，以及道家对于天、地、人以及宇宙浑然一体的"天人合一"思想。用德国建筑师、摄影师和汉学家恩斯特·柏石曼（Ernst Boerschmann，1873—1949）的话来说，八卦结构中的中轴线代表着"对和谐韵律的渴望，以及中国伟大思想所共通的力量"。

沿着这些精心规划的街道和小巷漫步平遥街头，我们会发现老城区3797座传统住宅和商业院落中，有超过400座仍保存完好[1]，这些建筑精妙绝伦的装饰和雕刻提醒着世人，山西省的这一独特区域在唐宋时期是一个充满活力的枢纽，在明朝是北京和中国西部地区之间的战略商业地点，在清朝则是彼时的新兴银行系统所在地。在最繁荣的时期，以平遥为主要发展地域的山西票号掌控着全国一半的流通资金，还与国外市场建立了联系[2]。

独特的建筑赋予平遥传统文化守护者的角色，也使它成为中国城市发展研究的典型案例。同时，正如中国或其他国家中许多历史悠久的城市一样，面对21世纪的挑战，平遥也在保护历史以及创造更可持续的未来之间寻求平衡。1997年，平遥古城被列入世界文化遗产，自此，平遥也和中国其他地区一样经历了翻天覆地的变化。其城市化

---

1 科姆洛夫：《马可·波罗游记》，里福怀特出版社，2003年，第133页。
2 张冠增、王兰：《中国及东亚国家的城市规划和发展》，同济大学出版社，2019年。

率显著提升，蓬勃发展的旅游业带动经济收入成倍增长。在可持续发展和经济繁荣之间取得平衡已经成为整个人类社会的一个紧迫问题，而对于那些拥有珍贵遗产的地区而言，无论是历史、自然还是文化遗产，都肩负着更为艰巨的传承责任。平遥也不例外。正如2022年初习近平主席考察平遥时所呼吁的那样，我们应当全面保护好历史文化遗产[1]。如今的平遥，既践行着文化遗产保护的承诺，也创造着充满活力的环境，不仅促进了经济的进步，还推动了艺术和文化的发展，其中平遥国际摄影大展和平遥国际电影展就是很好的例证。

一位清朝的学者将平遥比作一只"临江龟"[2]。这一说法既反映了这座城市与周边环境的关系，也体现了平遥在俯瞰下所呈现的方形形状。其实，在中国传统文化中，乌龟并不是一种普通的动物。乌龟是重要的图腾符号，象征着长寿、知识和坚忍，龟壳也是中国文字最古老的书写载体之一，因此，这一比喻具有独特而包容的寓意，涵盖自然与文化，以及对古城最吉祥的祝愿。"龟城"平遥，正如一只在自然环境中和谐栖居的乌龟，以一双慧眼在历史中展望未来。

白兰，西班牙汉学家。

---

[1] 张晓东：《平遥古城与乔家大院》，《中国建筑与城市规划》2022年第1卷第1期。
[2] 李新鹏、侯伟、刘猛、余振林（作者姓名音译）：《中国城市历史景观的传统思想与现代发展：平遥古城的经验教训》，《土地》2022年第11期。

追忆山西往事

古德曼

我第一次访问山西是在1987年年中。它与我之前所见的中国任何其他地域都不同。事实上，这也是许多人的共同反应，其中不乏来自其他省份的中国人。山西曾经，且在某种程度上是一座被地理环境和长期欠发达的交通所隔离的魔法王国。那里的食物、街道、声音、气味、历史感以及大量的宗教古迹都是我过去在中国没有经历过的。在那些日子里，没有多车道的高速公路，更不用说将山西与东部的河北、北部的北京、西部的陕西连接起来的高速公路。太原市在山西省的中心，占据了一个地势较缓的盆地，但是山西大部分地区的地形以山地为主，这也是造成这种隔绝的主要原因。

在太原下了火车准备用餐时，山西的独特之处便立即显现出来。这里的食物种类繁多，味道鲜美，而且不同寻常。山西的面条当然很有名，但并不只有一种面条，有些种类甚至看起来不像面条。面条可以用各种面粉制作，其中用小麦、高粱、小米、燕麦、马铃薯等原料做出的面粉最受欢迎。同时，面条的烹饪方式也数不胜数，可煮、可蒸、可炒，也可以用不同的手法制作成不同的形状，比如基础的手擀面、刀削面，以及佐以酱汁的蜂窝状莜面。另外，不出所料，各种不同的面粉也能做出不同的煎饼，大部分是咸味，用肉馅做成。后来，见过临汾的一位厨师通过拉伸面团（在桌上、空中、头顶）制作当地的特色煎饼，然后将肉馅薄薄地分层，将煎饼切成更容易入口的形状，这既是一种娱乐，也是一种厨艺。

面条只是饮食差异的开端。在山西，醋是一种必要的佐料，吃醋可能是为了促进面条的消化，一般人将它视为健康饮食的一部分。醋也是用各种发酵的谷物制成的。山西醋独特的制作方式在明初传到了中国东部地区。据说山西人每年人均饮用约17升醋（包括成人和儿童），当地醋的气味很像意大利香醋，弥漫在大多数餐馆中。

山西还以其马铃薯菜肴以及羊肉的消耗量而闻名。这与大多数中国人印象中的中国大相径庭，更不用说外国人了。造成这些显著饮食差异的主要原因是地形。水稻种植需要大量的水供应。一千多年来，山西的气候非常干燥，旱地耕作占主导地位，因此，高粱通常是当地饮用的蒸馏酒（白酒）的原料之一，尽管也经常添加小米，其中汾阳的汾酒无疑是省内外最有名的。同样，山区为羊群提供的放牧地使得羊肉比其他肉类更容易得到。这并不是说山西没有平原，甚至没有水稻种植，山西省的东南部、南部、中部都有水稻种植区。与中国各地一样，这里猪的数量也十分庞大。

食物只是我走下火车时的部分感官印象。迎接我的除了大学的负责人，还有一支乐队。他们演奏的音乐全无西方音乐的影子，也不是中国本土化后的西方音乐：这是一种乍听刺耳却十分和谐的锣鼓乐，具有山西东南部的特色，在改革开放开始后被推广至全省。除了声音之外，山西的空气中还有一种特有的煤味。在中国，不管问谁对山西的印象，他们都会提到农民。这一带也是中国共产党动员抗日的三大农村根据地所在的地区，为1949年夺取全国政权做出了贡献。20世纪60年代和70年代的模范农村公社——大寨就坐落于山西东部（事实上接近阳泉）。同时，一百多年来，山西一直是中国的主要工业中心之一。山西是煤炭大省，煤炭储量丰富，品种齐全，拥有高质量的煤炭露天和地下开采区。

民国时期的山西军阀首领阎锡山进一步开发了煤矿，建立了钢铁厂，开始发展汽车制造业，并早于全国大部分地区建造了公路和铁路。20世纪30年代，太原甚至拥有了机场，由德中空运公司提供服务，航班来自北京。近年来，特别是在改革开放开始后，山西已成为一个主要的工业中心，不仅生产煤炭、钢铁，还有煤炭副产品和其他工业产品，比如铝。在20世纪80年代和90年代，在太原一直能够闻到煤的气味。太原钢铁厂（首建于20世纪30年代）的矿渣堆的烟尘也加剧了这一状况，有风时烟尘会被吹到城市上空。改善这一问题标志性的一步，是太原钢铁公司一位具有创新精神的退休职工李双良最终拆除了矿渣堆，并开始将公司的废品回收成铺路石，美化太原的街道景观。

当然，35年来情况已经发生了变化。高铁将省会太原和山西其他地区与全国各地连接起来。多车道的高速公路和高铁在山间纵横交错，而山西的魔力并未消失，只是现在游客更容易进入山西了。山西主要的旅游景点之一是位于东北部的五台山——中国佛教建立和发展地之一，现在已是吸引国内和国际游客的主要景点。然而，这远不是山西唯一的名胜古迹。正如佛教的早期发展所表明的那样，山西有着悠久的历史，以及与之相关的名胜古迹。在二十世纪八九十年代，当地人常半开玩笑地说，唐朝（618—907）以来的任何东西都应被视为"现代"。太原是唐朝的发祥地。在太原的南部建有复杂的水上花园和宫殿（晋祠），其位置接近早期的省会所在地。太原还有世界上最大的石佛之一蒙山大佛（6世纪），中国历史上唯一一位女性统治者武则天的家乡离太原也不远。

  山西的历史遗迹跨越了漫长的时光，留下了许多有趣的建筑和场所。据说山西的佛塔比其他省份都多，同时也有许多极富历史意义的建筑。汉朝末年三国争霸时期（3世纪），最有名的将军之一——关羽的家乡就在山西南部的解州。关羽被后来的隋朝神化，解州关帝庙的建筑群是道教、佛教和儒家融合的宗教场所。山西北部应县的一座木塔（11世纪）被认为是世界三大奇塔之一，该塔历史悠久，上有燕子环绕飞翔。在太原盆地有一个联合国教科文组织的遗产地，即被城墙环绕的平遥古城（15世纪）。从18世纪末开始，平遥古城发展了以信用证为基础的本土银行系统——票号，并将之传播到东亚大部分地区和其他地区。来自山西的商人在19世纪和20世纪初变得非常著名和富有，并在该地区的城市和城镇中建造了大量的房屋，这些房屋至今仍然存在，是极受欢迎的旅游目的地。

  古德曼，悉尼大学中国研究中心主任。

第二章

建筑、手工艺与生活方式

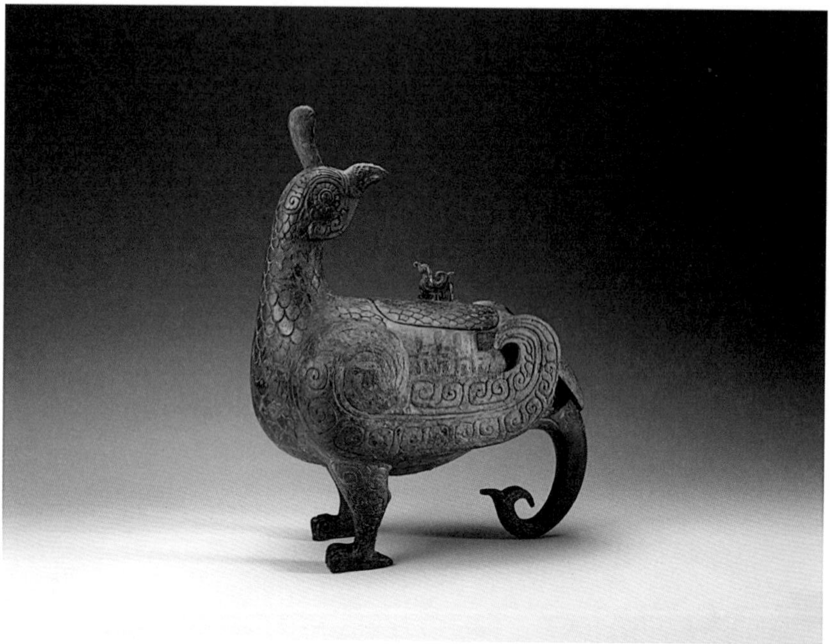

山西方言，黄土高原上的宝藏

李小萍

　　山西方言是黄河流域、黄土高原上的一支古老方言。三晋大地深厚的人文历史、独特的地形地貌塑造了它，使它在中国北方话中显得卓尔不群。

　　据载，晋国是周武王少子唐叔虞的封地。春秋前期，晋国兼并了十几个诸侯国家，成为中原霸主，所占疆域大致涵盖了今山西省及其毗连的有入声的地区（学术界称这一区域为"晋语区"）。这一地区历史上山隔河阻、沟壑纵横、交通不便，相对封闭的地理环境造就了语言的保守特征。境内东边的太行山、西边的黄河、南边的中条山亦形成天然屏障，抵挡住了处于强势地位的北京官话的西进与中原官话的北上。山西方言因此较少受到其他方言的影响而保持了其独特性。

　　山西方言中保留有大量古音。它们是了解、研究汉语史的可贵资料。比如，今山西晋中、晋南方言中可将"水"读成 fu/fei/shui 三种不同的形式。这是不同历史时期"水"的读音在当地话中的沉积。shui 作为读书音，体现的是普通话的层次。其余两个音仅留在口语中。

读 fei 是古政治中心长安话在此地的遗存，读 fu 才是当地最"土"的音。今声母读 sh 的字，声母读成 f 的现象在元代文献中已有记载。山西方言称得上是语言演变的"活化石"。

"问我家乡何处是，山西洪洞大槐树"。民间有许多关于洪洞县大槐树移民的传说。对此从方言和地方文化方面考证，不失为一种新思路。《明史》《明实录》等史书记载，明洪武、永乐年间政府先后从山西移民 18 次，涉及地区包括太原、平阳、潞安、汾州 4 府及泽州、沁州、辽州 60 余县。随着人口的流动与迁徙，语言的传播与扩散也成为移民引发的重要结果之一。在考察迁入地方言时，往往会发现众多与迁出地方言相同的语言特征。例如，山东郓城有多条词汇与山西洪洞方言相近，而与本省其他地点方言不同；山西的特殊词汇"圪嘟""得脑"以及"呼母曰姐"的现象也出现在河南、河北的方言中。这些方言实例与史料中的记载互为印证，这样就为洪洞大槐树的移民提供了实证。

山西方言是山西传统文化的重要载体。外地人戏称山西人"老醯儿"。"醯"，读音同"西"，古义为醋。"老醯儿"反映了自古至今山西人酿醋、食醋、嗜醋的特点。山西方言也是其他非物质文化遗产的有力支撑：山西蒲州梆子、中路梆子、北路梆子和上党梆子以及山歌、号子、小调、秧歌、套曲等民歌，都与山西方言紧密依存。脱离了方言，这些地方的文化艺术也就失去了独特魅力。

对于研究语言的人来说，山西方言与山西的煤炭一样称得上是宝藏。百余年前就有域外学者来山西探宝。1910 年，刚从瑞典乌普萨拉大学毕业、有现代语言学素养的瑞典学者高本汉（1889—1978）为调查东方语言来到上海，听人介绍山西方言很特殊，于是就从上海来到太原展开调查。同时，他还应聘到山西大学堂任教，一边教法文、德文和英文课，一边调查山西方言，工作持续了一年半。利用在山西大学堂任教期间调查得到的山西方言以及陕西、甘肃、河南等地方言资料，高本汉写就《中国音韵学研究》一书（在1915—1926年间陆续发表）。该书影响很大。比利时神父贺登崧（1911—1999）在日本学习地理语言学时期读到这本书，深受启发。他于20世纪40年代到中国开展地理语言学研究，以晋北大同东南部70多个村庄方言作调查点，撰写出专著《汉语方言地理学》。他的调查方法也启发了无数的后代学者。

20世纪80年代以来，汉语方言研究跃上了一个新台阶。山西方言研究成果丰富，引人注目。在近40年的调查研究中，我们深深感到，山西方言无论就其形成的历史，还是所保留的古代语言、文化成分，在汉语发展史、文明史上均占有突出的地位。我们认识到，方言是不可多得的语言样品，是不可恢复的历史记忆，是不可再生的文化基因，我们这代人要把它如实记录下来，保存下来，传承下去。

李小萍，山西大学文学院副教授，"中国语言资源保护·山西方言调查"课题负责人。

编者按：本文提到了高本汉（1889—1978）与山西省相关的一生。高本汉是少数真正在汉学界留下印记的学者之一。感兴趣的读者可以阅读马悦然撰写的《我的老师高本汉：一位学者的肖像》，该书详细介绍了高本汉的生活和工作。

日月灯，云霞帐，风雷鼓板——山西大戏场

王芳

山西自古被誉为"表里山河"之地，相对封闭却又不完全封闭的地理环境，保存了相对独立且完整的所有文明形态。五千年文明链条在山西从未缺失，其中就包括戏曲。

中国历史上，尧舜禹都曾于晋西南建都，所谓尧都平阳，舜都蒲坂，禹都安邑。20世纪70年代，陶寺文化横空出世，考古学家确认陶寺遗址就是尧之都城。《吕氏春秋·古乐》载："帝尧立，乃命质为乐……以致舞百兽。"也就是说，尧时期，先民们便有乐舞。陶寺出土的陶埙、土鼓、鼍鼓，以及铜铃便是物证。舜还在中条山下的盐池边，做五弦之琴以歌《南风》。这些都说明，4500年前，山西已具备戏曲的雏形。

夏商周，中国进入青铜时代，舞乐更为发达，山西有巫有优，王国维说："后世戏剧，当自巫、优二者出。"巫优开始调谑乐人。到春秋时期的晋国，有一位优，名施，曾参与了"骊姬乱晋"事件，迫使公子重耳外逃19年。这位重耳，就是著名的春秋霸主晋文公。

秦汉时期，百戏繁盛。汉武帝曾数次亲祀汾阴后土祠，歌舞享祭，促进了百戏的流行。百戏，那样一个长达千年的戏曲形式，孕育了后世众多的艺术形式，包括杂技、魔术、游戏、说书、弹唱等，当然也包括我们的戏曲。

唐滑稽戏、宋傀儡戏、金诸宫调，山西于戏曲源流从不缺失。唐代元稹在晋南普救寺写下《莺莺传》，成为传奇小说的开端，又经由宋代改编成鼓子词《蝶恋花》，再到金代改编成诸宫调《董西厢》，终于到元代王实甫，诞生了元杂剧《西厢记》。不论舞台上有多少张生和崔莺莺唱着一阕团圆之歌，而歌声的源头都在山西，在黄河边的蒲草中，吟出了爱情的原味。

元代是个戏剧开花的时节（余秋雨语）。诸多不得志的文人进入戏曲队伍中，文思涌动，创作出以山西为背景的元杂剧，如《西厢记》《赵氏孤儿》《单刀会》《墙头马上》……以"梨园领袖""杂剧班头"关汉卿为首的众多著名的山西剧作家，驰骋在元代剧坛，以文采照亮了那个时代的天空。

到明代昆曲兴起，不同于元杂剧的从北向南席卷，这是从南往北风靡。当年的太原是全国第二大昆曲集聚地。每夜皓月当空，戏终人却不散，久久地让那水磨调携带着晋地方言回荡在天空中，与星月同辉，与万物和鸣。至今我们还能在上党梆子和蒲剧中找到昆曲的余音。

明末清初，就在黄河边的古蒲州，与隔一条河的陕西同州，一起诞生了山陕梆子，这样的梆子啊，自诞生起，就鼓荡着山西人的心，并随晋商和晋军南下北上、东奔西走，落地到哪儿，就与当地的元素结合在一起，形成新的剧种。比如说，到了河南生成豫剧，到了山东生成山东梆子，到了河北生成河北梆子……就连粤剧和京剧里的"西皮"，也与梆子有很大的关系。这个俗名"乱弹"的梆子腔，当年进京，演绎过戏曲史上著名的"花雅争胜"，生成了全国多达上百个剧种的梆子大家庭。当然，山西以蒲州梆子（蒲剧）、上党梆子、中路梆子（晋剧）、北路梆子等四大梆子为主、众多小剧种为辅的戏曲格局，也由此形成。山西，是中国戏曲的百花园。

生生死死，沉沦与崛起，戏曲浸入山西人的生活，成为山西人精神生活的一部分。

由于特殊的"表里山河"地势，山西积蕴了最多的表演形式，山西人从不刻意去数它，只在那些锣鼓铿锵、水袖飞扬中，一代代繁衍生息，直到新中国成立初戏曲普查，山西有52个地方剧种。

山西人努力培养自己的角儿，戏剧表演艺术家获"梅花奖"者有50位（中国戏剧家协会颁发给优秀演员的奖项，以梅花命名）。

最最重要的是，有太多家喻户晓的戏曲故事都发生在山西。前面已说过《西厢记》。春秋五霸之一的晋国，在晋景公时期发生了"下宫之难"事件（发生地是侯马），赵氏全族蒙难，独留孤儿赵武。元杂剧《赵氏孤儿》以此写成。在18世纪，《赵氏孤儿》传入欧洲，被包括伏尔泰在内的众多戏剧家改编。关羽从故乡解州走出，跟随刘备一路征战，到最后身在当阳、头在洛阳、魂归故乡，诞生了无数的关公戏，并随之产生了一个戏曲行当——红生，从此成为世界上华人崇拜的偶像。杨业，作为代州守将与辽争战，到最后身死，至今不知葬于何处。杨氏儿郎继父志，坚守抗辽前线，一曲曲杨家悲歌由此唱出，有哪一个中国人不知道杨家将呢？著名的苏三监狱在洪洞。苏三起解从洪洞到太原，唱成了全国流行的《玉堂春》。宁武关内，周遇吉与李自成最后一战，周被乱箭射死，再没有人能阻挡李自成进北京的脚步，昆曲剧目《铁冠图》也诞生了……

高台教化，山西贡献了太多。

山西人爱戏。城市里的人，总会在闲余奔向剧场，并且在公园里聚集成群的票友。乡下每一地唱戏，都会引来四邻八乡的狂欢，人们呼儿唤女，甚至数十里奔波，与台下的小商小贩一起，进入固定的戏曲情境。那时，他们是忘我的，柴米油盐远去，所有观众成为一个整体，同悲同喜，气息相通。

自古至今五千年，山西人是最大的一群戏迷，他们用自己的方式保存着戏曲火种。从大同到运城，15万平方千米的土地上，保存了从金元到民国最早最多的古戏台。那些挑角飞檐、出将入相，以古建方式定格。沧桑的容颜记录着辉煌的过往。乡村的露台也好，戏园子也好，茶园也好，新式舞台也好，变的是看戏的方式，不变的是爱戏的心。一直以来，山西人都自觉保护、保存自己的演员和剧本，以至于只要气候适当，就能够东山再起，永不灭绝。

戏曲，是中国人的另一种史书，传递出最有价值的人生理念，无须说教，不须规定，质朴、憨厚的人格在戏中生成，还有什么比这更珍贵的呢？

山西就是一个大戏场，纵横捭阖，以日月作灯，以云霞为帐，风云雷动便是鼓板。山西人在这戏场中沉醉，醉过晨昏，醉过山川，一醉五千年。

世间浩瀚，山西人将与戏曲一起，坚守到最后。

王芳，中国作家协会会员，中国文艺评论家协会会员，《映像》杂志副主编。天津文学院签约作家。

法国大厨眼中的山西美食佳肴

伊万·科莱

中国美食历史悠久,地方菜系各放异彩。山西因其丰富的传统佳肴在中国菜系中占据着独特的地位。山西美食,以面食和大饼而闻名。同时,山西美食也以醋的广泛使用而闻名。醋使得许多菜肴独具风味。

山西美食的主要原料是山西种植的作物:小米、高粱和小麦。猪肉、蘑菇、土豆和白萝卜也经常被用于制作山西传统菜肴。

小麦种植在山西省占据了重要地位。尽管中国许多省份都以面食作为主食,但在山西,面食就如同繁星一般闪耀。

山西面食可拧、拉、切、卷,变换出各种形状,可煮、炒或蒸,可加入种类繁多的当地酱料和食材一起烹调。

山西面食享誉全国,其中最为著名的是刀削面。厨师利索地将面食削入沸腾的锅中,真是一场视觉和味觉的盛宴!

厨师将一大块面团放在肩上进行削面,这种技艺是独一无二的。厨师手起刀落,用一把特制的刀将面团削成薄薄的条状后,将这些面条抛进沸水中。每分钟可削 200 多根面条！这就产生了一个著名的说法："一根落锅，一根飘，一根白练已出刀。"

刀削面的传统做法是用肉卤汁做浇头，用山西醋调味，配上黄瓜、韭菜、豆芽、豆瓣、豆腐和猪肉片。

还有著名的山西猫耳朵，因其独特的形状而得名。猫耳朵用手指搓形，煮熟后通常与卤汁、白菜、酱油和醋一起食用。

山西的另一道特色面食是栲栳栳。这种面食由莜面制成，并被搓成筒状，与"栲栳"（一种传统的竹篮）的形状相似。许多面卷紧挨着的样子仿佛蜂巢。蒸熟后，佐以一种或多种由番茄、大蒜或醋制成的浇头，便可食用。

当然，在山西美丽的炎炎夏日里，凉皮是必不可少的，它通常会被配上香菜碎和黄瓜丝一起食用。

小麦还可以被制成其他形状的面食，如馒头。在山西，馒头被称为"馍"，有各种不同的形状。当馍被做成颜色鲜艳的花朵、动物等形状时，常被称为"花馍"。

高粱面鱼鱼也是一道相当有名的山西美食，看起来就像是许多小鱼在汤汁中游泳。

在山西，不光猪肉和禽肉是常用食材，羊肉也非常受欢迎。含有羊肝、羊肚和其他内脏的羊杂汤，在山西十分常见。这是中国北方少数民族和汉族的烹饪传统相互融合后的独特产物。

阳城肉罐肉也是一道三晋名菜。这道风味纯正的佳肴是用羊肉或猪肉（通常是胸脯肉）和小米制作的，用传统的罐子来盛放，独具美学魅力。

有句话说得好,世界面食看中国,中国面食看山西!

伊万·科莱,法国大厨,《灵感·天津》(2020)的撰稿人之一。

汾酒，中国人的一段乡愁

肖灵

今年春天，我在朋友圈发了几张图，标明"汾酒的四个一"。哪四个一呢？分别是有关汾酒的一封家书，一首唐诗，一块奖牌，一场国宴。再具体一点，一封家书就是近1500年前，北齐武成帝高湛写给他侄子的家书，"吾饮汾清二杯，劝汝于邺酌两杯"；一首唐诗就是人人都会背的杜牧的《清明》一诗"借问酒家何处有，牧童遥指杏花村"；一块奖牌就是1915年巴拿马万国博览会甲等大奖章；一场国宴就是1949年新中国成立之初的国宴用酒，也就是汾酒、竹叶青酒。

朋友圈发出之后，有一个老乡给我评价，说，应该再加上一条：一段乡愁。这个一段乡愁给我很多启发，联想到以前曾听过一个讲座，讲的就是汾酒经过晋商的传播，有几条线路，一直在华夏大地生根发芽，和当地的文化结合，开出各种花朵，从这个意义上说，汾酒真的是代表了一段乡愁。

第一条路：从山西到陕西，从陕西到四川，从四川到贵州。1939年出版的《贵州经济》有这样一段话："在清咸丰以前，有山西盐商郭某，来茅台地方，仿照汾酒制法，用小麦为曲药，以高粱为原料，制造一种烧酒；后经陕西盐商宋某毛某，先后改良制法，以茅台为名，特称为茅台酒。"由此看来，汾酒先传到陕西，后来传到四川，最后才传到贵州。从清香到凤香（西凤酒的香型自创为凤香），从浓香至酱香的逐渐过渡，正是山西酿酒技术在传播过程中根据地域文化而变化的结果。清代陕西眉县酒业兴盛，在眉县最早酿制烧酒的，就是山西人开办的"广发号"酿酒作坊。在清香汾酒的制作中，用的是地缸分离发酵法。地缸每年要清洗，非常干净；而浓香型是泥窖发酵，茅台（酱香型）是用赤水河畔的条石砌成的条石板窖发酵。这样对比下来，汾酒是最干净、最卫生的。

第二条路：从山西到河南，再到两湖、江西、浙江、福建等地，这一条线路，随着地域的变化，渐渐加入了江南"绵柔"的风格。现在很多地方都还有汾酒的影子，如湖北有一种酒叫"汉汾"，就是汾酒流传到湖北，在当地酿造出的清香型白酒，被人称作"汉汾佳酿，南派清香"。

第三条路：从山西到河北、天津、北京、内蒙古，以及东北三省，这一条线路的传播，形成了北方地区"老白干"香型的风格。"东三省……烟酒并产。在清代税已甚重，而烧锅皆晋籍富商。""商贩多晋人，山西帮纷至沓来，反客为主矣。""辽东商人，山西居多，而汾州过半。"从这些文字记载中可以看出，东北三省中原籍山西的商人，汾州人很多，他们背井离乡，来到关外，自然思念家乡的美酒，于是，各种汾酒的"亲戚"也就应运而生，很多酒都带着"汾"字。大庆有"会战汾酒"，佳木斯有"佳汾"，哈尔滨有"冰城汾酒""滨汾"，等等，不一而足。在内蒙古的扎兰屯有"秀水汾酒"，海拉尔有"海浪汾酒"，这些酒都是仿制汾酒工艺而造。

汾酒作为新中国第一国宴用酒，大家都已经知道了。我这里还找到了一个史料作证，更进一步证明了汾酒在当时的地位。1949年10月1日，在开国大典举行这一天的《山西日报》上，刊登了一则杏花村汾酒改换商标的启事。这一天的报纸版面何等紧张，而刊登在这一天的内容又何等重要和有意义！这则启事的内容为："杏花村汾酒归政府专卖以来，仍继用原旧商标，兹经精计改制'列有巴拿马赛会一等奖章旧影'白底金色红字的新商标，酒厂、技师、原料一切均照旧，再加以本公司以科学方法选料精制保证保持名酒信誉、酒的质量，保证提高，新商标业经报政府请准，于9月28日开始贴用，特此登报声明。华北酒业专卖公司山西公司。"汾酒的更换新商标启事和新中国诞生信息放在一起，这真是汾酒人无上的光荣。

人们都说万里茶路承载着乡愁，看来这万里酒路同样承载着乡愁。而且酒比茶更奇妙的是酒会和当地的文化结合，就是说，同样的酿造工艺，在当地的土壤、水源、原料的作用下，虽然也都冠以汾酒之名，多多少少却已经有些变化了，甚至于在第一条路的传播中，香型都发生了很大的变化。但是，大家都是同宗同源，所以，我才更深切地懂得了为什么汾酒是国酒之源，清香之祖，文化之根，更为自己是一个汾酒人而深深自豪。

肖灵，《汾酒之窗》主撰稿人。

珐华：从技术到艺术的蜕变

高大伟

说到中华文明，人们自然会联想到精美的陶器与瓷器。瓷器在英语中被称为"china"。可见，在英语国家人民心中，中国就是瓷器之邦。法语将产自德化的白瓷称作"中国白"，这个表达极具雅致之美，似乎还散发着一丝茶香。

17世纪，象征着品位与财富的陶瓷器被大规模地出口到欧洲。自1710年起，毗邻德累斯顿的梅森皇家工厂开始独立制造瓷器。18世纪中叶，随着俄国皇家瓷器厂和塞夫勒皇家瓷器厂的创立，欧洲开始尝试模仿制造中国陶瓷器。法国学者安田朴（1909—2002）在编写《中国文化西传欧洲史》时也参照了这一时代背景。欧洲启蒙时代被打上了"中国风格"的烙印。

欧洲为丰富自身的陶瓷历史做出了诸多努力，但中国却始终是这一领域的标杆。儒莲（1797—1873）是法国历史上最具声望的汉学家之一，他专门以《中国陶瓷历史及其制作方法》为题撰写了一本专著。考古学家在中国南部发现了距今有2万年之久的陶瓷碎片，其历史之久远无可比拟。

无论是在巴黎的吉美博物馆、纽约的大都会艺术博物馆，还是圣彼得堡的俄罗斯冬宫博物馆，中国的陶瓷器都被纳入馆藏并向公众展出。位于伦敦的维多利亚和阿尔伯特博物馆也以其丰富的陶器收藏而闻名于世。最为风雅的鉴赏家与收藏家们也竞相入手这些陶器来装饰私宅。在人生的最后两年，约翰·皮尔庞特·摩根（1837—1913）安排了《摩根珍藏中国瓷器图录》一书的出版。书中详尽地介绍了瓷器的概况和中国文化，也涵盖了这位镀金时代华尔街金融大鳄极其丰富的藏品名录。

通过陶瓷制作的原材料与过程，鉴赏家们了解到了土与火之间的关系——一件陶器能够带我们触及宇宙的力量及其原始元素。因此，它总能给懂得欣赏的美学家们带来源源不断的力量。冈仓天心（1863—1913）在《东洋的理想》一书中论称，中国瓷器的釉色是炼丹术士们在炼制以求长生不老的仙丹妙药时偶然发现所得。这样的工艺品源于人类大脑的想象和双手的塑造。从这个意义上来说，陶器和瓷器便是手工艺的缩影，任时光流逝而屹立不倒。

珐华，按字面意义可译作"规范的装饰品"，足以说明其在陶器中的地位之高。珐华的形态、图饰及釉色都有着极高的观赏价值。珐华使得技术蜕变为了艺术。

珐华始于元朝（1271—1368），有些专家甚至认为始于宋朝（960—1279），并在明朝（1368—1644）和清朝（1636—1912）发展成熟。

珐华器与山西高平密不可分。这种地理上的联系赋予了珐华特别的含义：珐华可以说是山西悠久历史文化的产物，也可以说是山西深厚历史文化的集中表达。

世界需要了解21世纪珐华的革新，这样的革新也可以被视作中国复兴的一种例证。如同一件珐华器本身，其革新的历程也为我们的世界带来了更多美好。

高大伟，汉学家，1970年出生于巴黎。著有《中华复兴管窥》（2018），主编《中国与世界》三卷本。中欧论坛创始人（2002）、中欧美全球倡议（2021）发起人。

第三章

创造繁荣:过去、现在与未来

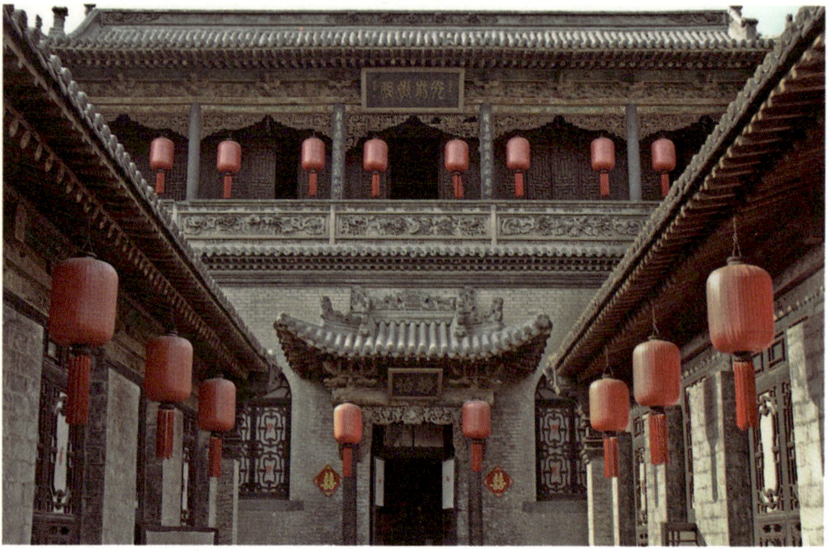

晋商，跟着"丝路"扬帆远航

王岫

横跨欧亚九千里，纵横商界五百年。

明清时期，中国号称有十大商帮，分别是晋商、徽商、陕商、闽商、粤商、赣商、苏商、浙商、鲁商等，而晋商执其牛耳。

老一辈的晋商开拓"万里茶路"，首创"百年票号"，成就了"德通天下""汇通天下""货通天下"的商业传奇，创造了"海内最富"的奇迹，可以与世界著名的犹太商人、威尼斯商人相媲美。

"走嘞！"

电视剧《乔家大院》里，乔致庸每一次带着商队出发，都会这样喊一嗓子，顺着这句"走嘞"，我们的思绪也跟着回到了几百年前。

"船帮乘风破浪，东渡扶桑，商帮驼铃声声，传播四方"。凭借着"诚实守信，开拓进取，和衷共济，务实经营，经世济民"的晋商精神，老一辈晋商书写下了一部部艰辛的创业史。

山西表里山河，物华天宝，历史悠久，人文荟萃，是中华民族的重要发祥地，拥有丰厚的历史文化资源。虽然曾经被困于一煤独大的境遇中，但是晋商精神却不断给予山西充满开放发展的文化自信，在经历了转型跨越的阵痛期后，晋商走出去的步伐依旧坚定不移。

2014年，山西美食惊艳亮相联合国，面艺大师现场表演了龙须拉面、刀削面、面气球等绝技，让见过大世面的联合国官员不禁啧啧称奇。

之后，山西面食馆在美国洛杉矶盛大开业。与此同时，紧紧响应"一带一路"倡议的山西品牌丝路行，让当代晋商又一次起航。

重要的对外交流活动山西品牌丝路行坚持"共商、共建、共享"原则，以优秀产品、优质产业和成熟技术为载体，与世界各国开展互利共赢的合作。

在第十三届中国—东北亚博览会上，32家山西企业联袂打造山西品牌矩阵，装备制造业、环保产业、生物医药产业的产品齐齐亮相。在非遗文创领域，始于东周时期的山西大同铜器，技艺精湛的紫砂茶壶，以太行山脉的高岭土、白土为原料烧制的平定砂锅，共同把山西厚重的历史和今人对传统技艺的传承展示得淋漓尽致，让东北亚市场感受到晋商在传承中创新的时代精神。

在俄罗斯恰克图，经营平遥牛肉的新晋商正在复兴万里茶路贸易。历史上的"万里茶道"贯穿欧亚大陆，平遥和恰克图是茶道上的两个重要节点城市。彼时的平遥晋商曾穿越大漠戈壁，为恰克图带去茶香缕缕；如今的平遥晋商将中华传统老字号——平遥牛肉加以国际化的包装，为恰克图人的餐桌送上用"一块肉、一把盐"的传统工艺制作而成的飘香牛肉。

广灵剪纸随着"丝路行"，行走在各个国家。一次次的国际交流不断撞击着世界非物质文化遗产传承人青红大姐对剪纸艺术的认知。法国蕾丝和奢侈品的完美融合，为蕾丝艺术抹上了神秘的精致感，剪纸作品因为蕾丝的巧妙装饰也拥有了艺术品的高级感。为什么我们不为传承上百年，历史悠久、工艺精湛的彩色剪纸艺术赋予更多的场景，让其所蕴含的深厚文化、艺术价值更精彩地得以呈现！青红大姐带着一份憧憬，一种责任，开启了山西传统民俗工艺国际化的道路。北京的青红东方文化创意空间，太原的青红剪纸艺术馆，广灵的国际剪纸艺术小镇，融合着东西方文化的一件件创意作品载着山西人的梦想即将远航……

从2018年到2019年，山西品牌丝路行先后走过东盟站、欧洲站、中东站、印度站、俄罗斯站、西欧站、南美站、澳大利亚站。两年720多个日日夜夜，8站20个国家，山西品牌丝路行先后在26个国家开展了100多场次贸易投资促进和对外交流活动，在20个国家建起了省贸促会驻海外代表处，签署各种战略合作协议50多项。

山西品牌丝路行不仅仅架起了山西通往世界的贸易桥梁，更让新一代的晋商开阔眼界，自信满满。

特钢材料、新能源汽车、高端装备制造、氢能产业、现代医药……如今的山西正以高水平开放推动前沿产业高质量发展，辉煌的晋商为我们留下了宝贵的精神财富，新时代的山西企业家们在晋商精神的引领下，一路披荆斩棘，创造着一个又一个辉煌。

今日之山西，处处涌动着生机与活力，升腾着希望与梦想。习近平总书记曾四次亲临山西考察，作出重要指示，寄予殷切期望，树起了山西发展史上的里程碑。

如今的山西正在深入推进资源型经济转型综改示范区建设，稳步实施能源革命综合改革试点，构建支撑高质量发展的现代产业体系。新一代的晋商正以创新、协调、绿色、开放、共享的新发展理念融入全方位推动高质量发展的壮阔实践，不断拓宽前行的航道，为山西打造内陆地区对外开放新高地贡献着自己的力量。

王岫，山西省贸促会副会长。

编者按：山西商人在汉语中被称为"晋商"。他们在过去开创了山西的繁荣，如今仍不断为此做出贡献。王岫在文中谈及威尼斯，而本章中另一位来自威尼斯的作者埃米里奥·昆特回应了她！另外，读者若想获得对乔家大院更为直观的视觉印象，除电视剧《乔家大院》外，还可观看张艺谋导演以乔家大院为背景拍摄的电影《大红灯笼高高挂》（1991）。

关公文化旅游的发展脉络

闫爱萍

仰望历史的苍穹，历代名人辈出，被后世不断推崇并尊为"圣人"者，却仅有两位，他们就是"文圣"孔子和"武圣"关公。关羽是中国历史上"逆袭"最成功的人物，从一位历史人物最终成为传统社会最受崇祀的神灵符号。在中国封建社会改朝换代的进程中，在中国古代文化思想的荡涤中，关羽逐渐地蜕去了特定历史氛围的表征，被注入传统的文化精神，再披上一些宗教的华衣，从而成为中国社会的一种文化象征。山西省运城市解州镇是关羽的故乡，德国旅行家李希霍芬在《李希霍芬中国旅行日记》中提到当时"解州城比运城还大"。解州镇关帝庙是我国现存规模最大、保存最完整的关帝庙宇。这座千年庙宇1988年被列为全国重点文物保护单位，2008年成为国家4A级风景名胜区，2012年"关圣文化建筑群"被列入中国世界文化遗产预备名单。

20世纪80年代改革开放以来，中国旅游业迅速发展，随之出现大批海外华侨华人回大陆寻根谒祖、祭拜先贤的现象，其中尤以到关庙进香祭祀者最为众多，掀起了关公信仰的又一高潮。1989年"关帝庙旅游资源"推广行动的成功举办，吸引了日本、马来西亚、新加坡、菲律宾等国及香港、澳门、台湾地区的大批游客。伴随着关公文化热度持续，1990年第一届"关公庙会"在运城市举办，接待游客首次突破10万人次，"文化搭台、经贸唱戏"成为之后文化节的主旋律。整个20世纪90年代，全国各地都掀起了传统文化复兴浪潮，"传统的发明"成为整个旅游发展的主旋律，"关公庙会"的成功极大地带动了关公文化旅游的发展。活动名称也几经变更，从关公庙会、关帝金秋大祭、关公文化节、国际关公文化节，直到关公文化旅游节，如今已经举行了33届。文化节活动内容主题不断创新，文旅融合意味持续深化和凸显。关公文化和关公文化旅游已成为山西省一张非常亮丽的文化品牌。

关公文化是中华民族优秀传统文化的代表，承载着中华民族的文化基因，正如美国圣地亚哥加州大学人类学教授戴维·乔丹指出的"关公的仁、义、智、勇直到现在仍有意义"。关公文化不仅是中国的，也是世界的。据不完全统计，目前全世界224个国家和地区存在关公信仰的共有160个，主祀关帝的道教庙宇能确切列出国家名称的有30多个，"一带一路"沿线分布的国家具有类型多样化、民族多样化和宗教信仰多样化的特点，沿线也分布着关帝庙。遍布全球各地的关帝庙，是维系世界华人的精神纽带。2017年8月7日至10日，法国留尼旺省关帝节召开，这是目前唯一用法语主持的关公节，是当地华人华裔自发组织的文化活动，关公文化已然成为当地华人华裔民族认同的标志性文化符号，增强了当地华裔与祖国的情感交流和文化交流。

为促进文旅融合，助推地方文化影响力提升，运城市颁布了《运城市加强关公文化旅游融合发展实施方案》，围绕关公文化产业园区、关帝庙景区和关帝家庙景区三个板块，整合形成了"关公文化产业园区建设项目"。2022年10月24日，为进一步推动落实以文塑旅、以旅彰文，促进文化旅游产业互鉴互融，中国非物质文化遗产保护协会公布了第一批"全国非遗与旅游融合发展优选项目名录"，解州关帝庙景区入选"非遗旅游景区名录"。如今，关公文化游成为运城市乃至山西省的文化旅游名片，关公信仰在一定程度上成为地方认同、文化认同、民族认同的象征性符号，集众多头衔于一身的关公文化的传承保护和活化利用，见证了山西旅游业，乃至中国旅游业的繁荣与发展。

闫爱萍，山西大学历史文化学院副教授、系主任。

编者按：文中引用了费迪南·冯·李希霍芬（1833—1905）的著作，他对中国地理知识做出了卓越的贡献。有兴趣深入了解的读者可以直接查阅李希霍芬的信件，他在信中描述了山西及其煤矿开发的潜力：https://archive.org/details/baron-richthofens-letters—1870—1872/page/nundefined/mode/1up。

"丝绸之路"的概念，也是由探险家斯文·赫定（1865—1952）的老师李希霍芬推向世界的。

山西省旅游业的可持续发展——一个威尼斯人的思考

埃米里奥·昆特

山西是一个面积相对较大的省份，有着古老的历史。它位于中华人民共和国的中北部，字面意思是"山的西部"，这里的山指的是太行山，一座从北到南纵跨达 400 千米的雄伟山脉。

山西的经济主要依托采矿业（主要是煤炭）和农业（小麦、玉米、小米、豆类和马铃薯），但是对该省未来经济发展而言旅游业才是最有意思但也不乏挑战的行业。

位于大同市的云冈石窟是山西最著名的旅游景点之一。它拥有 254 个洞窟和 59000 余尊佛像，代表了 5 世纪中国佛教石窟艺术的杰出成就。昙曜所修建的 5 个石窟，以其布局和设计的严谨统一，构成了中国佛教艺术第一高峰的经典杰作。该遗址于 2001 年被联合国教科文组织列入世界遗产名录。

山西的旅游景点丰富多样，任何人都能在这里找到打动自己的景色。五台山是一个重要的朝圣地，有许多寺庙和景观。五台山的北台是华北地区最高点；应县木塔的修建可以追溯到公元1056年，塔高约67米，是世界上最高的木塔；平遥古城作为古代中国主要的金融中心之一，保存着许多汉民族文化元素以及明清时期的生活方式和建筑风格。

从山川到美食（以使用醋作为主要调味品而闻名），从文化到宗教，来山西旅行和游历的理由数不胜数。这种强大吸引力的背后是一种宝贵的资源，必须谨慎且妥当地加以保护。

根据过去的经验，推动旅游业可持续发展是必须采取的一项战略。今天，在游客流量仍然适中的情况下，来到山西的游客能够获得独特的体验，接触到该省生活和文化真实的一面。在这个极端全球化和统一化的时期，我们更加需要保存差异，保护山西的"地域精神（geniusloci）"。为了确保旅游业在真正意义上推动整个当地社会发展、为百姓谋福祉，同时避免少数目光短浅之人以投机倒把的方式轻松致富，长期规划不可或缺。

一个地区的财富是由其经济、社会和文化结构的质量和韧性所决定的。价值观、愿景、技艺、传统、科技、机遇和创新的不断交织，就像珍贵的中国织物中的纬线和经线，勾勒出独特而美丽的图案。土地管理和旅游营销是一门必须理解和实践的艺术，每一次真正的创新都建立在传统的坚实基础上。

大规模的旅游开发，对少数特权阶层来说是快速和极其有利的，对每个地区来说都是一种强烈的刺激，屈服于这种诱惑可以带来即时的满足感，但从长远来看，密集型旅游开发会导致经济上的排挤效应，导致真实性和独特性的丧失，以至于旅游业从增长、积累财富和发展的机遇转变为其反面，成为剥削和剥夺公共利益的工具，耗尽了城市的命脉，使其枯萎，变得毫无生气，回想起曾经丰饶的现实只能感到忧郁。类似的例子在西方著名的旅游城市中有很多，特别是在意大利（罗马、佛罗伦萨、威尼斯）。其中，威尼斯是一个典型的代表，尽管在很多人眼中它是美丽和艺术财富的象征，但它同时也揭露了旅游业作为一种特殊的经济活动，其无节制发展可能带来残酷的衰退。

这个城市的人口趋势很好地证明了这个戏剧性的转变。2022年，威尼斯居民人数跌至5万以下，1951年超过17万人，最后一次人口普查（2022年8月）登记的人数是49997。然而，现在来到威尼斯的人看到的是一个人口众多、拥挤不堪的城市，被国内外游客所淹没，不断增加的客流如同危险的"涨潮"（acque alte），不断地淹没卡利、坎皮尔里、教堂和博物馆。伴随着日复一日的消耗和磨损，这种旅游模式带走的远远超过它带来的物质和文化财富。

威尼斯是深受过度旅游破坏的典型案例，但同样的现象也可能出现在每个欧洲城市的市中心和景区。不断趋同的纪念品商店给人的印象是，每个地方与另一个地方没有区别，每个城市都失去了特色，成为同一个城市。

一位伟大的意大利作家伊塔洛·卡尔维诺（1923—1985）在他的宏伟著作《看不见的城市》中巧妙地描述了这种情况。当他谈到特鲁德这个城市时，他写道："如果我在特鲁德降落时没有看到用大字写的城市名，我还以为我又来到了我刚刚离开的那个机场。他们带我穿过的郊区与其他地方没有什么不同，同样是黄色和绿色的房子。沿着同样的箭头，穿过同样的广场，有同样的花坛。中心的街道上摆放着商品、包装、标志,一点也没有变化。这是我第一次来特鲁德,但我已经知道我碰巧住的酒店是什么样的;我已经听到并说出了我与废金属买家和卖家的对话;像这样的其他日子已经结束,透过同样的眼镜看着同样摇摆的肚脐。为什么要到特鲁德来?我在想。而且我已经想离开了。"

有什么解药可以化解这看似难以遏制的现象吗?我相信有,而且它仍然可以从我们的城市之美中提取出来,虽然有所折损但未完全丧失。谈到威尼斯和它的危机,研究但丁和薄伽丘的伟大学者、乔治·齐尼基金会的秘书长维托里·布兰卡(1913—2004)总是满怀希望地强调:"使得威尼斯延续至今且永葆活力的不是它数百年来非凡的政治和经济力量,而是它灿烂的艺术之花,即使在今天依然打动和教导着我们的文明。它告诉我们,艺术和诗歌希望、渴求并趋向于无限。"

最后,我们可以说,这种美必须得到捍卫和保护。我坚信,艺术和文化必须被置于任何地方、省市和国家范围内旅游发展项目的中心,才能不断延续并惠及大众。一言以蔽之:可持续发展。

埃米里奥·昆特,Made in Heritage 机构的文化顾问,在意大利威尼斯工作。

山西——自然、建筑、文化和社会遗产宝库

让·菲利普·雷诺

在国际上，山西的知名度可能不及那些引领了中国经济开放浪潮的沿海省份，或者那些更能体现中国文化和民族形象、更深受内陆旅客青睐的省份，例如几乎与山西同音的陕西，或者西藏。

然而，山西面临着双重挑战。它既是一个拥有灿烂遗产的地区，又是推动中国快速发展的主要煤炭产地之一。在埃及举行的联合国第27届气候变化大会对《巴黎协定》的目标实现与否提出质疑时，中国派出了由相关机构和公民社会共同组成的庞大代表团。在此背景下，山西能够通过其高质量的自然和文化遗产向世界表明，能源转型可以与环境和遗产保护共同进行。

由于山西的地理位置和地形条件有利于与周边省份包括北京开展贸易，山西在历史上很早就成为贸易和金融枢纽，还是华夏文明的主要发祥地之一。在细数山西拥有的主要遗产时，人们无不发出惊叹。正是山西民众的敬畏之心和国家给予的认可，使这些遗产在沧海桑田的历史变迁中得以完好保存。不过，同样有趣的是观察这些古迹在中

国北部的社会、经济和文明演变中发挥的作用，并寻找山西给现代中国带来的灵感。

回望历史，在大同市附近坐落着悬空寺。它奇迹般地镶嵌在金龙峡的悬崖峭壁上，是罕见的建筑奇观。该寺院始建于北魏时期（386—534），至今已有1500多年。它经过多次修缮和翻新，在清朝末年尤为频繁。这一大胆的建筑用狭窄的栈道将40多座背倚绝壁的楼阁殿宇连通起来，其中蕴藏着独特的遗产，包括以青铜、陶土、铁或石头铸成的佛像、老子像和孔子像，呈现出几乎是当地独有的民间风格。悬空寺佛、道、儒三教合一。这一现象可能源于其独特的地理位置以及宗教和社会的长期影响。寺庙因其海拔高度避开了下面湍急的河水，又因其位于悬崖之上免受腐蚀和风暴的侵袭。僧侣们和先锋工程师们通过研究悬空寺的地理位置发明了仿生建筑，以此避免受到高热等恶劣天气的影响。

大同这座城市，和所有位于邻省战略交界处的中国大城市一样，已被工业化和社会发展所改变。但那些更了解大同的人，会回忆起大同的手工艺文化和民俗传统的传承与延续。对于大同这样的城市而言，在完善环境责任和提升城市生活质量的关键时期，这无疑是最为重要的资产之一。能源转型是否能够成功，取决于社会发展和文化遗产保护是否得以巩固。因此，山西可以成为中国和其他国家效仿的典范。

风景秀丽的五台山是寺庙社会性作用的集中体现。五座山峰环抱的整个区域形似佛冠，人类建筑和自然景观在此美妙地融合。"五"在佛教中是一个神圣的数字：五方佛、五行、五脏、五智等。五台山的寺庙本身、环抱着寺庙的山脉，以及远处山峰的壮丽景色，使得神秘的五台山成为一个统一的整体，具有震撼的象征力量。

罗睺寺同样引人入胜，它是佛教中最具影响力的寺庙之一，始建于唐朝，至今仍保存完好。它是山西著名的藏传佛教寺院，证明了藏传佛教在该省的发展历史和影响，并像悬空寺一样反映了该地区独有的宗教融合现象。

谈到山西对现代中国社会模式的贡献，我们不得不提及平遥古城。随着证券交易的不断发展，在著名的晋商们掌控国内市场时，平遥建立起了中国古代的汇兑和银行平台。在清代，晋商在平遥创立了第一个全国性的私人金融系统，被称为"汇兑庄"或票号。在19世纪中叶欧洲银行家引入零售和储蓄银行之前，日升昌票号于平遥创立，它是第一个为商人提供汇兑业务、流通力覆盖全国的商业网络。

在19世纪，平遥与其所在的山西成为中国的金融中心，占据着全国经济网络中心的核心地位。平遥古城距太原100余千米，拥有2800多年的悠久历史，于1997年被联合国教科文组织列为世界文化遗产。在明代（1370年左右），人们在古城的基础上重建了长达6000米的著名城墙。平遥承载着古代中国的记忆，民间也流传着许多与它的建设和管理有关的传说。城墙内采用了中国古代城市规划的传统布局，与当今时代的城市相似。整座城市的轮廓呈方形，街道纵横交错，如同美洲大陆的城市。因整体形状肖似乌龟，平遥也被称为"龟城"，乌龟在中国有长寿、和平和繁荣的美好寓意，各个方向的城门分别作龟首、龟尾与四肢，巷子则为鳞片。

云冈石窟在2001年被联合国教科文组织列入世界遗产名录，享誉全球，是具有独特价值的佛教遗产。这个石窟群由254个洞窟组成，其中有45个主洞窟，共同构成了一个极为复杂的系统，每个洞窟都有一个特定的主题。云冈石窟由僧人昙曜始建于公元5世纪，用到的技术发源于不同地区，有的通过丝绸之路传至于此，有的则源于对该遗址的赞美之情。石窟曾因缺乏保护遭受过严重的破坏，但在中华人民共和国成立后，它很快便被提升为国家级遗产。这里有59000余尊直接雕刻在石头上的佛像、菩萨像，融合了中国传统艺术、丝绸之路带来的影响，以及与西亚、中亚文明的交流产物。

这些石窟同样见证了中国与法国之间的独特联系。在法国承认中华人民共和国成立近十年之际，当一场深刻的思想和文学运动正围绕着安德烈·马尔罗和阿兰·佩雷菲特（他在1971年作为国民议会文化和社会事务委员会主席访问中国后，于1973年出版了 *Quand la Chine s'eveillera*，即《当中国觉醒时》）的作品展开时，乔治·蓬皮杜受周恩来之邀，于1973年9月11日至17日正式访问了中国。健康状况已极为不佳的两位领导人仍相互分享了他们对文化遗产和艺术的热情，并共同前往大同，在云冈石窟参观。据报道，他们谈话的主要内容是石窟的民族象征意义。云冈石窟与悬空寺一样，都是跨越文明与历史的共融载体，因此它们能够成为中法之间思想与情感亲近的象征，也就不足为奇了。

正如前文所言，山西不仅拥有宝贵的自然和社会遗产——这是中国的深厚根基，也是时代演变的力证——同时山西也是中国主要的煤炭产地。山西的能源供给促进了中国的工业发展，更有数百万人因此得以就业。我们都记得，直到近期，从山西运送煤炭到全国各地的列车比客运列车的优先级更高。山西无疑是全中国受能源转型影响最深刻的省份之一,更广泛地说,与采矿和工业活动有关的环境和社会责任对山西影响深远。文中提到的无与伦比的建筑和社会遗产,见证了中国的激荡历史,是强大韧性的象征。同时,它们也必须彰显山西有能力坚定地推动能源转型并保护其最根本的遗产:推动环境的改善与社会的进步。

让·菲利普·雷诺,法国企业战略家。

全球能源转型的山西智慧

武东升

气候变化是全人类面临的共同挑战，能源低碳发展关乎人类未来。

碳中和是能源转型的旗帜和方向

《巴黎协定》确立了全球变暖控制在2°C、争取1.5°C以内的目标。习近平主席郑重宣布了中国碳达峰碳中和承诺。碳中和目标是引领未来几十年中国及世界能源、经济、科技、社会等全领域、全方位深度转型的旗帜和方向。

能源革命是中国版的能源转型

能源，是现代社会的命脉，支撑着国家的实力和繁荣。"双碳"本质上是一场能源革命。中国语境的能源革命亦即世界语境的能源转型。能源革命是中国实现双碳目标的关键，低碳是能源革命的灵魂。双碳目标是挑战，转型不力将会导致能源系统和技术的落后，但更是机遇。它将带来新的产业、新的增长点和新的投资，实现经济、能源、环境、气候的可持续发展。

要立足中国"以煤为主"的基本国情,"先立后破",有计划分步骤实施双碳行动,深入推进能源革命,加强煤炭清洁高效利用,加快规划建设新型能源体系,积极参与应对气候变化全球治理。

山西之重,在乎能源。山西能源革命综合改革试点是国家试点,也是世界示范

山西能源在全球占有重要份额。从某种意义上讲,山西就是中国的缩影。作为全球能源生产、消费和碳排放大国,中国在现有能源体系和经济结构下,"碳"路坎坷崎岖,寻找适合的低碳经济发展模式十分迫切而重要。

世界能源转型看中国,中国能源转型看山西。中央政府赋予山西能源革命综合改革试点的国家使命,更是山西发展的历史机遇。山西要给全国探索出可复制可推广的能源转型山西经验,为世界贡献能源转型中国智慧。

"四个革命、一个合作"的能源发展战略,是山西能源转型的实现途径

"路漫漫其修远兮,吾将上下而求索"。资源型地区转型是世界性难题,是复杂的系统工程。推动资源型地区逐步走出"路径依赖"和"资源诅咒"的困扰,既非灵光一闪,也非一日之功。山西经济要实现高质量发展,不可能另起炉灶,丢掉煤炭传统优势。能源转型是个长期过程。围绕碳达峰碳中和目标,山西正在实施"四个革命、一个合作"能源革命战略,同步推进产业转型、数字转型,推进煤炭和煤电一体化发展、煤电和新能源一体化发展、煤炭和煤化工一体化发展、煤炭产业和数字技术一体化融合发展、煤炭产业和降碳技术一体化发展。

第一，消费革命是关键。要控制能源消费总量，调整产业结构，加快形成能源节约型社会。第二，供给革命是核心。要统筹抓好煤炭清洁低碳发展，实现煤炭由燃料向原料、材料和终端产品的转化。完成煤电机组的节能降耗改造、供热改造和灵活性改造。大力提升风光水、地热、生物质、煤层气等新能源和可再生能源占比，加快储能技术和规模化发展，加大源网荷储一体化协调发展，特别要加大绿色氢能、抽水蓄能等调节力度，形成煤、油、气、新能源和可再生能源多轮驱动的现代能源供应体系。第三，技术革命是支撑。要分类推进技术创新、商业模式创新和产业创新，将技术优势转化为经济优势。第四，体制革命是保障。要形成主要由市场决定能源价格的机制。第五，要融入和改进现有全球能源治理机制，发展"一带一路"倡议下的能源合作，全方位加强国际合作，实现开放条件下的能源安全。

气候变化、能源转型和绿色金融都具有国际性特征，而山西恰恰具有这样全球发展的基础和条件。当年的晋商诚信为本、汇通天下，纵横欧亚九千里，驰骋上下数百年，山西这块土地和山西人的血脉里天然流淌着金融和资本的基因。所有这些汇聚起来，山西就是一个全球性的大试验场。山西是经国务院批准的全国唯一的国家级全省域、全方位、系统性资源型经济转型综改示范区，太原能源低碳论坛比肩于达沃斯论坛和博鳌亚洲论坛。可以畅想，未来的山西，将可能被打造成为全国乃至全球的能源转型和绿色金融中心。全球能源转型的山西智慧将助力推进中国式现代化和人类社会的可持续发展。

让我们共同见证！

武东升，高级经济师/兼职教授，山西省发展和改革委员会二级巡视员，中国宏观经济智库联盟专家，哈佛大学肯尼迪政府学院高级访问学者/研究员。专著《碳路》由清华大学出版社出版（2021），论文《中国的低碳革命》在哈佛大学肯尼迪政府学院官网发表（2017），《国际视角下的能源革命和绿色金融》被确定为中国"全国好课程十门优秀课程"（2021）。

从灰蒙蒙到绿莹莹——家乡的渐变色

韩茜

20世纪80年代末的冬季,我出生在山西省太原市。19岁那年,我离开太原到北京求学。随后的十余年里,我在北京、内罗毕和巴黎这几座城市工作生活。驻外记者是伴随我多年的职业身份,换句话说,我是一名漂泊异乡的游子,家乡是我记忆深处的一个影子,时而清晰时而模糊。

当我在记忆的回廊里漫步,寻找家乡的踪影时,总会看到一幅画面。画面上年幼的自己趴在窗台上望向天空。那时太原的天总是灰蒙蒙的,却依然撑起我童年的向往,向往自己长大后能踏遍万水千山、览阅天下大事。当我低头回到现实中时,摸一摸窗台,一撮细细的煤灰沾满指尖,清晰的颗粒感让年幼的我意识到梦想与现实之间有很远的距离,未来的路很长。

那一小撮煤灰是从我家附近一个露天储煤场飘来的。曾经在相当长的一段岁月里,大部分山西人的指尖、鼻尖、发梢都曾停留着一小撮黑色粉末,那是一个时代的集体记忆。

山西素有"煤海"之称，含煤面积占其总面积的近40%，山西的煤种全、煤质好，焦煤、无烟煤等稀缺煤种储量在中国乃至全球都屈指可数，因此又被誉为"乌金墨玉"之乡。1980年，中央政府支持山西建设全国煤炭能源基地。此后煤炭产业在山西迎来了高速发展，1981—1986年间山西省的GDP总量稳居全国第15名。

彼时的山西经济因煤炭而兴，坐拥"乌金墨玉"的能源大省仅仅依靠资源开采就能让生活红红火火。在我童年时期，家中做饭取暖的燃料都是蜂窝煤。日子在大人们用铁钳夹起蜂窝煤放进炉子里的动作中日复一日地延展。每逢春节，我的祖父会在院子里用煤炭垒起旺火。熊熊的火焰点燃了新年的生机与兴旺。垒旺火是有着悠久历史的山西民俗，据说可以追溯到汉代。如今随着大气污染治理力度加大，这种民俗已淡出人们的生活。

这就是那个年代的山西，人们的日子因煤而红火。但这片土地也因煤炭产业的高速发展而变得缺少蓝天、缺少透亮的色彩。进入21世纪，中国经济迎来新一轮的增长机遇，对煤炭资源的需求与日俱增，山西迎来了煤炭产业的又一个黄金时期。记得2005年我离开太原到北京读大学，每次遇到新认识的朋友，当得知我是山西人时，人人都会先冒出一句："哎呀，你是不是煤老板的女儿！""煤老板"成了山西人的代名词。

这大概就是我出国工作之前脑海里的家乡印象。在我童年和少年时期，总想着离开家乡，逃离灰蒙蒙的天，寻找外面世界的鲜亮色彩。在海外工作期间，距离家乡万里之遥，对它的印象封存在了记忆的回廊里。可令我惊喜的是，每次回乡探亲，家乡翻天覆地的变化，都给那封存的印象刷上一抹亮色。

2016年夏末，我结束在肯尼亚内罗毕的驻外任期，回到太原休假。我还是像小时候一样，俯在窗前看天空。夏末秋初，太原的天气清爽宜人，阳光从湛蓝的天空掠过，晶莹的光芒洒在窗台上，我用指尖触碰它，试图让家乡的温度沁入体内。低头看看，指尖上不再沾满细细的黑色粉末，而是沾满阳光的碎片。

这样的改变得益于山西自2010年起进行的一系列综合改革。这一年，山西成为"国家资源型经济转型综合配套改革试验区"。这是中国第一个全省域、全方位、系统性的国家级综合配套改革试验区。经过转型发展，2015年山西煤炭工业增加值占全省工业增加值的比重首次跌破50%，山西产业结构"一煤独大"的现象得到了初步改善。随后的几年当中，5G智慧矿山建设、数字技术助推能源产业转型这些概念常见于报端，说明技术创新在山西的产业升级中开始发挥效能。

那一次结束休假离开太原时，家人为我送行的美食是我喜欢的手擀面，加上一股香浓的陈醋。那醇香的滋味里漫溢着亲情，也沁透着我对家乡的眷恋。那眷恋中多了一种欣喜，因为家乡的天空变蓝了，空气变好了，让远行的游子看到了崭新的希望。

2016年秋我到巴黎继续驻外记者的工作。在此后四年的新闻报道工作中，有关气候变化、能源转型、绿色发展的话题时常出现在我的笔下。一方面《巴黎气候协定》的签订让上述话题成为全球关注的焦点，另一方面，法国社会对环境议题也一向保持着很高的关注度。记得在巴黎做的最初几个报道当中，便有反映圣诞树回收处理方式的选题。在巴黎工作期间，我用一只眼睛观察欧洲的环保议题，另一只眼睛关注中国的环保议题，也自然而然地关注到了家乡山西的能源转型。

我发现当欧洲广泛探讨和推广光伏、风电、氢能等新能源技术时，一场能源革命已经悄然在山西上演。从一则新闻里得知，素有"中国煤都"之称的大同市，致力于广泛推广光伏、风能等新能源和可再生能源，到2022年底，大同市新能源和可再生能源的装机容量将占全市总装机容量的50%以上。曾经的"中国煤都"如今拥有了"国家新能源示范城市"的美誉。这则消息令我十分欣喜。记得小时候去大同云冈石窟参观，坐在车里都能看到车窗上浮着的一层煤灰，如今看来这是一张需要从记忆里删除的老照片。

时间来到2018年，我喜欢在工作之余到塞纳河的亚历山大三世桥散步。散步时常常想起小时候的自己，那个趴在窗台看天空的小女孩。那时觉得未来和现实的距离很远，但当我望向远处的埃菲尔铁塔时，我感觉未来已来，它就在我的眼前。

2018年冬，我再次回到太原探亲。我家住在汾河西侧，从火车站到我家的一路上会经过好多座桥，小时候没仔细观察过这些桥，长大后才发现这些桥风姿各异，夜晚在灯光的映衬下显得格外秀美。汾河是山西的母亲河，也是黄河的第二大支流。太原市沿汾河一共建有25座桥，每座桥的设计和造型都不同，可谓一桥一风景。

我特意在一天傍晚开车观赏太原的桥。车子在一座座设计感十足的桥上驶过，我不禁联想到巴黎的桥，塞纳河上一共有37座桥，也都是造型各异，诉说着一座城的历史，联通着它往昔与今朝的荣耀。

此情此景，仿佛时空交错，未来与现实交叠着的渐变色就是眼前家乡的色彩。

对家乡全新的印象中还有最吸引我的一幅画面——汾河公园。我幼年时，汾河一度干涸，一眼望去就能看到过度开发和植被破坏的痕迹。周围煤炭企业的污水也时不时流进我们的母亲河。当时幼小的我很不愿意经过汾河看到它遍体鳞伤的模样。那时总梦想着自己有一天能生活在一座山清水美的城市。后来渐渐地，改变发生了。从我上大学到工作再到远赴海外，每一次回到太原都会发现汾河的变化。从河道干涸到有了水，渐渐地水量丰沛起来，河岸绿了起来，汾河公园不断改造升级，两岸有了跑步道和自行车道……童年时梦想的山清水美的城市，如今就是我的家乡。从1998年至今，汾河经过四期工程的治理和修复，水面面积达到158万平方米、绿地面积190万平方米，沿岸的生态环境大幅提升，吸引着160余种鸟类在此栖息。山西的母亲河终于告别干涸，展露新颜，从高空俯瞰，那是一片绿莹莹的美景。

漫步在汾河公园，我不禁感慨。小时候想要走出家乡，向往外面的世界，那时候山西人的身份并不令我骄傲，长大后看过外面的世界，再回到家乡，才重拾它的魅力。经过对资源的过度开发和高度依赖，山西痛过、伤过，然而伤痛孕育着新生，山西必将在转型中涅槃。这里人杰地灵，诞生过灿若星河的文人墨客，演绎过流芳百世的英雄故事。这里的古遗址、古建筑诉说着中华文明五千年的故事。当我走出再归来，豁然开朗，原来山西人是我最值得骄傲的身份。从灰蒙蒙到绿盈盈，未来的家乡定会幻化出更美的色彩。

文章数据来源：

《山西GDP"暴增"背后》，新华社客户端，2022-03-28

《水清、岸绿、景美，太原汾河四期景区美如画》，澎湃政务：山西水利，2022-09-30

《大能源产业高质量发展步履铿锵》，大同日报，2022-09-15

韩茜，资深媒体人。

第四章

山西的文化与艺术：点亮世界文化遗产的中华文明之光

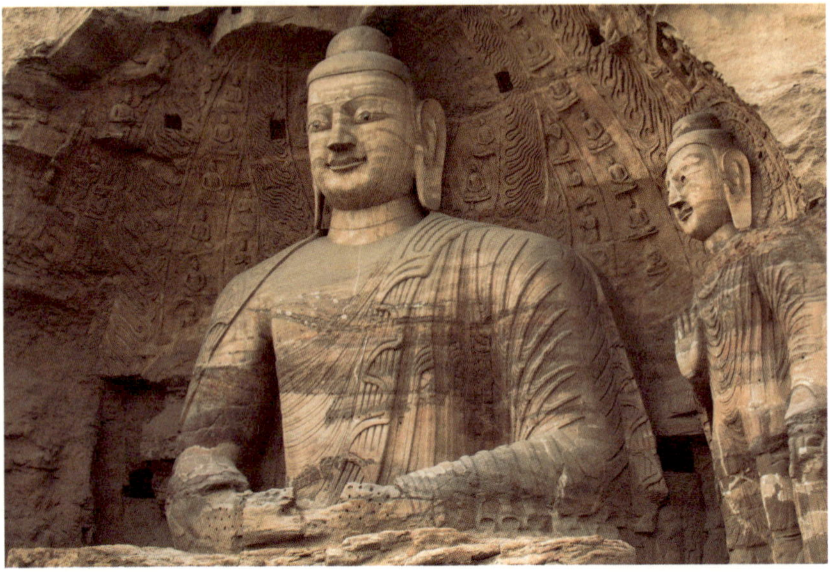

华夏原乡——丰富多彩的山西文物

许高哲

太行雄峙，大河奔流，携抱着一枚写满文明密码的"树叶"，耸立在华夏神州的腹地——这一方壮美雄浑、古老神奇的水土，就是山西。

岁月流逝，时光荏苒。在山西这个人类文明和华夏文明的核心发祥区域，老祖先繁衍生息，尧舜禹建都立业，晋文公中原称霸，孝文帝汉化改革，李世民龙兴晋阳，杨家将血洒疆场，大晋商汇通天下……厚重的大地，珍存着中华民族的血脉基因和中国历史的完整印记：不可移动文物多达53875处，其中"国保"单位531处，位居全国第一，它们以原生态的面貌守望着这片源脉秘境，跫跫足音侧耳可听，泱泱古迹伸手可摸。

地下文物得天独厚、文明起源遗存丰富。山西发现的旧石器地点700余处，约占全国总数的70%，居全国之首。西侯度遗址在约243万年前点燃了人类的第一把圣火，约20万年前的丁村遗址为见证人类进化提供了"中国样本"。山西是华夏文明的直根，在中国历史演进中谱写了精彩华章：距今约4300年的陶寺遗址，描绘了华夏文明起源的真实画卷；距今约3000年的晋侯墓地和晋国遗址的发现惊艳世界，展现了春秋霸主的百年辉煌……星罗棋布的文化遗址，延续不断的文化序列，全面而生动地诠释了中国历史的基本进程。山西人在这块土地上演绎了恢宏壮阔的时代大剧。

地上文物星罗棋布、古建遗存冠居全国。山西古建筑多达28027处，其中宋辽金及其之前的地方木构建筑约占全国86.95%，被誉为"中国古代建筑博物馆"。五台山的佛国圣境，云冈石窟的堂皇恢宏，平遥古城的明清遗风，三大世界文化遗产闻名遐迩；长达1400千米的历代长城蜿蜒逶迤，在天地间腾起中华龙的脊梁；"第一国宝"佛光寺闪耀着大唐风华，全国仅存的三座唐代建筑均在山西；宋代建筑典范晋祠圣母殿气场犹在，世界上现存最古老最高大的应县佛宫寺释迦塔耸立千年，金元舞台戏韵声腔余音绕梁，解州关帝庙彰显天下华人的"关公"尊崇，晋商大院展现纵横欧亚史诗般传奇的物化形态……

彩塑壁画独步华夏，造像石刻精品荟萃。山西现存唐代以来彩塑12000余尊，位居全国首位。五台山佛光寺的唐代彩塑、平遥镇国寺的五代彩塑、太原晋祠的宋代彩塑、大同华严寺的辽代彩塑、晋城玉皇庙的元代彩塑、平遥双林寺的明代彩塑等，美轮美奂，让人目不暇接；现存历代精美壁画27000余平方米，数量亦居全国第一，其中犹以永乐宫元代壁画堪称巅峰之作。太原王郭村北齐娄睿墓壁画、太原王家峰北齐徐显秀墓葬壁画，填补了中国美术史的空白。现存历代石窟485处，其中以云冈石窟、太原天龙山石窟最为著名；吕梁汉画像石、沁县南涅水北朝石造像、晋祠唐碑等20000余通碑碣精彩纷呈。

馆藏文物璨若星辰、瑰宝稀珍价值连城。山西拥有各级各类博物馆、纪念馆197座，馆藏文物多达320余万件，其中珍贵文物50000余件，类型丰富，特色鲜明，犹以晋式青铜器闻名。如山西博物院的镇馆之宝"晋侯鸟尊"，其主人为第一代晋侯燮父，以伫立回首的凤鸟为造型，构思奇特，精致华丽，映射着晋国的风采神韵，是青铜文明的经典之作，堪称"国之重器"。山西玉器典藏亦多佳作，如晋侯墓地出土的玉器，尤其是以璜为主的组佩，无论是品类形态，还是艺术特征，都代表了西周时期玉器的最高水准。其他如瓷器、琉璃、戏曲以及北朝石刻、民族文化等藏品都自成体系，承载着尘封的文化记忆。

山西是一个掩藏着无数传奇的地方，中华民族参天大树的"直根"就深植在这片厚土里。"华夏文明看山西"不是空泛的广告词，而会真正让人魂牵梦绕，流连忘返，激活血脉深处的精神因子。

许高哲，长期在山西省文物局工作，主要从事山西历史文化和文化遗产的传播工作。

云冈石窟：一个王朝的速写

赵昆雨

武州山定有其不寻常的地方，不然，北魏统治者以及主张开窟的高僧昙曜当年为什么要选择在这里营建石窟呢？

天兴元年（398）秋七月，北魏道武帝拓跋珪在平城（今山西大同）建都，凡97年，北魏王朝148年的政权历史，有一大半属于平城时代。那时，经历了"五胡十六国"纷争扰攘的乱世，北魏社会巨大躯体上的伤口还未愈合。以佛治国，成为统治者稳固江山、笼络人心的政治策略首选，而时人遭受重创的精神世界也亟须得到修复与抚慰，佛教适逢其时的到来，恰似一江春水，又如一剂镇痛良药，让寻求解脱的人们通过开窟凿像看到轮回的自己，也在久涸的心地浇出生命之花。

北魏和平初年（460）——那是所有春天都不会忘记的日子，整个蓝天被信仰握紧，握成一把锻造北魏王朝光环的斧凿。武州山奔雷坠石，凿落的每一块石头都是一首歌，崩碎了，也是无以复加的美。——我国新疆以东最早的大型石窟群云冈石窟，横空出世！

不同于稍早的敦煌莫高窟，也不同于随后的龙门石窟，它们都经由历代数朝迭续而完成，云冈现存的大小59000余尊造像、45座主要洞窟、209个附属窟龛，全部是北魏一朝凿就，用时60余年。作为大型皇家石窟，云冈石窟突出、强调的是皇室的权威。统治者倾全国之财、之人、之物开凿这座石窟，正是为满足并实现国家的政治需求，所以在云冈，你不会找到类似其他石窟壁画中所见的婚丧嫁娶、耕作牧放、梳头刷牙等生活场景，也不会出现描绘茶余饭后、家长里短的百姓故事。它就是一部雕刻在石头上的王朝，一尊尊具有帝佛合一色彩的佛像，映照出北魏帝王的无上权威和高视千古的气度。但是，在瑰丽绚烂的高光之下与虔敬朝佛的凿刻背后，也渗透着政治交锋的刀光剑影以及功德主无言的人生悲怆。云冈就是一幅速写图，写尽了北魏王朝的辉煌，还有遗落在草原上的忧伤。

最先开凿的第16—20窟又名"昙曜五窟"（460—471），均为穹隆状顶部的大像窟，有如鲜卑民族传统的穹顶毡帐，佛像面相丰圆，前额宽阔，鼻筋高隆，细目长眉，直鼻方颐，或蓄八字须，身躯壮硕，浑厚朴质。通常认为，昙曜受平城五级大寺内"为太祖以下五帝用赤金铸释迦立像各一"的启示，在武州山分别为北魏五位皇帝开窟造像。礼佛等同礼帝，皇统与佛法共存，石窟依此固若山川。如此，穹庐之下就不单纯是鲜卑的庐室了，而是整个宇宙。上苍、厚土之间，拓跋鲜卑巍然雕成大写的人。

从云冈中期洞窟（471—494）开始，以皇室显贵为主体的造像迅速崛起，为国祈福镌窟渐成风气。这一时期不但流行双窟的做法，表现释迦与多宝二佛并坐的题材也明显骤增，这是北魏特定的政治形势的产物，是当时既有皇帝在位又有太后临朝的反映，时称"二圣"。

如果说云冈早、中期洞窟是为迎合国家意志而大力宣扬的造神运动，那么云冈晚期洞窟（494—524）则回归到佛教对人关怀的初衷。功德主的身份不同了，开窟的目的、洞窟的功能与性质自然也发生了变化。远离政治思想的束缚，匠师在创作上拥有了犹如挣脱脐带般的自由与超越。

云冈注定是多血质、多元素、多脉系的。从镌窟的第一凿起，来自不同民族、不同地域的工匠、设计师以及高僧，便参与了这场波澜壮阔的大型皇家石窟工程。他们雕刻了粟特商旅的驼队、具有伊朗风情的葡萄、古希腊爱奥尼柱与科林斯柱式的物体、印度多头多臂护法像、波斯兽头拱，还有萨珊的仰月，那是密特拉对光明之神的崇拜。在佛教造像风格上，既有源于斯瓦特河谷与喀布尔河流域佛教造像高贵冷峻、厚重衣褶的犍陀罗风，也有产生于印度马图拉轻薄贴体、曹衣出水般的轻衣；乐舞雕刻集华夏旧乐、西域胡乐、印度梵乐以及鲜卑乐为一堂；同时，汉风事物充盈窟室，中国传统建筑中的平棊、瓦顶、斗拱构件以及龙、雀飞舞等雕刻触目可及，戎华兼采，庄严斑斓，反映了当时社会各民族文化大融合的时代特点。

所以，云冈是公元 5 世纪世界美术主流的重要分支，它的最高成就是在吸收世界各艺术流派精华的基础上，将汇聚在平城繁杂的文化支系进行异源合流的整合，创造出既融有拓跋鲜卑文化特质，又兼具印度、中亚佛教造像特点的"胡貌梵相"新模式，对中国石窟寺产生了深远的影响，成为世界范围内文化传播融合的典型例证。

赵昆雨，云冈研究院云冈石窟博物馆馆长，文博研究员，从事佛教艺术研究，专于音乐图像学。担任中国音乐图像学会理事，受聘为云冈舞创作研究中心专家。

民族融合的画卷：山西北朝美术考古重要发现

武夏

敕勒川，阴山下。

天似穹庐，笼盖四野。

天苍苍，野茫茫，

风吹草低见牛羊。

这首《敕勒歌》是北朝时期黄河以北地区流行的一首乐府民歌，表现了游牧民族逐水草而居的生活场景。魏晋南北朝时期，正是在这片土地上，内迁山西的北方各民族先后崛起，相继称雄。发源于大兴安岭的少数民族政权拓跋鲜卑部经过几代人的努力，最终统一了黄河流域，结束了"五胡十六国"以来中国北方混乱割据的分裂局面。这一时期所创造的物质文化可以说在山西是最富有特色的。

考古学家张庆捷曾指出：北朝时期，山西有两个城市非常重要，一个是作为北魏早中期都城的平城（今大同市），另一个是作为东魏、北齐军事基地和政治中心之一的晋阳（今太原市）。作为北朝早、晚期的两个重要城市，平城与晋阳汇聚了当时最先进的文化艺术，为我们留下了诸多极具特色的文化遗存。

平城时代的北魏王朝经历了从塞外草原游牧政权到皇权国家的政治转型，一系列的考古发现印证了平城在北朝时期的重要地位。

平城地区目前所见纪年最早的壁画墓为太延元年（435）沙岭壁画墓[1]。据墓内出土的漆皮文字推测，墓主人为平西大将军破多罗太夫人。墓室正壁绘制墓主人夫妇宴享图，两侧壁绘制庖厨、狩猎、仪仗队列等。这些图像可追溯至河西十六国魏晋壁画墓以及辽东汉魏晋壁画墓。这是因为北魏征服东部的三燕、西部的河西地区后，陆续将征服地的民众迁徙到平城附近。来自各地区的多民族移民为平城带来了当时最先进的物质与精神文化。拓跋鲜卑积极吸收了这些文化因素，并进行整合，从而创造出平城时代新的文化面貌。

平城时代晚期具有代表性的墓葬是太和八年（484）的司马金龙墓[2]。司马金龙家族是降服于北魏的东晋宗室后裔，深受北魏皇室宠信，累世高官，显赫一时。墓室用特制的"琅琊王司马金龙墓寿砖"砌筑。虽然这座墓葬早年已被盗掘，但考古发掘中仍出土了较多重要的随葬品，包括400余件陶俑及动物模型，还有石砚、陶壶、青瓷唾壶、铁剪和马镫等器物。

在司马金龙墓后室西侧摆放着一张雕饰精美的石棺床。床足雕出作承托状的力士，足间雕壸门。壸门以上雕忍冬图案，图案内雕出伎乐、龙虎、凤凰、金翅鸟等形象。棺床旁还出土有雕缠枝忍冬及伎乐

1　大同市考古研究所：《山西大同沙岭北魏壁画墓发掘简报》，《文物》2006年第10期。
2　山西省大同市博物馆、山西省文物工作委员会：《山西大同石家寨北魏司马金龙墓》，《文物》1972年第3期。

北魏司马金龙墓中出土的漆屏风　　　　北魏司马金龙墓出土的石柱础

图案的柱础。著名考古学家宿白先生指出：这些石刻装饰纹样与云冈第9、10窟中的装饰纹样极为相似，因此学者认为这些石质葬具的制作与云冈石窟的雕刻同样出自官方作坊之手[1]。

司马金龙墓中还出土了一套彩绘漆屏风，保存较为完整的有五块，其上分四栏绘制孝子、列女、高人、逸士等故事。这些图像的画

---

[1] 林圣智：《墓葬、宗教与区域作坊——试论北魏墓葬中的佛教图像》，《美术史研究集刊》第24期，台湾大学艺术史研究所，2008年。

宋绍祖墓出土的石质房形椁

法与南朝画风相似，很可能与司马金龙家族自南朝归降时带来了南方粉本有关。

除沙岭壁画墓、司马金龙墓以外，平城地区重要的考古发现还有北魏文明皇后冯氏的方山永固陵、幽州刺史敦煌公宋绍祖墓等大量贵族与北方各族民众的墓葬。这些墓葬中还常见一些产自西域的金银器、玻璃制品，反映出北魏时期平城与西域各国的密切联系。

山西太原是东魏、北齐的政治、军事中心。北魏在此地设太原郡，晋阳为太原郡治。东魏时期，高欢设大丞相府于晋阳，军国政务皆出于此。北齐时，晋阳仍为政治、军事中心。太原在这一时期最为重要的考古发现是两座北齐时期的高等级壁画墓。第一座是位于太原西南晋阳故城附近武平元年（570）的东安王娄睿墓[1]。娄睿为武明皇

1　山西省考古研究所、太原市文物考古研究所：《北齐东安王娄睿墓》，文物出版社，2006年。

后娄昭君的侄子,地位显赫。因此其墓葬规模宏大,在长约21.3米的墓道内绘制了场面宏大的出行仪仗队列,画面共分为三层,前两层绘制了骑马出行图,第三层绘制了鼓吹仪仗图,表现了墓主人生前的戎马生涯和显赫地位。娄睿墓的壁画内容丰富,保存较好,绘制水平高,美术史家认为这种风格正是《历代名画记》中所载北齐宫廷画家杨子华的绘画风格。由于传世卷轴画中并无这一时期的作品流传下来,因而这一考古发现为我们了解北齐时期的绘画风格提供了重要参考资料。

第二座是位于晋阳故城东北三十余里,即今太原王家峰村的武平二年(571)武安王徐显秀墓[1]。徐显秀的祖、父均为北魏边镇的官员。徐显秀在北魏末年先投靠尔朱荣,后追随高欢,逐步高升,入北齐后曾任徐州刺史、大行台尚书右仆射,拜司空公,再迁太尉。因其作战勇猛,屡建功勋,被封为武安王。徐显秀墓是目前保存最为完好的北齐壁画墓,15.2米长的墓道内绘制了仪仗队列,墓室内正壁绘制墓主人夫妇宴享图,两侧绘制伎乐图,墓室内两侧壁分别绘制男、女墓主人出行图。这些图像为我们认识当时晋阳的文化面貌提供了重要的参考依据,如画面中侍女服装中所使用的连珠纹菩萨头像织锦、侍者肩部所携马扎,还有墓主人所戴的一件中亚风格的镶嵌碧玺的金戒指,都体现出这一时期晋阳与西域之间往来频繁,交流密切,多种文化相互融合的社会面貌。

这两座墓葬中还出土了大量的陶俑以及体形高大、装饰复杂的釉

---

[1] 山西省考古研究所、太原市文物考古研究所:《太原北齐徐显秀墓发掘简报》,《文物》2003年第10期。

陶鸡首壶、莲花灯等器物，为我们了解这一时期的手工业以及丧葬礼制提供了重要的实物资料。

此外，在太原北侧的忻州市，也就是北朝时期秀容郡的所在地，考古工作者发现了规模更大的北朝壁画墓[1]，可惜墓志被盗，墓主人身份不明。在30米长的墓道中满绘壁画，自上而下分为四层：最上层绘制了《山海经》中记载的各类神兽和云气纹，第二层绘制了大幅的山林狩猎图，第三层和第四层则绘制了出行仪仗队列。墓门正上方绘制有形象逼真的大型门楼图，画工仔细，绘制了夸张的瓦钉、结构复杂的斗拱、重叠的额枋和栏杆等建筑构件。

隋取代北周后，仍以晋阳为重镇。太原隋代的一处重大考古发现是开皇十三年（593）的入华粟特人虞弘的墓葬[2]。从墓志记载来看，虞弘来自西域鱼国。入中原后，曾在北齐、北周、隋三个朝代担任过重要官职。在北周时曾执掌来华外国人事务。墓葬中出土的葬具为汉白玉制作的仿木构建筑的房形椁，其外壁雕刻了祆教祭祀的相关场景。画面中的人物服饰、器皿、乐器、舞蹈以及花草树木等，均为中亚诸国的流行元素。

以上介绍的这些精美的文物主要收藏于山西博物院、大同市博物馆和太原北齐壁画博物馆。

武夏，山西大学考古文博学院副教授。

---

1 山西省考古研究所、忻州市文物管理处：《山西忻州市九原岗北朝壁画墓》，《考古》2015年第7期。
2 山西省考古研究所、太原市文物考古研究所、太原市晋源区文物旅游局：《太原隋虞弘墓》，文物出版社，2005年。

千年一寺看佛光

彭可儿

作为文殊菩萨的道场，五台山位居中国四大佛教名山之首，人称"金五台"。台怀为五台中心，附近寺刹林立，香火极盛。1937年6月26日的黄昏，有一行远道而来的"朝圣者"背向台怀，走向冷僻的台外。他们知道，那里或许有一座建造于千年前的唐代木构建筑孤独存世，发现佛光寺东大殿的传奇序幕就此拉开。

佛光寺东大殿，是中国现存的唐代木结构建筑中规模最大的一座，也是现存的唯一的殿堂式庑殿顶唐构，被建筑大师梁思成称为"国内古建筑之第一瑰宝"，后世更有人称之为"中国木构建筑的活标本"。

在忻州市五台山宛若莲花重瓣的山脉之间，这座古老的木构殿堂斗拱雄大，出檐深远，以巨大的木质叉手撑起了千年前的大唐辉煌。

"台西南四十里，元魏孝文帝建。帝见佛光之瑞，因为名。"五台山《清凉山志》中记载着佛光寺的身世。经历三百余年的供奉，寺庙毁于会昌灭佛时期，仅仅12年后（唐大中十一年），主殿东大殿重建,而后随着佛教的衰败而一同在历史中沉寂,香火冷落,寺僧贫苦。或许也正因如此,它在千年中无毁于兵戎灾祸,在远僻深山中屹立至今。

佛光寺的发现,不仅证明了中国也有唐代木构建筑,更是中国人对文化传承决心的体现。彼时,日本学者曾在中国进行过大范围的古建筑调查,日本建筑之父伊东忠太在《中国建筑史》中断言:中国已没有唐代木构建筑,要想亲眼见到唐代的木构建筑,只能到日本的京都和奈良去。

当年,为驳斥这一错误的断言,营造学社在五年间走遍15个省,寻访了全国137个县市,查看了1823座古建筑,未曾发现超过千岁的唐代木构,但他们始终怀着国内殿宇必有唐构的信念苦苦追寻。

佛光寺的"召唤",来自敦煌石窟的壁画。1937年6月,梁思成、林徽因、莫宗江和纪玉堂四人在敦煌第61窟壁画《五台山图》中"大佛光之寺"的指引下再次踏上寻找唐构的旅途。2000千米外,这位大唐的使者,在群山中静默等待。

带着渺茫的线索,一行人"乘驮骡入山,峻路萦回,沿倚崖边,崎岖危隘",终于在五台县城东北32千米外的豆村看到佛光真容禅寺。一位守庙的老僧和哑巴弟子接待了他们。这座建造于公元857年,保存完好的唐代木构建筑在落日余晖中孤独屹立,尘封整整1080年的珍贵历史,以一种传奇的姿态就此揭开。

佛光山三面环抱古寺,前方是豁然开朗的山川河谷。寺内建筑群高低层叠,分布在三级高台上。由天王殿进入第一级平台,南侧有伽蓝殿,北侧有文殊殿;第二级平台北侧为香风花雨楼;第二和第三平台之间由陡耸的台阶相连；东大殿立于第三层平台，"殿斗拱雄大，屋顶坡度缓和，广檐翼出，全部庞大豪迈之象，与敦煌壁画净土变相中殿宇极为相似，一望而知为唐末五代时物也"。一睹建筑形制，梁林二人便知大唐脚步已近。

推开沉重的木门，夕阳像千百年前一样洒进大殿。林徽因抬头一望，看见了四椽栿上隐约的墨迹——"佛殿主上都送供女弟子宁公遇"与大殿外经幢上所刻年代与人名一致，遥相呼应，这是佛光寺留给后人关于大唐的确凿证据，中国已无唐代木构建筑的断言被彻底打破。

"那高大的殿门，顿时就给我们打开了。里面宽有七跨，在昏暗中显得更加辉煌无比。在一个很大的平台上，有一尊菩萨的坐像，他的侍者们环他而立，犹如一座仙林。"梁思成的日记，把将近百年后的我们带回了那个神圣的瞬间。

跟随梁思成的视角，我们可以看到东大殿内保存的33尊唐代彩塑，是世界现存最完整、壮观的唐代彩塑群，几乎占据全国80余尊唐代彩塑的半壁江山。举头仰望，天花板都为极小的方格，"回"字形柱网平面共同构造的"金厢斗底槽"是大殿为唐建的例证；平梁上巨大而简洁的木质叉手，也是唐时期建筑特征。

正如著名古建筑专家郭黛姮所言，古建筑不仅是具体的物，它更反映着当时所处社会的经济文化。佛光寺东大殿带有唐代最高等级建筑的基因，仿佛一个来自唐朝的细胞，后人从这里可以复活一个时代。把目光移向全寺，则会看到纵跨北朝、唐、宋、金、元、明、清、民国等历史时期的建筑文物齐聚。在这深山一隅，蔚为大观的中国建筑艺术令人意外地集中呈现。

佛光寺从唐代而来,在这座深山古寺的千年记忆中,有着佛教的兴衰、朝代的更迭。如今,距离佛光寺东大殿诞生已经过去1166年,她仍然深居五台山中,再次带着荣光静默地走向未来。

彭可儿,女,1998年8月生,山西原平人,就职于中国日报社。2019年毕业于山西大学外国语学院法语专业。

晋祠"三绝"与"三宝"

郭晋媛

爱上一座城，可以有许多种理由。对于拥有 2500 多年建城历史的山西省省会太原市，想要充分了解它并爱上它，还是先去距其市区西南 25 千米处的晋祠，找寻开启历史记忆的通关密码吧。

晋祠是后人为纪念西周初年（约公元前 11 世纪）晋国第一任国君唐叔虞而修建的祠堂，最早取名"唐叔虞祠"，又称"晋王祠"，简称为"晋祠"，享有"三晋第一名胜"的尊崇美誉。

晋祠是中国现存最早的皇家祭祀园林，拥有宋元以来雕塑 100 余尊，铸造艺术品 30 余尊，历代碑刻 400 余通，诗文匾联 200 余幅，上千年古树 40 余株，是集古代祭祀建筑、园林、雕塑、壁画、碑刻艺术为一体的珍贵历史文化遗产。

1961 年晋祠被国务院列为第一批全国重点文物保护单位。2001 年被国家旅游局评定为第一批国家 AAAA 级旅游景区。晋祠作为太原众多名胜古迹中的王牌，曾先后接待过许多国际政要和海内外友人，如印度诗人泰戈尔、瑞典王储古斯塔夫六世、澳大利亚总理费雷泽、乍得共和国总统马卢姆等。现在每年还有来自泰国、新加坡、缅甸等国家和中国台湾、香港地区的王氏后裔前来省亲，祭拜宗祠。

令晋祠蜚声海内外的是"晋祠三绝"和"晋祠三宝"。"晋祠三绝"即周柏、难老泉、宋彩塑侍女像。圣母殿前的周柏为西周初年所植，距今已有三千多年的历史，是晋祠千年古木的代表。树高达18米，周身5.6米，树身向南倾斜45度，枝干蜿蜒蜷曲，形似卧龙，俗称"卧龙柏"。难老泉取泉水长流不息之意，除了当地老人们讲述的经典传说外，更因为泉水常年恒温，水质优良，富含多种矿物质，世代浇灌着晋祠附近的千顷良田而出名。侍女像则是圣母殿内尚存的43尊彩绘塑像，除圣母像两侧小像是后来补修的外，其余均为宋初原塑。33尊侍女像高度与真人相仿，体态和神态各不相同，面部表情栩栩如生。伫立在这些摆脱了佛教造像雕刻技法束缚的写实作品面前，仿佛我们也能感知到她们的喜怒哀乐，好奇着她们在那个时代是怎么度过每一天的。

"晋祠三宝"分别是献殿、鱼沼飞梁和圣母殿，均为三大国宝建筑。献殿建于金大定八年（1168），过去是用来陈列祭祀供品的场所。让人感到惊奇的是整个建筑没有墙壁，四周只用直棂栅栏围拢，梁架不用一颗钉子，全靠卯榫组合，轻巧坚固。在这个既是殿也是亭的屋檐下面，通风效果极佳，站此不由感慨古人的聪明智慧。鱼沼飞梁是中国最早的十字形古桥，始建年代可能在北魏。鱼沼是一个方形水池，中间靠34根八角石柱支撑，柱上架有十字形桥面，东西宽阔，南北两翼向下铺折，像只张开双翼的大鸟，故取名"飞梁"。建于北宋雍熙元年（984）的圣母殿是晋祠的主殿，为纪念唐叔虞的母亲邑姜所修。殿高19米，面阔7间，进深6间，四周围廊是中国现存古建筑中"殿周围廊"的最早实例。最值得称道的是前廊廊柱上雕刻的8条木制盘龙，为中国现存最早的木雕艺术品，龙身上的鳞片和须发仍清晰可见，精湛的雕刻技艺令人叹为观止。殿内圣母邑姜的雕像端坐正中，仪态富贵安详，两侧侍从像中立有身着男装的女官4尊、宦官5尊、侍女像33尊，真实还原了北宋时期宫廷生活的原貌。

晋祠的文化遗产价值还体现在它的匾额和碑刻均具有很高的书法艺术水平，如"水镜台"三个字是乾隆皇帝的书法老师杨二西所题，"对越"是明代大书法家高应元所题，"难老"则为明末清初大学者傅山先生所题，这三块匾额被誉为晋祠的"三大名匾"。说到碑刻，首推唐太宗亲手书写的《晋祠之铭并序》碑，碑文共1203个字，其中39个"之"字，写法均无雷同，开创了中国行书体碑刻的先河。

穿越四季和历史，晋祠宛如历尽尘烟的老者，静静伫立在城市的西南一隅，默默地看着世事的变迁，守护着这片古老土地的不绝文脉。如今晋祠早已被太原人当作是一个表达情感认同的文化坐标，与此相关的晋祠元宵、晋祠庙会等也因而成为地方风物的金字招牌。

郭晋媛，山西大学历史文化学院旅游管理系讲师，博士，研究方向文化遗产旅游、民俗旅游。

法国总统乔治·蓬皮杜访问山西云冈石窟 50 周年纪念

高大伟

以中法关系为主题的著述不胜枚举。坐落于欧亚大陆的两端，中国与法国之间的交往由来已久，而如今两国关系的意义越发深远，其影响也已远不仅限于两国的双边关系。

1949 年中华人民共和国宣布成立。在西方国家中，法国最先承认了这个由毛泽东（1893—1976）领导的新中国。那是在 1964 年 1 月 27 日，整个世界正在被"冷战"划分为两个阵营。而在这一次外交的突破中，由法国 20 世纪最伟大的政治家夏尔·戴高乐（1890—1970）提出的独立精神也再次得到佐证。

1969 年，戴高乐辞去总统职务。于 1962 年至 1968 年担任总理的乔治·蓬皮杜（1911—1974）顺利接任，成了法兰西第五共和国的第二任总统。蓬皮杜既是一名致力于实现国家现代化的政治人物，又是一位接受过良好人文教育的文化人士。在 50 岁这一年，他出版了《法兰西诗选》一书。同时，蓬皮杜也对当代艺术创作抱有浓厚的兴趣。在夫人克洛德·蓬皮杜（1912—2007）的影响下，他开始欣赏伊夫·克莱因（1928—1962）、皮埃尔·苏拉热和皮埃尔·布列兹（1925—2016）的艺术作品。

在乔治·蓬皮杜国家艺术文化中心的构思和落成中，蓬皮杜夫妇对现代艺术的热情达到巅峰。蓬皮杜艺术中心以其"结构外露"的建筑风格闻名，也引发过诸多争议。一家知名的法国报刊曾尖锐地评价道："就像尼斯湖的水怪一样，巴黎也有自己的怪物。"而普利兹克奖评委会却盛赞这座建筑"给博物馆带来了彻底的变革"。蓬皮杜艺术中心现已成了巴黎的地标。该中心的博物馆、公共图书馆、工业创造中心和音乐—声学协调研究所也极大地丰富了法国的文化生活。

蓬皮杜自1944年起便在戴高乐政府中担任不同职位，始终恪尽职守。在戴高乐的影响下，蓬皮杜也为推进中法关系做了许多工作。1964年中法建交后，安德烈·马尔罗（1901—1976）于1965年出访北京。戴高乐指明了前进的方向，而蓬皮杜朝着这一目标继续行进。

1973年9月11日至17日，蓬皮杜对中国进行了历史性的访问。为了这个重要的政治时刻，时任（1969—1975）法国驻华大使的艾蒂安·马纳克（1910—1992）带头完成了许多复杂的组织工作。除了在首都与毛泽东（1893—1976）、董必武（1886—1975）、周恩来（1898—1976）等高层人物进行交流外，法国代表团还到访了杭州和上海。

而在飞往长江三角洲之前，蓬皮杜在9月15日登上了一班驶向山西北部城市大同市的列车。代表团将前往云冈石窟共赏奇观。在笑意盈盈的石雕佛像的庇佑之下，这趟一个半小时的步行参观也成为本次访问的亮点之一。

自法国著名汉学家沙畹（1865—1918）所著的《北中国考古图录》（1913）出版以来，山西的佛教石窟便得到了欧洲一些知识分子的关注。通过饱学之士的视角了解到这些石窟的存在固然能带给人智识上的乐趣，但身处其中去领略石窟之美则是一种更为深刻的体验。

法方提出参观云冈石窟的要求，说明了总统本人对艺术和文化的兴趣。而中方同意安排这次行程，也展现出中国对中外文化交流的重视。

自1974年兵马俑出土后，西安成为国外政要访华的重地。法国总统雅克·希拉克（1932—2019）曾在回忆录中将蓬皮杜称作再生之父，他也为宣传兵马俑做出过巨大的贡献。1978年到访西安后，希拉克将这支为秦始皇随葬的军队称为"世界第八大奇迹"。

然而无论时光如何流逝，山西佛教石窟的文化价值无出其右。云冈石窟在1961年被国务院公布为全国首批重点文物保护单位，而后在2001年被联合国教科文组织列入世界遗产名录。

沿着山西北部的一座座大型佛像，周恩来总理与乔治·蓬皮杜总统并肩行走，彰显着双方为促进相互理解所做出的努力。周恩来总理的陪同参观也体现出中国对来宾的尊重。两人在杭州和上海继续深入交流，绵绵阴雨也无法改变他们之间建立起的温暖情谊。

90名外国记者报道了这次外交盛事，用许多张照片记录下了这些珍贵的时刻。电视台工作人员拍摄的记录影像也流传至今。这些资料中满是双方的友谊与相互尊重，也充分展现了两位政治家的幽默感和周总理出色的语言能力：20世纪20年代初，周恩来曾在法国生活过4年。在一段电视报道中，我们可以听到他无可挑剔的法语发音。

事后看来，这些影像感人至深。1973年，癌症让乔治·蓬皮杜深受痛苦与疲倦的折磨，后于1974年4月2日逝世。这一切距云冈之行结束仅仅过了6个月的时间。

总统的身体状况也解释了法方为何没有选择参观长城。对于这位不得不暗自对抗重病的总统来说，随行人员担心长城的漫步将会耗尽他的精力。鉴于法国官员并不愿向中方透露总统的健康状况，整个国事访问的准备工作变得异常复杂。1976年1月8日，周恩来总理也与世长辞。

在乔治·蓬皮杜的所有继任者中，对中法关系影响最大的是中国人真正的老朋友雅克·希拉克，但蓬皮杜的名字依然与中国紧密相连。2019年，法国总统埃马纽埃尔·马克龙为法国蓬皮杜艺术中心上海分馆揭幕。

值此纪念法国总统乔治·蓬皮杜访问山西云冈石窟50周年之际，我们也诚愿大同市和山西省能够持续巩固深化与另一片文化热土——法国之间的友谊。

高大伟，汉学家，1970年出生于巴黎。著有《中华复兴管窥》（2018），主编《中国与世界》三卷本。中欧论坛创始人（2002）、中欧美全球倡议（2021）发起人。

致谢

首先，我对每位拨冗为《灵感·山西》写作的撰稿人以及新星出版社和山西教育出版社的整个团队致以诚挚谢意。

我还要感谢杜占元先生、高岸明先生、周秉德女士、王度先生、伊琳娜·博科娃女士和路易斯·高塔特教授。

我深知，山西有关人士和韩茜女士在本书的内容方面做出了巨大贡献。

鉴于本书由三门语言创作，我也要感谢本书的译者王之光教授、郑雅焜和林未未。

在本书的创作过程中，徐聪聪也给予了我许多帮助。

每一次山西之行，我总能遇到许多以慷慨和善意给予我灵感的人。在致谢时刻，他们所有人都浮现在我的脑海中。

最后，我更要感谢林珂瑶女士在语言和文化方面的建议，以及她细致且耐心地协调复杂项目的能力。

INSPIRING
SHANXI

Preface

by Du Zhanyuan

Shanxi is an inland province of China. Compared with the coastal regions in east China that are better known around the world, it is quite different in terms of natural endowments, topography, history, cultural traditions, and economic development. It therefore provides its own unique window into understanding the vast country of China. *Inspiring Shanxi*, the latest addition to David Gosset's *Inspiring* series, is an ambitious attempt to explore this province in depth and add further material to his depiction of China. It deserves acclamation.

In today's world, misunderstandings and prejudice persist between countries, peoples, and civilizations, and often provoke the most disturbing of consequences. In this situation, every endeavor to promote cultural exchanges, inter-civilizational learning, better understanding, and mutual trust takes on even greater importance.

Mr. David Gosset has long been committed to exchanges between different cultures. His insightful observations of China's history and culture, and its economy and social development, are particularly impressive. After visiting many parts of China, he masterminded the *Inspiring* series with great ingenuity. Each book concentrates on a particular Chinese province, autonomous region, or municipality directly under the central government, presenting it through the observations and narratives of people from different countries, backgrounds, and cultures. This diverse perspective will enhance comprehension and communication, and is ideally adapted to both domestic and international audiences, including overseas readers, local residents, and contributors to Shanxi's development.

I look forward to reading more books in the *Inspiring* series and seeing more people come to China after reading them. As you travel across this country and observe it first-hand, you will create your own inspiring China stories.

> Du Zhanyuan, President of China International Communications Group.

Preface

by Zhou Bingde

I had the honor of receiving, two days ago, a message from Professor David Gosset, who invited me to write a preface to his new book. Professor Gosset is a French expert in international relations who specializes in political, economic and cultural developments and current events between European countries and China. On the occasion of the publication of this book on Shanxi Province, *Inspiring Shanxi*, I congratulate him, the coordinator, on his new work!

Mr. Gosset has set the launch of his new book for September 15, 2023, coinciding with the 50th anniversary of Premier Zhou and President Pompidou's visit to the Yungang Grottoes. I was able to appreciate even more his admiration for my uncle, Mr. Zhou Enlai!

In September 1973, although seriously ill, French President Georges Pompidou came to China and worked tirelessly to advance China-France relations, which earned him immense respect from our Chinese people!

At that time, Premier Zhou Enlai, who also suffered from a serious illness, held talks with President Pompidou in Hangzhou and Shanghai, to deepen Sino-French friendship. Knowing Pompidou's taste for culture and art, he accompanied him to see the Yungang Grottoes, a magnificent cultural monument located in Shanxi Province. It was indeed a memorable event.

I wish Mr. Gosset the best for his research and his contribution to China-Europe and China-France exchanges.

Let's all hope that the friendship between France and China will be lasting!

Let's all wish eternal peace in the world!

Zhou Bingde is Zhou Enlai's niece. She was former vice president of China News Service.

Preface

by Joan Valadou

The Franco-Chinese relationship was built thanks to a strong political vision and will on both sides, but also a reciprocal curiosity and even a reciprocal fascination for the culture and history of the other.

These two dimensions have often gone hand in hand, both in France and in China, where culture and history are for political leaders an ambition and a project. Men of culture are interested in public affairs and political leaders in history, creation and ideas.

This singularity that France and China have in common has been embodied, over the years, in the relationship between French Heads of State and Chinese leaders and the role those cultural relations have played in the development of the partnership between Paris and Beijing.

Several presidents have thus developed a strong relationship with Chinese culture: Charles de Gaulle and his vision of the historical importance of China, Georges Pompidou, Valérie Giscard d'Estaing, Jacques Chirac and his passion for Chinese history and art, up to the current President of the French Republic, Emmanuel Macron.

The dialogue that French presidents have had with Chinese leaders for nearly 60 years is not just a simple exchange of views on current international issues. It is also a civilizational encounter of two major cultures, of two essential visions of humanity, each of which has its share of universality.

It is therefore no coincidence that Georges Pompidou, during his trip to China in 1973, went not only to Beijing, Shanghai and Hangzhou, but also to Shanxi to visit, at the invitation of Chinese Premier Zhou Enlai, the Yungang Grottoes, a must-see heritage and historical Chinese site.

This visit, less than ten years after the establishment of diplomatic relations between France and China, appears a posteriori as a moment both significant on the diplomatic level and deeply moving on the human level. These two men, who had each given so much for their country, discovered each other, at the end of their lives, in one of the most magical sites in the world.

From this meeting and from Georges Pompidou's passion for contemporary art, we have a legacy, in this city of Shanghai so dear to the French people and that the French president had visited: the Center Pompidou x West Bund Museum project in Shanghai. Inaugurated by Emmanuel Macron in 2019, this emblematic project is at the forefront of the cultural partnership between our two countries.

It is all the interest and the merit of this work, the writing of which was coordinated by the French sinologist David Gosset, himself a resident of Shanghai for many years, to highlight the importance of Shanxi in the Chinese history and civilization, but also to return, from the Yangtze delta to Chinese loess, and to this beautiful Franco-Chinese diplomatic and cultural page.

Joan Valadou is a diplomat. He is the consul general of France in Shanghai.

Preface

by David Gosset

Whether as a reader, an editor, or an author, I always have a constant passion for books. To a large extent, the ones we have perused make us who we are. I like them also as a bibliophile, because they are simply beautiful objects.

However, *Inspiring Shanxi* is not for me just another book. I attach to it a very special significance. André Malraux (1901-1976), writer and Minister for cultural affairs of Charles de Gaulle (1890-1970), affirmed that "culture is what makes Man more than an accident of the universe." Shanxi, contiguous to the Yellow River, is a land of culture.

I have developed from a relatively young age a deep curiosity for the Chinese world. Our global village is changing, the way we look at it evolves, but I continuously gravitate around China as if I were a minuscule celestial body attracted by an incommensurably bigger planet.

Fostering understanding between the West and China has occupied a large part of my life. A precondition to mutual appreciation is obviously the access by the largest possible number across the world to the depths and beauties of the Chinese civilization.

One of the ways to introduce a country of 1.4 billion people is to present the different elements composing such an immense and complex society. It can be said of such a method that it is "kaleidoscopic", a notion whose three Greek terms – kalos, beautiful; eidos, form; and, skopeo, to examine – literally meaning "the observation of beautiful forms".

It explains the making of *Inspiring Tianjin* in 2020. The success of this publication led us to conceive *Inspiring Shanxi*. Our wish is that these two publications constitute the beginning of a long series which will take the reader on a journey throughout the wonders of the Chinese land.

Inspiring Shanxi is organized as a polyphony.

I would like to thank each contributor. The first chapter presents the province's context. Qiao Xinhua, Sun Ruisheng, Belén Cuadra Mora, and David Goodman take us to the shores of the Yellow River. In the second chapter, Li Xiaoping, Wang Fang, Yvan Collet, and Xiao Ling reveal a lifestyle and distinctive traditions. The authors of the third chapter, Wang Xiu, Yan Aiping, Emilio Quinté, Jean-Philippe Raynaud, Wu Dongsheng and Han Qian, look at economic or contemporary subjects. Finally, the book ends with a chapter on culture and the arts: Xu Gaozhe, Zhao Kunyu, Wu Xia, Peng Keer, and Gao Jinyuan open us up to the cultural riches of an ancient land.

These voices are diverse. The reader can choose to focus on one of them according to his interest or he can switch from one to the other. Then, the picture of a province with a multi-millennial history, a rich geography, and which is inhabited today by 37 million people, emerges. This polyphony resonates beyond a single language, since all texts are available in Chinese, English and French.

Obviously, we did not aim at the finishing of a definitive encyclopedia on Shanxi. More modestly, we are proposing an introduction to this province. Stimulated by the collection of essays that follows, it is our hope that some readers will find it meaningful to deepen the research on the region.

However, Shanxi is for the senses.

The ceramic it produces can be touched, its exquisite food exists to be tasted, and its dialects and songs to be heard. While the fragrance of its Fenjiu allures olfaction, the palette of yellow sunshine scintillating in the horizon of a creative geology metamorphoses into a visual feast.

Whether from China or from abroad, may travelers come to peregrinate over a land of surprises. *Bliss on the loess*, as I have called it in one of our essays, they will feel.

> Born in Paris in 1970, David Gosset is a sinologist. Author of *Limited Views on the Chinese Renaissance* (2018), he is the editor of *China and the World* in 3 volumes. He founded the Europe-China Forum (2002), and the China-Europe-America Global Initiative (2021).

Preface

by Irina Bokova

I was able to appreciate, while I was Director-General of UNESCO, China's efforts to preserve cultural heritage.

My many visits to this vast country have also shown me that the preservation of cultural heritage corresponds to a deep desire of the Chinese people.

By communicating with the world about one's own culture, one contributes through knowledge production, explanations, and comparisons to its protection.

This is why I welcome the publication of *Inspiring Shanxi*, a work that follows *Inspiring Tianjin* (2020). I hope that other books will follow in the same spirit thanks to the patient work of David Gosset, the editor of this collection.

Shanxi is home to several World Heritage Sites by UNESCO including the Wutai Mountain, one of the four Buddhist mountains in China, the Ancient City of Pingyao and the Yungang Grottoes, a treasure trove of Buddhist art.

China is a profound civilization that deserves to be better known beyond its own borders. One way to present this civilization is to highlight the different parts that compose it. Then, a unique cultural richness appears; but also a subtle harmony between unity and diversity.

Irina Bokova has been Director-General of the UNESCO from 2009 to 2017. She is the Honorary Special Representative of the International Science Council (ISC).

Preface

by Louis Godart

A specialist of classical Greece, it is for me an honor to be invited to write a preface to the book *Inspiring Shanxi*.

Shanxi is a land of culture, and in my eyes, culture is what really matters.

As the cultural advisor of the Italian President Sergio Mattarella, I have organized in 2016 a major exhibition in the Presidential Palace in Rome in relation with China.

Under the theme From the Old to the New Silk Roads, we managed to gather objects coming from more than 20 museums. It was truly an exceptional event showing how cultures cross-fertilize.

It was a way for us to put the initiative of President Xi Jinping, the Belt and Road, into a historical perspective. This exhibition was such a success that we had to extend its duration. We took it in 2017 to the Museum of Oriental Art in the city of Torino.

I mention this exhibition for three reasons. First, it is during the preparation of our 2016 exhibition that I became aware of the Yungang Grottoes' significance. I am especially delighted to have this UNESCO World Heritage Site highlighted in *Inspiring Shanxi*.

Second, our exhibition presented some of the most outstanding Chinese contemporary craftsmanship. The link with Shanxi is obvious since it is home to a traditional know-how that *Inspiring Shanxi* is revealing.

Third, it is fair to say that our exhibition would not have been possible without the collaboration of sinologist David Gosset. He happens to be the editor of *Inspiring Shanxi*. For more than two decades, he has worked patiently and with great determination to present the Chinese culture to the world. I wish here to salute his work.

Inspiring Shanxi is an ode in three languages – Chinese, English and French – to one of the most fascinating Chinese provinces. I hope also it can stand as a bridge between the Chinese civilization and the world.

> Louis Godart is an archeologist. He is a member of the Accademia dei Lincei – founded in 1603, and a member of the French Académie des Inscriptions et Belles-Lettres – founded in 1663. He has been the cultural advisor of three Italian Presidents, Carlo Azeglio Ciampi (1920-2016), Giorgio Napolitano, and Sergio Mattarella.

CHAPTER ONE

The Yellow River and the Loess

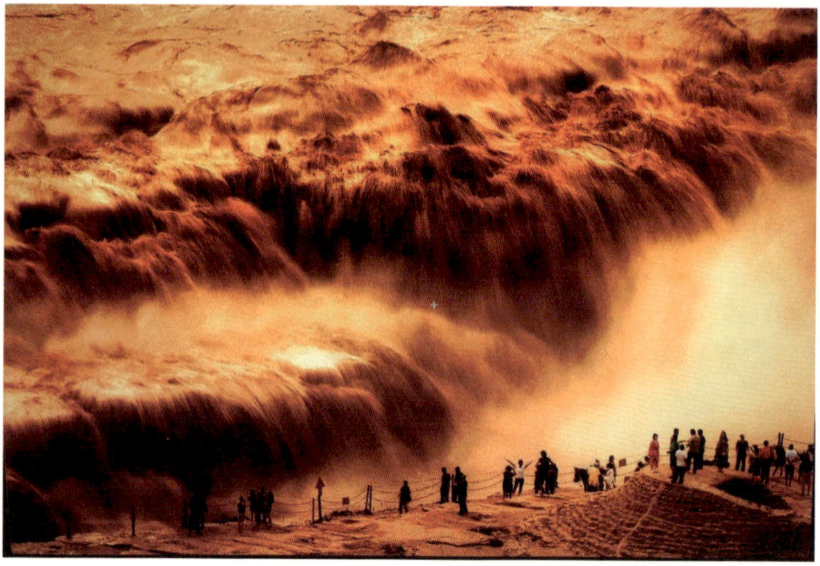

Shanxi, Bliss on the Loess

David Gosset

Shanxi is for the sinophile a source of fascination.

To the name, literally west of the mountain, is attached an elevated geography as if it were signaling the spiritual verticality of the ancient temples scattered across its land. The toponym is a reference to the Taihang Mountains. Their highest point, the Yedou Peak at north of Mount Wutai culminates at 3,061 meters.

A landlocked mountainous province, Shanxi is nevertheless crisscrossed by rivers. The Fen River, 713 kilometers long, drains more than 25.5% of the region. It descends into the Yellow River while the 5,464km majestic watercourse, the Ordos loop on its west, is still running from north to south before it makes a turn towards the east. It is after the Yellow River has rotated eastwards that the 485km Qin River joins its route. Along its north-south trajectory, the Yellow River divides the provinces of Shanxi and Shaanxi. The Hukou Waterfall, the world's largest yellow waterfall, is located on this segment. When it flows west-east, the Yellow River separates for a while in parts of Shanxi and Henan. With such a configuration, one can imagine the province, looking east, its back on the Yellow River, and mostly sitting on a portion of its middle course.

If it were a color the province would undoubtedly be associated with yellow, the color corresponding with the center in the Chinese traditional representation of the world. Yellow for its contiguity to the Yellow River that delimits its west and south borders; yellow for the tone of its distinctive sandy soil, the loess. In the Chinese language, loess is literally "yellow soil". More than in any other places, travelers touring Shanxi are saluted by natural loess sculptures of various sizes and shapes. Loess has nurtured local residents, to a certain extent, which can mean hardship. However, it is also the mark of a unique character shaped by long geological transformations. The idea of the loess' internal rhythm in tune with the slow movement of geology can bring to anyone willing to unwind a blissful serenity.

Nature determines some of Shanxi's features, but the region can not be reduced to its geography. Its rich cultural heritage can be apprehended in the most direct way. Its cuisine, for example, offers a large palette of tastes and scents. Be it the northern Shanxi style – Datong and Mount Wutai the central manner – Taiyuan, or the southern fashion – Linfen and Yuncheng, noodles, flatbread, lamb, millet, sorghum, or vinegar can turn a meal into a feast especially when local dance and music accompany the moment. There are, for good reasons, countless references to the Shanxi noodles. They are made, of course, to be tasted, but their making is a kind of craftsmanship that should be valued for itself.

It is the province's historic depth that creates the colorfulness of its present. For the connoisseur, the region has been a source of attraction at least since Swedish geologist Johan Gunnar Andersson (1874-1960) unearthed the Neolithic Yangshao culture and its truly remarkable poetry.

Later, the state of Jin, within the limits of today's Shanxi, was a major power during the middle part of the Zhou Dynasty. In 453 BC, Jin splitted into Han, Zhao and Wei. It marked the beginning of the Warring States period. In 221 BC Qin Shi Huang (259 BC-210 BC), at 38, unified these states, and became the first emperor of a unified China.

What is known as the Jin merchants tradition is also of great interest. During the more recent Ming and Qing dynasties, the Jin merchants occupied dominant positions in trade and finance. A visit to Pingyao, 100km south of Taiyuan, gives an idea of the wealth these highly capable traders accumulated. At its peak in the 19th century, the Rishengchang Piaohao controlled a significant part of the Chinese currency exchange, and managed branches in Russia and in Japan.

On the occasion of his visit to China in 1973, former French President, Georges Pompidou (1911-1974), was shown Shanxi's splendid Yungang Grottoes. The great Sinologist Edouard Chavannes (1865-1918) had presented the site to the western intellectual circles at the beginning of the 20th century in its *Mission archéologique dans la Chine septentrionale* (1909).

The site of the Terracota Warriors buried with Qin Shi Huang has been rediscovered in 1974 only, it was not yet at the time of the French President's visit a source of attraction. It explains why China's Premier Zhou Enlai (1898-1976) did not accompany the French president to Shaanxi, but took him instead to the north of Shanxi.

Another episode revealing Shanxi's cultural significance took place in 1937. Its two main characters are two prominent Chinese intellectuals, Lin Huiyin (1904-1955) and Liang Sicheng (1901-1972), the son of Liang Qichao (1873-1929). Lin Huiyin and Liang Sicheng, two architects, journeyed to Shanxi nine years after their wedding. It was an important expedition because Liang Sicheng would then demonstrate that the timber structures of the Foguang Temple dated from the Tang Dynasty (618-907). The book *Liang and Lin, Partners in Exploring China's Architectural Past* (1994) written by Wilma Fairbank (1909-2002) introduces with great details these expeditions of the 30s. John King Fairbank (1907-1991), the father of US China studies, was with his wife Wilma, and their friends Lin Huiyin and Liang Sicheng, not only did they build a profound friendship, but they were also, in a sense, preparing the future of China-US relations.

21st century China has developed into a powerful country that neither Lin Huiyin nor Liang Sicheng would recognize. While the Chinese intellectual and cultural renaissance is unfolding, Shanxi's heritage will be increasingly cherished, reinvented, and shared with the world. This publication aims to be a mirror of Shanxi's revival.

Born in Paris in 1970, David Gosset is a sinologist. Author of *Limited Views on the Chinese Renaissance* (2018), he is the editor of *China and the World* in 3 volumes. He founded the Europe-China Forum (2002), and the China-Europe-America Global Initiative (2021).

Tang Style and Jin Charm: the Historical Development of Shanxi and Its Position in the Chinese History

Qiao Xinhua

"Taihang in the east, Central Plains in the south, Yellow River in the west, and Youyan in the north": this is the geographical space of Shanxi (or Jin for short) in China. Liu Zongyuan, a poet of the Tang Dynasty, said in his *Dialogue on Jin*: "The mountains and rivers of Jin are inaccessible and solid on the outside and inside." Gu Zuyu, a historical geographer in the Qing Dynasty, thought in his *Summary of Local Surveys in Reading History* that, "The situation in China must be based on Shanxi, while the safety of the capital always depends on the order and chaos in Shanxi." Walking into Shanxi is like walking into a Chinese history museum, and you feel the historical pulse of Chinese civilization everywhere!

In the early stage of Chinese history and the opening of Chinese civilization, here is one of the cradles of Chinese civilization. From the Eosimias centennicus in Yuanqu to the Sacred Fire of Xihoudu at Ruicheng; from Dingcun Ruins to Taosi Ruins, from the ancient myths spread in southeastern Shanxi like "Nuwa mends the sky", "Jingwei reclaims the sea" and "Hou Yi shoots the sun", to "Yao's capital was Pingyang, Shun's

131

capital Puban, and Yu's capital Anyi" in *Records of the Historian*, they let us feel the importance of Shanxi in the origin of Chinese civilization from the triple evidence of document records, archaeological sites and myths. Su Bingqi, the famous archaeologist, believed that around 6,000 years ago, the sparks of civilization in the Chinese land were as bright as the stars in the sky, connecting the cultural links between the Central Plains and the North, and combining once again with other cultures in the Jinnan country, which was the earliest and brightest zone to rise, and one of the most important taproots of Chinese culture.

Shanxi was once the core area of Chinese civilization, from the legendary Yan and Huang emperors to Yao, Shun and Yu and the Xia, Shang and Zhou periods (2070-221 BC) when the feudal dynasties were established. In the 21st century BC, Chinese history bid farewell to the abdication system and entered the dynasty of the hereditary system, the Xia Dynasty. Southern Shanxi used to be known as the "Site of Xia", and the discovery of "Dongxiafeng Ruins" clearly shows that southern Shanxi was one of the central areas of early Xia culture. In the Shang Dynasty, which followed the Xia Dynasty, the state system was almost complete and the level of civilization became higher. The giant bronze vessels and complete city wall and moat of the early Shang Dynasty discovered in southern Shanxi indicate that this place was an important strategic location of the Shang Dynasty. In the Zhou Dynasty, "the feudal relatives were used as vassal states to defend the royal Zhou House", and Ji Yu was enfeoffed in Shanxi. The title was Tang, and his son Xiefu changed his title to Jin. The Tomb of the Marquis of Jin at Qucun-Tianma is an important archaeological site in the history of the Jin, and Jinci Temple in the west of Taiyuan, the provincial capital, is a microcosm of Shanxi's history and culture!

Shanxi is a great stage for ethnic integration during the Wei, Jin, Southern and Northern dynasties. From Liu Yuan's armed rebellion in 304 to the Northern Zhou's destruction of Northern Qi in 577, Shanxi's position in Northern China remained intact. Pingyang, Pingcheng, and Jinyang successively became important political, military and cultural centers. When the ethnic minorities in the north clashed with the Central Plains, cultural exchanges and ethnic integration among the people took place amid flames of war. Shanxi, as the frontier of the intersection of the Han people and grassland peoples, became a melting pot where various ethnic groups and cultures of China blend. Archaeological discoveries such as Xu Xianxiu's tomb and Lou Rui's tomb show that envoys and merchants from all over Asia and Mediterranean countries once gathered in Pingcheng, the capital of the Northern Wei Dynasty, and Jinyang, the provisional capital of the Northern Qi Dynasty. Rare treasures, cultures and arts were brought by Sogdiana merchants from Central Asia, West Asia and even the Mediterranean countries, and exotic religious ideas and cultures and arts were also widely absorbed. During the Northern Dynasties, the scale of economic and cultural exchanges between China and foreign countries continued to expand, which promoted the prosperity of the Silk Road and established the foundation for the "Prosperous Tang Dynasty".

During the Ming and Qing dynasties, Shanxi merchants traveled three thousand miles across Europe and Asia, and dominated the business world for five hundred years. They opened up the "Thousand Miles of Tea Road", an international trade channel starting from Fujian in the south, reaching Mongolia and Russia in the north, and connecting Europe and

Asia, which was an important part of the big business realm of the Belt and Road in history. Shanxi merchants created the draft banks and set up their regulations, created the miracle of connecting the world by remitting credit, and left beautiful and magnificent Shanxi Merchants' courtyards such as the Qiao Family Courtyard, the Wang Family Courtyard, and the Chang Family Manor, inheriting the spirit of Shanxi businessmen of "honesty and trustworthiness, pioneering and enterprising, helping each other with one heart and one mind, pragmatic management, and maintaining social order for public welfare". The Lord Guan and Dahuaishu Root-tracing Culture in Hongdong was given full play during this period.

From the Revolution of 1911 to the founding of the People's Republic of China in 1949, Shanxi was a famous revolutionary base. The Red Army's Eastern Expedition left glorious footprints in Shanxi. During the War of Resistance Against Japan, the Northern Bureau of the Central Committee of the Communist Party of China, the Eighth Route Army Headquarters, and its three main divisions fought here for a long time, they set up strategic bases in Shanxi, winning great victories such as the Pingxingguan Great Victory, the night attack on Yangming Fort Airport, and the Hundred Regiments Battle, leaving behind the revolutionary sites of Matian Town in Zuoquan, the Eighth Route Army Headquarters at Wangjiayu in Wuxiang, and Huangyadong Arsenal in Licheng, and have forged the great spirit of the Anti-Japanese War and Taihang Spirit. During the War of Liberation, the heroic People's Liberation Army fought bloody battles to defeat stubborn enemies. The Battle of Taiyuan pulled out the last bastion of the Kuomintang in North China and promoted the process of nation-wide liberation.

In the 1960s, a folk song *People Say That Shanxi Is Beautiful* reads: "People say that Shanxi is beautiful;/The land is fertile, the water beautiful and the grains fragrant./The left hand points to Taihang Mountain,/ and the right hand to Luliang./Standing on that height, and taking a look,/You look at the water of the Fenhe River,/Rushing through my small village." Shanxi's history and culture are colorful and splendid!

Tour Shanxi, read history!

Upon entering Shanxi, one can delve into the rich tapestry of China's 5,000-year-old civilization, brimming with splendor, vibrancy, and depth.

Please follow me to visit Shanxi!

> Qiao Xinhua, professor at the School of History and Culture, Shanxi University, doctoral supervisor.

> Editor's Note: Qiao Xinhua presents an overview of Shanxi's long history. She rightly writes that "Jinci temple west of Taiyuan, the provincial capital, is a microcosm of Shanxi history and culture". The reader of Inspiring Shanxi can refer to the text written by Guo Jinyuan on the architectural ensemble that Jinci forms.

Shanxi, My Hometown

Sun Ruisheng

As a native of Shanxi, I am deeply in love with my hometown and feel proud of its long history, its splendid culture and its beautiful natural scenery; as a senior journalist of *China Daily*, I am always trying to tell "Shanxi stories" so that more Chinese and foreigners can have a better understanding of Shanxi and that the label of just a "coal province" can be removed as soon as possible.

People say that the soil of Shanxi is saturated with the juice of culture. That is true. Shaped like a leaf, the map of Shanxi preserves all the secrets and the extremely complete imprint of Chinese civilization for the last five thousand years. Shanxi is one of the most important birthplaces of Chinese civilization. In ancient Chinese history, Emperors Yao, Shun and Yu, had their capitals in the southern part of Shanxi. Shanxi's three world cultural heritage sites – Wutai Mountain, Yungang Grottoes and Pingyao Ancient City, are very famous. Shanxi has 531 national key cultural relics protection units, ranking first in the country: there are 120 above-ground wooden structures during and before the dynasties of Song, Liao and Jin, accounting for more than 86.95% of the total number of such buildings in the country;

the three surviving Tang Dynasty buildings in China are all in Shanxi. Therefore, Shanxi is also known as the "Museum of Ancient Chinese Architectural Art", which explains the saying in China: "For underground cultural relics, look in Shaanxi; for above ground cultural relics, look in Shanxi."

Shanxi is also known for its numerous mountains and rivers. The eastern Taihang Mountains and the western Yellow River are two natural barriers that tightly wrapped Shanxi together. The Yellow River, the "mother river" of China originating in the Qinghai-Tibet Plateau, exudes a serene and beautiful feeling with its crystal-clear water, but once crossed Jin-Shaan Valley, she immediately becomes very imposing, bold and unbridled and forms a magnificent landscape of what we call "a thousand kilometers of the Yellow River gathered in a collection pot" in Hukou of Qixian County.

This is also the case with the Taihang Mountains. Originally in the ocean, the Taihang Mountains are created by the crustal movement hundreds of millions of years ago. Rising dramatically and forming a huge drop in altitude, the thousand-mile Taihang Moutains are a masterpiece of nature overlooking the North China Plain. Among the famous sites, the Ban Mountain of Taihang, Huguan Grand Canyon and Wangmang Moutains are without any doubt symbolic.

In addition, since Shanxi is in the border area between the Han Chinese and the nomadic people in the north, it has been a must-have place for rulers since ancient times. Shanxi is one of the provinces where many parts of the Great Walls are located: from those of the Warring States, that of the Northern Qi Dynasty, to the Great Walls of the Song Dynasty, of the Ming Dynasty and of the Qing Dynasty. The total length of the Great

Wall of Shanxi is over 3,500 kilometers and there are more than 1,400 kilometers of well-preserved walls and relics in existence. There, Laoniu Bay is considered the place where the Great Walls "shake hands" with the Yellow River.

With such rich natural and historical relics, Shanxi is a province with abundant heritage and tourism resources. In order to expand the international influence of Shanxi, in 2015, *China Daily* organized a large-scale overseas promotional activity, "Shanxi in the Eyes of Foreigners", inviting dozens of writers and photographers from around the world to visit. Most of them had never been to Shanxi before and they expressed their surprise to see how beautiful Shanxi is and how rich the cultural heritage is in this province.

Abundant in coal resources, Shanxi has paid a heavy price for coal digging. Over the years, the environmental landscape and natural ecosystem has improved dramatically with efforts in ecological improvement. I have lived and worked in Taiyuan, the capital city of Shanxi, for 37 years, and have therefore experienced this change first hand. With continuous efforts, the forest coverage keeps expanding and the river has become clearer, the city more beautiful and the air is increasingly fresh. Parks and gardens of all sizes can be found everywhere. In the Fen River Park, you can see the green hills from afar and the blue waves from close up. At sunset, you can enjoy the amazing scenery of the "evening crossing of Fen River" at the Jin Yang Bridge section of Fen River Park. With an enchanting climate, it has four distinct seasons, with no extreme coldness in winter nor heat in summer. People can appreciate blossoms of flowers in spring, the cool breeze in summer, the bright moon in autumn and the white snow in winter. Many people from the south of China also enjoy staying here.

    Sun Ruisheng, born in November 1967, a native of Ningwu, Shanxi, senior journalist. He has been engaged in journalism for exactly 30 years and is currently the head of *China Daily's* correspondent station in Shanxi. He graduated from the Chinese Language and Literature major at Shanxi University in 1989, obtained a Master's degree in Ancient Chinese Literature from Shanxi University in 2008, In 2009, he was awarded the honorary title of "Top 100 Journalists" in Shanxi Province.

Pingyao: A Living Past that Looks Into the Future

Belén Cuadra-Mora

The city of Pingyao (平遥) lies on China's Loess Plateau, near the eastern bank of the Fen River – one of the main tributaries of the Yellow River – embraced by mountains at the heart of a region of great strategic and economic significance in the history of China. Pingyao's ancient quarters stand today as one of the four best-preserved old cities in China[1], and a popular tourist destination that welcomed more than 17 million tourists in 2019[2]. Its magnificent temples, residences, and shops, impeccably lined on a checkerboard street plan that extends within ancient walls, comprise the perfect image of the classical northern Chinese city, recognized in 1997 by UNESCO's World Heritage Convention for its exceptionally well-preserved imperial urban architecture[3].

In his *Travels*, Marco Polo described Dadu (大都), the new city of the Great Khan, in the following manner: "The whole plan of the city

---

1 Together with Lijiang (Yunnan), Huizhou (Anhui) and Langzhong (Sichuan).
2 *2019 Economic and Social Statistics Report for Pingyao County* (《2019 年平遥县国民经济和社会发展统计公报》).
3 UNESCO World Heritage Convention. *Ancient City of Ping Yao*. https://whc.unesco.org/en/list/812/.

was regularly laid out by line, and the streets in general are consequently so straight, that when a person ascends the wall over one of the gates, and looks right forward, he can see the gate opposite to him on the other side of the city"[1]. The Venetian traveller was describing the city we currently know as Beijing, but his words could have equally applied to Pingyao's ancient quarters.

Pingyao's ordered and splendid buildings, symbol of a once flourishing economy, represent a landscape that is as much cultural and social as architectonic. The warp and weft of symmetrical and perpendicular trajectories that guide the steps of locals and visitors to Pingyao is a model example of the *Bagua* pattern, a mathematical construct based on the Eight Trigrams (or *bagua*, 八卦), that embodies the natural world and, ultimately, emphasizes the relation between people and nature. Its structured configuration displays Confucian values of subordination, as well as Taoist ideas of communion between heaven, earth, man, and universe, along a central axis that, in the words of German architect, photographer and sinologist Ernst Boerschmann (1873-1949), represents "a desire for rhythm, and the force which uniformly great thoughts have in China"[2].

Along these carefully planned streets and alleys, more than 400 of the 3,797 traditional residences and commercial courtyards in the old city are still almost intact[3], with delicate decorations and carvings reminding us that

---

[1] Komroff, M. (2003). *The Travels of Marco Polo*. Liveright Publishing Corporation, p. 133.
[2] Boerschmann, E. (1925). *Picturesque China. Architecture and Landscape. A Journey through Twelve Provinces.* Ernst Wasmuth Ltd.
[3] Zhang, G. & Wang, L. (2019). *Urban Planning and Development in China and Other East Asian Countries*. Tongji University Press.

this particular enclave in Shanxi Province was a dynamic hub during the Tang and Song dynasties, a strategic commercial site between Beijing and China's West during the Ming period, and the seat of a developing bank system under Qing rule. At its most prosperous time, the *piaohao* system based in Shanxi Province – mainly in Pingyao – controlled half of the country's circulating funds and had established connections with markets abroad[1].

Its unique architecture has made Pingyao a custodian of past culture and tradition, as well as a model for studying urban development in China. At the same time, just like many other cities in China or elsewhere that proudly boast a long history, Pingyao struggles between preserving its past and creating a more sustainable future, while facing the challenges of the 21st century. Along with the rest of China, Pingyao has changed noticeably since its ancient city was listed a World Heritage Site in China in 1997. Urbanization rates have increased notably, and economic revenues from booming tourism have multiplied. Attaining a balance between sustainability and prosperity has become a pressing issue in all human communities, but those treasuring irreplaceable heritage, whether it be historical, natural, or cultural, shoulder the additional responsibility of preserving this for future generations. Pingyao is no exception, as President Xi Jinping called for "comprehensive protection of historical and cultural heritage sites"[2] during a recent visit to the city in early 2022. This commitment to preservation

---

1 Zhang, D. (2022). Pingyao Historic City and Qiao Family Courtyard. *Journal of Chinese Architecture and Urbanism*, *4*(1), 47.
2 Hu, C. & Hao, Z. (2022, Jan. 28). *President Xi reiterates cultural confidence during Pingyao visit*. CGTN. https://news.cgtn.com/news/2022-01-28/President-Xi-reiterates-cultural-confidence-during-Pingyao-visit-17c4QHi4vZu/index.html.

coexists today with a vibrant scene that encourages economic growth but also promotes the arts and culture, as shown by initiatives like the International Photography Festival and the Pingyao International Film Festival.

One Chinese scholar of the Qing Dynasty described Pingyao as a "turtle, close to the river"[1]. This depiction was used to illustrate both the relationship between the city and its surroundings and the square shapes of the city map from a bird's eye view. But turtles are no ordinary animals in Chinese culture. They are an important totemic symbol and valued emblem of longevity, knowledge and perseverance, whose shells were used as one of the oldest media for Chinese script. The comparison thus acquires a very distinct and inclusive meaning, comprising nature and culture, as well as a most auspicious wish for a longed-lived city in the shape of a turtle, living harmoniously within its natural surroundings, and looking to the future from the wise perspective of time.

>Belén Cuadra-Mora is a Spanish sinologist.

---

1 Li, X., Hou, W., Liu, M., & Yu, Z. (2022). Traditional Thoughts and Modern Development of the Historical Urban Landscape in China: Lessons Learned from the Example of Pingyao Historical City. *Land, 11*(2), 247.

The Remembrance of Shanxi Past

David S. G. Goodman

I first visited Shanxi in the middle of 1987. It was like no China that I had ever encountered before, and indeed that has been a reaction I have seen shared by others including Chinese from other provinces. Shanxi was, and remains to some extent, a kind of magic kingdom isolated by geography and until recently lack of transportation. The food, the streets, the sound and smells, the sense of history, and the large number of religious monuments were like nothing previously experienced in China. In those days, there were no multi-lane highways let alone motorways connecting Shanxi either to Hebei and Beijing in the North, or Shaanxi to the West. Taiyuan occupies a not-so-hilly basin in the centre of the province, but the mountains that characterise much of Shanxi's topography are and were a major reason for that isolation of the mind.

Shanxi's difference was almost immediately apparent as I stepped off the train in Taiyuan and was offered a meal. The food is extensive, tasty and unusual. Shanxi is certainly famous for its noodles, but there isn't just one kind of noodle, and some of them do not even look like noodles. Noodles can be made with all kinds of flour, including wheat, sorghum, millet, oats, potatoes to name some of the most popular. Then they can be made in all kinds of ways, boiled, steamed, fried; produced too in all kinds of shape, including for starters hand drawn, knife cut pieces, and as a honeycomb eaten with sauce poured over. And then, unsurprisingly, the various different kinds of flour also make different kinds of pancakes, almost always savoury, made with meat. Later, watching a chef in Linfen make that town's speciality pancake made by stretching dough (on the table, in the air, and around his head) then layering pieces with meat thinly, and then cutting portions in more manageable shapes, was an entertainment as well as an education.

Noodles though were only the start of the food difference. A necessary accompaniment is vinegar, eaten possibly to ease the digestion of noodles, though generally said to be part of a healthy diet. Vinegar too is made with a variety of fermented grains, and Shanxi-style production was expanded to East China in the early Ming. It is said that the population of Shanxi consume about 17 litres of vinegar per capita (adults and children) each year, and the smell of the local vinegar, much like balsamic vinegar, permeated most restaurants.

Then Shanxi is also famous for its potato dishes, as well as the consumption of lamb. Not a China that most Chinese, let alone foreigners, would expect to find. The reasons for these dramatic food differences are largely topographical. Rice cultivation requires excessive supplies of water. Shanxi has had a very dry climate for over a thousand years, and dry-land farming predominates. So it is that sorghum more usually is part of the distilled wine spirits (*baijiu*) drunk locally, though millet is also often added, with *Fenjiu* from Fenyang certainly the most famous inside and outside the province. Similarly mountains provide grazing land for sheep more readily than other meat production. This is not to say that Shanxi has no plains or even rice-cultivation. The southeast, south and central areas of the province still produce rice; and pigs abound all the same, as throughout China.

Food though was only part of the sensory impression as I stepped off the train. I was met not simply by my university hosts, but also a band. Not at all Western music or indeed China-related Western music: this was a beautifully cacophonous gong and drum troupe, typical of southeast Shanxi but in the Reform Era adopted throughout the province. And in addition to sound, there was a characteristic coal smell in the air. Ask anyone in China about their impression of Shanxi, and they will mention peasants. This was the region that housed three of the rural base areas of the Communist Party of China's mobilisation against the Japanese, which made contribution to the conquest of national power in 1949. Dazhai, the model rural commune of the 1960s and 1970s, is in east Shanxi (close in fact to Yangquan). Yet Shanxi is and has been for over a hundred years one of China's major industrial centres. The province is abundant with diversified coal reserves, with both open cast and underground mining of high-quality coal.

Yan Xishan, the Republican Era Shanxi warlord further developed coal mines, established iron and steel works, started automobile manufacturing, and constructed highways and railroads well in advance of most of the rest of the country. There was even an airport in Taiyuan in the 1930s, served by the German-China Airport Company with flights from Beijing. In more recent years, and especially after the start of the Reform Era, Shanxi has become a major industrial centre, not only for coal, iron and steel, but also coal by-products and other industrial products, such as aluminum. In the

1980s and into the 1990s, the smell of coal was ever present in Taiyuan, not helped by the plume of the slag heap at the Taiyuan Iron and Steel works (first begun in the 1930s) that would be distributed over the city when the wind blew. As a footnote to progress, the slag heap was eventually removed by an innovative retiree Li Shuangliang of Taiyuan Iron and Steel who started a process of recycling the company's waste product into paving stones, to the benefit of Taiyuan's streetscapes.

Things have of course changed over thirty-five years. High speed rail connects Taiyuan (the provincial capital) and other parts of Shanxi with the rest of the country. Multi-lane freeways and high-speed raillines cut across and through the mountains. Yet the magic has certainly not been lost: it's just now that tourists are more able to access Shanxi more readily. One of the major tourist sites is the Wutai Mountains, in the northeast of the province, one of the places in China where Buddhism was established and developed, and now a major draw for both national and international tourists. Yet this is far from the only place of interest around the province. As the early development of Buddhism suggests, Shanxi has a long history, and places of interest that go with that. Indeed in the 1980s and 1990s locals used to say that anything since the Tang Dynasty (618-907) should be regarded as 'modern' perhaps only half-jokingly. Taiyuan was the cradle of the Tang Dynasty. Complex water gardens and a palace (Jinci) were built just south of Taiyuan in a location close to the earlier location of the provincial capital.

That whole earlier centre also has one of the world's largest stone Buddha – Meng Shan Buddha (6th century). It is also close to the birthplace of Wu Zetian (Imperial China's only female ruler, 665-705).

Shanxi's historical remains span a long period though, giving rise to buildings and places of interest. There are said to be more pagodas in Shanxi than in any other province, and certainly the most buildings of historical interest. In the Three Kingdoms conflict (3rd century) at the end of the Han Dynasty, one of the most famous generals was Guan Yu, whose homeplace was Haizhou in the south of Shanxi. Guan Yu was deified by the later Sui Dynasty and the architecturally remarkable temple complex in Haizhou is a place of worship for Daoists, Buddhists, and Confucians. In the north of the province there is a wooden pagoda in Yingxian (11th century) now regarded as one of the Three World Wonder Towers, remarkable not only that it still exists but for the swallows who stream around its upper reaches. In the Taiyuan Basin is another UNESCO World Heritage site, the walled city of Pingyao (15th century) which from the late 18th century on developed a native banking system, based on letters of credit, that spread over much of East Asia and beyond. Shanxi merchants from the area similarly became very famous as well as wealthy in the 19th and early 20th centuries, and built houses all over the cities and towns in the region that still survive. It is an extremely popular tourism destination.

David S. G. Goodman, director, China Studies Centre, University of Sydney.

CHAPTER TWO

Architecture, Craftsmanship and Lifestyle

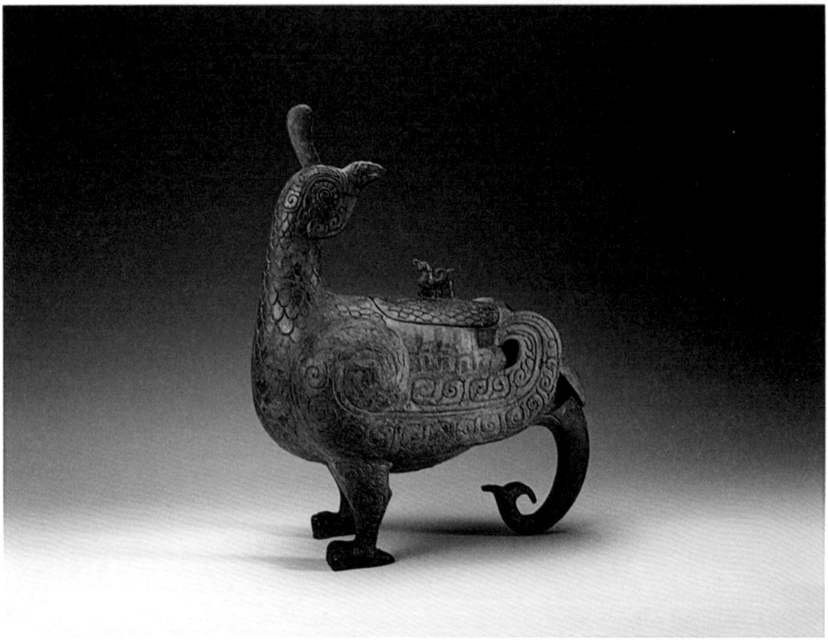

Shanxi Dialect: A Treasure on the Loess Plateau

Li Xiaoping

Shanxi dialect is an ancient dialect spoken in the Yellow River Basin and on the Loess Plateau. Shaped by the profound human history and unique topography of the region, it is unique among northern Chinese dialects.

According to records, Jin State was the fiefdom of Tang Shuyu, the young son of King Wu of Zhou. In the 500 years before 221 BC, Jin annexed a dozen smaller states as the hegemon of the Central Plains. Its territory roughly covered the present Shanxi Province and its adjacent areas (which academics call "Jin language area", featuring entering tone in pronunciation). Since ancient times, with inconvenient transportation between blocking mountains, rivers and ravines, its closed geographical environment has created the conservative characteristics of the local language. The Taihang Mountains in the east, the Yellow River in the west, and the Zhongtiao Mountains in the south form natural barriers, resisting the westward advance of the strong Beijing Mandarin and the northward inroad of the official dialect of the Central Plains. Shanxi dialect was therefore rarely influenced by other dialects and maintained its uniqueness.

Shanxi dialect retains a large number of classical pronunciations, which are valuable materials for understanding and studying the history of Chinese language. For example, in today's Jinzhong and Jinnan dialects, 水 (water) can be read as *fu/fei/shui*, in three different forms. This is the deposition of the pronunciation of 水 of different historical periods. Reading bookish *shui* is obviously at the level of Mandarin, while the other two pronunciations remain only in oral speech. Reading *fei* is at the level of Chang'an dialect as in the ancient political center, and reading *fu* is at the most indigenous level in the area. Words whose initial consonant reads *sh* but read *f* in the past have been recorded as early as in the Yuan Dynasty 700-800 years ago. Shanxi dialect can be said to be a "living fossil" of language evolution.

"Where is my hometown? It's at Dahuaishu in Hongdong, Shanxi." There are many folk legends about migrants from Dahuaishu in Hongdong County. Textual research of the dialects and local culture is a new way of thinking. Historical records like *A History of the Ming Dynasty* and the *Annals of the Ming Dynasty Emperors* show that the government migrated residents from Shanxi 18 times in 1373-1402 and 1403-1417, involving four prefectures of Taiyuan, Pingyang, Lu'an and Fenzhou, and more than 60 counties in Zezhou, Qinzhou and Liaozhou. With the flow and migration of population, the spread and diffusion of language became one of the important results. Surveying today the dialects of the places where people moved in, we often find many linguistic features that are the same as those of the places where they moved out. For example, many words in Yuncheng, Shandong, are similar to Hongdong dialect in Shanxi, but different from other dialects in Shandong; Shanxi's special words "gedu" (fist), "denao" (head) and calling one's mother by "jie (sister)" also appear in Henan and Hebei dialects. These dialectal facts echo the records in the historical materials, thus providing evidence for the emigration of Dahuaishu.

Shanxi dialect is an important carrier of Shanxi traditional culture. People outside Shanxi jokingly call Shanxi people Lao Xi'er. In fact, Xi'er, written as 醯, meant vinegar, and the word reveals the characteristics of Shanxi people making, eating vinegar and being addicted to vinegar since ancient times and today. Shanxi dialect is also a strong support for other intangible cultural heritage: its Puzhoubangzi, Zhonglubangzi, Beilubangzi and Shangdangbangzi, as well as folk songs such as rustic songs, work songs, ditties, yangko, and taoqu drama are all closely related to this dialect. Separated from Shanxi dialect, these local culture and arts would lose their unique charm.

For the linguists, Shanxi dialect is an endless treasure, like Shanxi coal. More than a century ago, foreign scholars came to Shanxi to explore treasures. In 1910, Klas Bernhard Johannes Karlgren (1889-1978), a Swede who had just graduated from Uppsala University and was literate in modern linguistics, came to Shanghai to investigate oriental languages. He heard that Shanxi dialect is very special, so he went to Taiyuan to conduct an investigation. Meanwhile, he applied to teach at Shanxi University and he taught French, German and English classes while investigating Shanxi dialect for a year and a half. Using the materials of Shanxi dialect and Shaanxi, Gansu, Henan and other dialects obtained during his teaching period, Johannes Karlgren wrote the influential book *Research on Chinese Phonology* (published successively between 1915 and 1926). Willem A. Grootaers, a Belgian priest, was deeply inspired by the book when he was studying geolinguistics in Japan. In the 1940s, he came to China for geolinguistic research. With 70-odd villages in southeastern Datong of northern Shanxi as investigation points, he wrote his monograph *Chinese Dialect Geography*, and his methodology gave insights to numerous later scholars.

Since the 1980s, the research on Chinese dialects has jumped to a new level. Researches into Shanxi dialect are rich and eye-catching. In nearly 40 years of investigation, we deeply feel that Shanxi dialect occupies a prominent position in the history of Chinese language development and civilization, both in terms of its history of formation and its retained ancient language and cultural elements. We realize that dialects are rare language samples, irreversible historical memories, and irreplaceable cultural genes. Our generation should record it truthfully, preserve it, and pass it on.

Li Xiaoping is associate professor at the School of Arts, Shanxi University, and the project leader of "Conservation of Chinese Language Resources: Shanxi Dialect Survey".

Editor's Note: This essay mentions Bernhard Karlgren (1889-1978) whose life was linked, indeed, to Shanxi Province. Bernhard Karlgren is one of that small number of scholars who have truly left their mark on sinology. The reader interested to know more can read an introduction to his life and work, *Bernhard Karlgren, Portrait of a Scholar* (2011), written by N.G.D. Malmqvist.

Shanxi as a Grand Theater: With the Sun and the Moon Serving as Limelights, Colorful Clouds as Curtains, and Thunderstorms as Musical Accompaniment

Wang Fang

Known as the "land with mountains inside and rivers surrounding it" since 2,500 years ago, relatively closed but not secluded geographically, Shanxi has preserved all the relatively independent and complete forms of civilization. There has never been a missing link there in five thousand years, including that of opera.

Kings Yao, Shun and Yu of the remote antiquity established their capitals in southwestern Shanxi, with Yao capital in Pingyang, Shun capital in Puban and Yu capital in Anyi. In the 1970s, Taosi culture was uncovered, and archaeologists confirmed Taosi Ruins as the capital of Yao. In *The Spring and Autumn Annals of Mr. Lv*, the "Ancient Music" recorded: "After Emperor Yao was established, he ordered Zhi to make music, so that folks danced in animal clothing." That is to say, during the Yao period, the ancestors had music and dance, and the pottery xun, clay drums and alligator-skin drums and copper bells unearthed in Taosi are the material evidence. Shun also sang his Southern

Wind beside the Salt Pond at the foot of Zhongtiao Mountain, after making a five-stringed *qin*. All these show that 4,500 years ago, Shanxi had the embryo of opera.

During the Xia, Shang and Zhou dynasties (c. 2070 BC-256 BC), China entered the Bronze Age, and its dance and music became more developed. There were witches and clowns in Shanxi, who began to tease and please people as prototypal actors, as Wang Guowei noted about the origin of later drama. In the Spring and Autumn Period (770 BC-476 BC), there was an actor by the name of Shi in the State of Jin, who participated in the incident "Concubine Li Bringing Chaos to Jin", forcing Prince Chong'er into exile for 19 years. The latter became later Duke Wen of Jin (697 BC?-628 BC), one of the famous Five Hegemons.

During the Qin and Han dynasties (221 BC-220 AD), baixi, or hundred tricks, prospered. Emperor Wu of the Han Dynasty worshipped in person Houtu Temple in Fenyin several times, singing and dancing in sacrifice to Spirit of the Earth, which promoted the popularity of *baixi*, a thousand-year drama form that gave birth to various literary and artistic forms of later generations, including acrobatics, magic, games, storytelling, plucking and singing, and of course our operas.

Tang-Dynasty burlesque, Song-Dynasty puppet show, Jin-Dynasty zhugongdiao (vari-tunes), Shanxi has never lacked these in the origin of operas. In the Tang Dynasty (618-907), Yuan Zhen wrote *The Biography of Yingying at Pujiu Temple* in southern Shanxi, which became the beginning of the short story. It was adapted into the Butterfly Love Flower of *guzi ci* in the Song Dynasty (960-1279), and then it was adapted into Dong Xixiang of *zhugongdiao* in the Jin Dynasty. Finally, in the Yuan Dynasty (1271-1368), Wang Shifu wrote the Yuan drama *The Story of the West Chamber*. No matter how many Zhang Shengs and Cui Yingyings sang a song of reunion on the stage, the source of the song was all in Shanxi, where over the rush grass by the Yellow River, the original flavor of love was sung.

The Yuan Dynasty was a season of blossoming drama (in Yu Qiuyu's words). Many unsuccessful literati entered the opera teams, and their literary thoughts surged, creating many Yuan dramas against the background of Shanxi. *The Story of the West Chamber*, *The Orphan of the Zhao Family*, *Single-handed in Meeting*, *Man on Horseback Seen over the Wall*... many famous Shanxi playwrights, headed by Guan Hanqing, the "leader of the Liyuan Garden and the head of the Zaju Troupe", active in the Yuan drama circles, lit up the sky of that era with their literary talent.

Kunqu Opera rose in the Ming Dynasty (1368-1644), different from *zaju* which swept from North China to the south, it was popular in South China before it went to the north. Back then, Taiyuan was the second largest clustering place of Kunqu in the country. Every night with the bright moon in the sky, people lingered on at the end of the performance, just allowing the Shuimo tune in Shanxi dialect to resound in the sky shining with stars and the moon and harmonizing with nature. Up to now, we can still find residual Kunqu reverberating in our Shangdangbangzi and Puju Opera.

In the late Ming and early Qing dynasties (1600-1644), in ancient Puzhou by the Yellow River and Tongzhou, Shaanxi on the other side of the river, were born together Shanxi-Shaanxi *bangzi*, which inspired people of Shanxi ever since its inception. Following the Shanxi merchants and army going south, north, east and west, wherever it landed, it combined with local elements to form new types of operas. For example, they produced Henan Opera in Henan, Shandong bangzi in Shandong, and Hebei bangzi in Hebei.... Even the "xipi" tune in Cantonese Opera and Peking Opera has a lot to do with bangzi. This bangzi tune, commonly known as "luantan", came to Beijing back then and staged the famous "competition between Hua (folk) and Ya (refined) tunes" in the history of operas, and generated a big family of bangzi consisting of over a hundred operas across the country. Thus, a drama pattern formed, with four major bangzi of Puzhou bangzi (Puzhou opera), Shangdang *bangzi*, Zhonglu *bangzi* (Shanxi opera) and Beilu bangzi as the main operas, and many small operas supplementing them. Shanxi is the blooming garden of Chinese opera.

Marked by vicissitudes, opera is immersed in the life of Shanxi people as part of their spiritual life.

Due to its special topography of mountains inside and rivers outside, Shanxi has accumulated the most numerous forms of performances. The people here never deliberately count them. Only with those sonorous drums and flying sleeves, the operas prospered until in the early 1950s when the People's Republic of China was founded, an opera census was conducted in Shanxi to identify 52 local opera genres.

Shanxi people work hard to cultivate their own opera stars who have won the Plum Performance Award (awarded to outstanding actors by China Theatre Association).

Most importantly, too many well-known opera plots happened in Shanxi. For example, *The Story of the West Chamber* mentioned earlier.

Jin State, one of the five hegemonies in the Spring and Autumn Period, witnessed the "Xiagong calamity" (the place of occurrence was Houma) during the period of King Jinggong of Jin, with the whole clan of courtiers the Zhaos killed and only an orphan Zhao Wu surviving. Zaju *The Orphan of the Zhao Family* was adapted from this. In the 18th century, Zaju *The Orphan of the Zhao Family* made its way to Europe and was adapted by many playwrights including Voltaire. Guan Yu walked out of his hometown of Haizhou and followed Liu Bei in fighting all the way. In the end, his body was buried in Dangyang, his head in Luoyang, and his soul returned to his hometown. Numerous operas about General Guan were created, along with a dramatic image type – Hongsheng (red-faced old man), which evolved into an idol admired by overseas Chinese worldwide. Yang Ye, who fought against the Empire of Liao as the garrison general of Daizhou, died in the end, and no one knows where he was buried. His sons succeeded their father and defended the frontline against the Liao. Many sad tragedies about the Yangs were sung and who from China doesn't know about the generals named Yang? The famous Su San's Prison was located in Hongdong County, and courtesan Su San was brought from Hongdong to Taiyuan for centuries and she made the episode *Yutangchun* popular throughout China. In Ningwu Pass, Zhou Yuji and Li Zicheng fought in the final battle. When Zhou was shot to death by random arrows, no one could stop Li Zicheng from entering Beijing. The Kunqu Opera – *The Pictures of Taoist Priest Tieguan* was written about this....

Shanxi contributed much to education through theatre.

Shanxi people love operas; citizens will always rush to the theater in their spare time, and crowds of opera fanciers gather in the parks.

Everywhere an opera is staged, it is a carnival of rural people and their village neighbors, summoning their sons and daughters in spite of miles away. Together with small traders and hawkers off the stage, they enter a fixed opera context, self-absorbed, forgetting about their daily necessities. And all the audience becomes a whole, with the same sorrow and joy, and the synchronous breath.

Since ancient times, for 5,000 years, Shanxi people are the largest group of opera fans, who have kept the live cinders of opera in their own way. From Datong to Yuncheng, on a land of 150,000 square kilometers, the earliest and the largest number of ancient stages have been preserved from Jin and Yuan dynasties to the Republican era. The long eaves and upward curving roofs, entrance/exit doors on the stage are frozen as ancient architecture style and withered faces represent a brilliant past. Whether it is an open-air stage in the countryside, a theater garden, a tea garden, or a new-style stage, what changed is the way of watching operas, but what remains the same is the heart. The local people have earnestly been preserving their stars and opera scripts. As long as the climate is suitable, the operas can make a comeback and never go extinct.

Opera is another form of history book by Chinese people that conveys the most valuable life philosophy, which does not need to be preached or stipulated. The simple and honest personality is generated in the opera. What is more precious than this?

Shanxi is a big theater, on which people strive and improve themselves, with the sun and the moon serving as limelights, colorful clouds as curtains, and thunderstorms as musical accompaniment. Shanxi people get intoxicated in this dramatic trick, from morning till night, across mountains and rivers for five thousand years running.

The world is vast, and Shanxi people will stick to it to the end together with their operas.

> Wang Fang, member of China Writers Association, member of China Literary Critics Association, editor of *Yellow River* magazine.

Shanxi Cuisine in the Eyes of a French Chef

Yvan Collet

Shanxi does not necessarily mean rice!

Chinese cuisine has a long history and is primarily regional. Shanxi plays a particular role in this field because it offers generous and traditional cuisine. Shanxi cuisine, or Jin cuisine, is very famous for its noodles and flatbreads (*dabing*). This cuisine is also well known for its use of vinegar, which gives a very particular taste to many of its dishes.

The main basic elements of Shanxi cuisine are represented by the products generally grown in Shanxi: millet, sorghum and wheat. Pork, mushrooms, potatoes and white radishes are also frequently used in traditional dishes from this region.

Wheat cultivation occupies an important place in this province. While noodles are seen as a basic staple in many provinces of China, in Shanxi they shine like stars.

Shanxi noodles can be twisted, pulled, cut, or even rolled into a myriad of shapes and sizes, and boiled, sautéed, or "steamed," and mixed with countless local sauces and ingredients.

There are recipes for noodles known throughout China; among them, the famous *daoxiaomian* (刀削面), which are quickly cut over a boiling pot, is a feast for the eyes as well as the palate!

This technique of cutting noodles, where we see the cook take a large piece of dough on his shoulder, is unique in its kind. With a quick gesture, the cook cuts thin strips of dough, armed with a special knife. The slices are then thrown into boiling water. We can reach more than 200 noodle pieces per minute! This gave rise to the famous expression: "one noodle in boiling water, one flying in the air, and one just cut up".

These noodles are traditionally served in meat broth, seasoned with Shanxi vinegar and served with cucumber, leek, bean sprouts, fermented beans, tofu and sliced pork.

There are also the famous Shanxi cat ears (山西猫耳朵) which are so called because of their distinctive shape; they are shaped by hand, boiled, then usually served with sauce, cabbage, soy sauce and vinegar.

Another peculiarity of Shanxi is the *kaolaolao* (栲栳栳). This dough is produced from oats, and shaped into a tube shape, in reference to the "kaolao", a traditional basket made of bamboo. The noodle tubes are placed in a dish close to each other, resembling the cells of a beehive. After being steamed, these noodles are served with one or more sauces, based on tomato, garlic or even vinegar.

And then of course, for the beautiful hot summer days in Shanxi Province, you have to add the essential liángpí (凉皮), often served with chopped coriander and cucumber.

Wheat is also found in other forms such as steamed bread (山西馒头). In Shanxi, it is called "mo". It comes in different shapes and is often called "huamo" because it is made in the shape of a brightly colored flower.

One has also to mention the fish-sorghum（高粱面鱼鱼）which is also a fairly famous dish in the province. The dish looks like a multitude of small fish swimming in a vinegar sauce.

While pork and poultry meats are very commonly used in Shanxi, lamb meat is very popular. It is very common to taste soups made with lamb containing liver, belly and other offal. This is due to the unique fusion of culinary traditions between the northern Chinese minorities and the Han.

Yangcheng Meat in the Pot（阳城肉罐肉）is also a famous dish in the region. Prepared with mutton or pork (often brisket) and millet, this dish is authentic, and it is served in a traditional pot, which makes it aesthetically appealing.

It is rightly said that the best wheat dishes in the world come from China; well, the best Chinese wheat dishes come from Shanxi Province!

Yvan Collet is a French chef. He was one of the contributors to *Inspiring Tianjin* (2020).

Fenjiu, a Piece of Nostalgia for Chinese People

Xiao Ling

This spring, I posted a few pictures in Wechat Moment, marked as "Four Ones for Fenjiu". Which? They are one family letter, one Tang poem, one medal, and one state banquet. To be more specific: One letter was written by Gao Zhan, Emperor Wucheng of the Northern Qi Dynasty, to his nephew nearly 1,500 years ago, "I drank two cups of Fenqing, and advise you to drink two cups in the town of Ye". One Tang poem *Qingming* was by Du Mu, which everyone canrecite, "May I ask where the tavernis?/ The shepherd boy points to the distant Xinghua Village". One medal was the 1915 Gold Plated Bronze Medal of Award from Panama Pacific International Exposition; and one state banquet was what they drank at the state banquet at the beginning of New China in 1949, that is, distilled Fenjiu and medicated Zhuyeqingjiu.

A fellow townsman commented on my Moment message: I should add another item, one piece of nostalgia. This inspired me a lot. I thought of a lecture I had attended on the spread of Fenjiu liquor by Shanxi merchants on several routes so that it has been rooted and sprouted throughout China. Combined with the local culture, it has bloomed into various flowers. In this sense, Fenjiu really represents a piece of nostalgia.

The first route: from Shanxi to Shaanxi, from Shaanxi to Sichuan, and from Sichuan to Guizhou. *Economy in Guizhou* (1939) has this passage: "In the first half of the 19th century, a Shanxi salt merchant came to Moutai to imitate the method of making Fenjiu and made a kind of *shaojiu* using wheat as yeast and sorghum as raw material. Later, Mr. Song and Mr. Mao, salt merchants in Shaanxi, improved the production method successively, named the liquor after Moutai, and specially called their product Moutai liquor". Thus, Fenjiu first spread to Shaanxi, then to Sichuan, and finally to Guizhou. The gradual transition from fragrant type to phoenix flavor (the fragrance type of Xifeng liquor self-named as Fengxiang, phoenix flavor in Chinese), and from Luzhou (strong) flavor to Moutai (sauce) flavor was exactly the change of Shanxi distilling skill according to the regional culture in the process of its spreading. In the Qing Dynasty, the liquor industry flourished in Meixian County, Shaanxi Province, and the earliest to distill there was the "Guangfahao" workshop run by Shanxi natives. In the production of fragrant Fenjiu, the method of separated fermentation in ground tanks is used. The tanks are cleaned every year, so that they are very clean. Luzhou-flavor type is fermented in clay cellars, and the Moutai (sauce)-flavor type in slate cellars built with strips of stone from beside the Chishui River. In this comparison, Fenjiu is the cleanest and most hygienic.

The second route: From Shanxi to Henan, and then to Hunan and Hubei, Jiangxi, Zhejiang, Fujian and other places. On this route, along with the changing regions, the "soft and tender" style of Jiangnan is gradually added. Now there are still traces of Fenjiu in many places. For example, there is a kind of liquor in Hubei called "Hanfen" – Fenjiu is spread to

Hubei and the local Fen-flavor fragrant liquor is called "Hanfen fine liquor, Southern-style fragrant".

The third route: From Shanxi to Hebei, Tianjin, Beijing, Inner Mongolia, and the Northeastern provinces, the spread along this route has formed the style of "Laobaigan" flavor type in northern China. "In the Northeastern provinces... both tobacco and alcohol were produced. In the Qing Dynasty, taxes were heavy and the distillers were all wealthy merchants from Shanxi."

"The merchants were mostly from Shanxi, and they were coming in one after another to become hosts instead." "Most of the merchants in Liaodong were from Shanxi, while more than half of them were from Fenzhou." From these written records, it can be seen that there were many merchants originally from Shanxi in the Northeastern three provinces, especially those from Fenzhou. When they left their hometown and came outside of the Shanhaiguan Pass, they naturally missed the good liquor of their hometown. As a result, various kinds of relatives of Fenjiu came into being, and many of them were named after Fen. There were Huizhan Fenjiu in Daqing, Jiafen in Jiamusi, Ice-city Fenjiu and Binfen in Harbin, and so on. Xiushui Fenjiu in Zhalantun, Inner Mongolia, and Hailang Fenjiu in Hailar are both made by imitating the craftsmanship of Fenjiu.

Everyone knows that Fenjiu was the first liquor to be used for state banquets in New China. I found a historical document to testify here, which further proves the status of Fenjiu at that time. On October 1, 1949, the day of the founding ceremony of the People's Republic of China, *Shanxi Daily* published a notice for changing the trademark of Xinghua Village Fenjiu. How tight the newspaper space was on this day, and how important and meaningful the content published on this day was!

This notice read: "Since Xinghua Village Fenjiu was monopolized by the government, the original trademark was still used, thus it is hereby carefully redesigned into the new trademark with golden red letters on a white background 'bearing the old picture of first-class medal from the Panama Expo'. The distiller, technicians and raw materials are all the same, and the company selects materials scientifically and refines its product to ensure that the reputation of the famous liquor and its quality are guaranteed or improved. The new trademark has been reported to the government for approval, and it will be used as of September 28. It is hereby announced in the newspaper. – Shanxi Company under North China Liquor Industry Monopoly Company." The significance of Fenjiu's new trademark change coincided with the birth of New China, and this is really the highest honor of Fenjiu people.

People say that the ten-thousand-mile Tea Road carries nostalgia, and it seems that the thousand-mile Liquor Road also carries nostalgia. What's more wonderful about liquor than tea is that liquor would be combined with local culture; that is to say, the same distilling process, under the influence of local soil, water and raw materials, would undergo some changes, though it is also called Fenjiu. There have been, even in the spread of the first route, tremendous flavor type changes. However, everyone is of the same origin, so I have a deeper understanding of why Fenjiu is the source of national liquor, the ancestor of fragrant flavor and the root of culture, and I am deeply proud of being a Fenjiu person.

Xiao Ling is the main contributor of the book *Window on Fenjiu*.

Fahua: Craftsmanship Metamorphosing into Art

David Gosset

One naturally associates the Chinese civilization with exquisite ceramics and porcelains.

Porcelain can be called "china" – with a lowercase "c" – in the language of Shakespeare, that is, China is porcelain in the imagination of the Anglophone population.

In French, the white porcelain produced in Dehua is known as "blanc de Chine", an expression carrying with it the most refined beauty and, a scent of tea.

In the 17th century, these goods were exported on a relatively large scale into Europe where they symbolized taste and wealth.

The royal factory of Meissen, near Dresden, started its own production in 1710. In the middle of the 18th century, with the establishment of the Russian Imperial Porcelain Factory, and of the Manufacture Royale de Porcelaine de Sèvres, Europe was trying to imitate the Chinese products. It was in the context of what the essayist René Etiemble (1909-2002) called *L'Europechinoise*. The age of European Enlightenment was also marked by "chinoiserie".

Europe was certainly able to enrich the history of pottery in a considerable manner. But, China has always remained, in this particular field, a reference.

One of the most academically respected sinologists in French history, Stanislas Julien (1797-1873), dedicated an entire publication about *The History and Manufacturing of Chinese Porcelain*.

Archeologists have found in the south of the ancient Asian country, ceramic fragments dating back 20,000 years. Such an historical depth has no equivalent.

Be it in the Paris' Guimet Museum, the Metropolitan Museum of Art in New York, or the State Hermitage Museum in Saint Petersburg, some of these ancient pieces are treasured and presented to a large public. The Victoria and Albert Museum in London is known for its ceramics collection.

The most refined connoisseurs and collectors still compete to acquire some of these creations so they ornate their private home interiors.

Two years before his death, John Pierpont Morgan (1837-1913) arranged for the publication of the *Catalogue of the Morgan Collection of Chinese Porcelains*. The book is a most remarkable introduction to porcelain in general, to the Chinese culture, and to a collection which was proportionate to the wealth of the financier who dominated corporate finance on Wall Street throughout the Gilded Age.

Through the material and the process used to make a ceramic, the connoisseur is aware of a relation with Earth and fire. A porcelain is a special access to the force and primordial elements of the Universe. It is why it does not fail to energize the aesthete who knows how to appreciate it.

Evoking the ancient Chinese quest for *elixir vitae* in *Ideals of the East*, Okakura Kakuzo (1863-1913) states that one may ascribe the origin of the wonderful porcelain-glaze of China to an accidental discovery on the alchemists' journey seeking for the secret of immortality.

There would not be these artefacts without the human brain to imagine them, and the human hand to shape them. In that sense, ceramic and porcelain epitomize craftsmanship. A craftsmanship that withstands the passage of time.

Fahua, literally translated as "regulated decoration", arguably stands as one of the most achieved ceramic that exists. One can appreciate its shapes, gaze at its decorative patterns, admire its distinctive colors.

With Fahua, craftsmanship metamorphoses into art.

Developed first during the Yuan Dynasty (1271-1368) – some experts even believe during the Song (960-1279), Fahua matured during the Ming (1368-1644) and the Qing (1636-1912) dynasties.

Fahua ceramics cannot be separated from Gaoping located in the Shanxi Province. This geographic connection gives Fahua a special significance. Fahua can be analyzed as one of the products of Shanxi's deep culture, and it can also be seen as one of its major expressions.

The world needs to be introduced to the 21st century reinvention of Fahua. Such a renewal can be interpreted as one of the illustrations of the Chinese renaissance.

A process which, like a Fahua ceramic, makes our world more beautiful.

Born in Paris in 1970, David Gosset is a sinologist. Author of Limited

Views on the Chinese Renaissance (2018), he is the editor of *China and the World* in 3 volumes. He founded the Europe-China Forum (2002), and the China-Europe-America Global Initiative (2021).

CHAPTER THREE

Creating Prosperity – Past, Present and Future

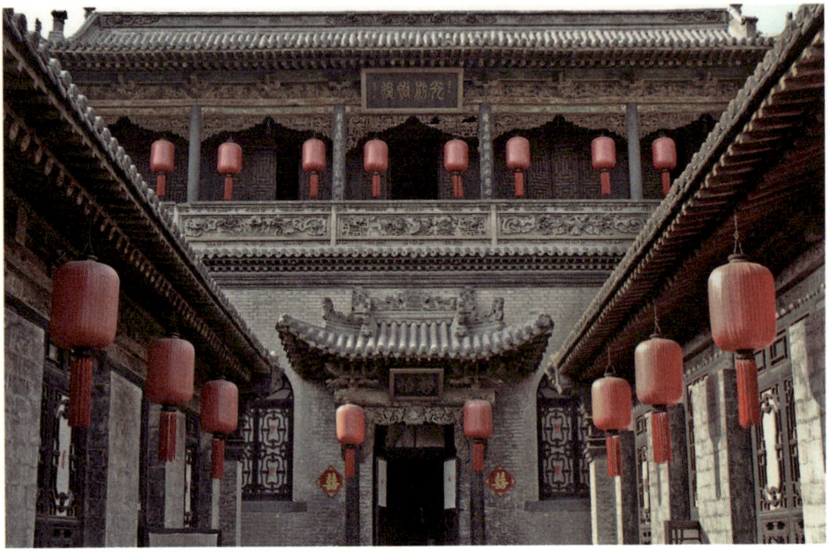

Shanxi Merchants Set Sail Across the Silk Roads

Wang Xiu

Spanning three thousand miles across Europe and Asia, they dominated the business world during five hundred years.

The Ming and Qing dynasties boasted in China major merchant groups like those of Anhui, Shaanxi, Fujian, Guangdong, Jiangxi, Jiangsu, Zhejiang, and Shandong. The Shanxi merchants were their leaders.

The older generations of Shanxi merchants pioneered the "Thousand Miles of Tea Road", created the "century draft banks", achieved the business legends of "connecting the world with virtue", "connecting the world with remitting credit", and "connecting the world with cargo carts", and created the miracle of "the richest in China". They ranked among the world's three major merchant groups together with world renowned Jewish and Venetian merchants.

"Let's go!"

In the TV series *Qiao Family Courtyard*, every time Qiao Zhiyong set off with a caravan, he would use these words. Following the phrase "Let's go", our thoughts also returned to the epic of the past.

"The boat caravan rides the wind and waves, travels east to Japan, and the camel bells of the caravans spread everywhere." With the free and profound Shanxi merchant spirit of "honesty and trustworthiness, pioneering and enterprising, solidarity and mutual assistance, pragmatic operation, benefiting the world and the people", the older generations of Shanxi merchants wrote down a history of arduous entrepreneurship.

The mountains and rivers of Shanxi are solid on the outside and the inside. Shanxi, rich in natural treasures, with a long history and rich humanistic achievements, is an important source for the Chinese nation with rich historical and cultural resources. Although once trapped in the monopoly of coal, the spirit of Shanxi merchants has continuously given us a cultural confidence in openness and development. After experiencing the throes of transformation and leapfrogging, Shanxi merchants are still unswerving in their pace of going international.

In 2014, Shanxi delicacies made a stunning appearance at the United Nations. Noodle masters presented live performances such as dragon beard noodles, knife-cut noodles, and dough blowing, which amazed UN officials who had traveled the world. After such a success, Shanxi Noodle House opened in Los Angeles. In parallel, the Shanxi brand "Silk Road Tour", which responds to the Belt and Road Initiative, set sail again with contemporary Shanxi merchants.

Silk Road Tour brand managers, following the principle of "extensive consultation, joint contribution, and sharing", carry out important opening-up activities for mutually beneficial and win-win cooperation with countries around the world with excellent products, high-quality production capacity and mature technology.

At the 13th China-Northeast Asia Expo, 32 Shanxi enterprises joined hands to create a Shanxi brand matrix, and products from the equipment manufacturing, environmental protection, and biomedical industries were on display. In the field of intangible cultural heritage, Datong bronze ware that began in the Eastern Zhou Dynasty, the exquisite redware ceramic teapots, and Pingding casseroles made of kaolin and white clay from the Taihang Mountains combined the deep history of Shanxi and the traditional skills of today's people. The inheritance of Shanxi merchants was vividly displayed allowing the Northeast Asian market to feel the spirit of the ancient times.

In Kyakhta, Russia, merchants operating Pingyao beef business are reviving the tea road trade. The historical road ran through Eurasia, and Pingyao and Kyakhta were two important node cities. Pingyao merchants crossed the desert Gobi and brought wisps of tea fragrance to Kyakhta. Today's Pingyao merchants have presented Pingyao beef, a traditional and time-honored brand in China, in an international package, and delivered fragrant beef made with the traditional craft of "a piece of meat and a handful of salt" to the dinner tables in Kyakhta.

Guangling paper-cutting thanks to the efforts of Gao Qinghong, along with the Silk Road Tour brand, is traveling in the countries along the Silk Road through repeated international exchanges which continue to impact the cognition of the art of paper-cutting. The perfect fusion of French lace and luxury goods adds a mysterious sense of delicacy to lace art, and each product embodies a sense of luxury thanks to the craftsmanship. Why don't we give more space to the complex colorful paper-cutting art, which has been passed down for hundreds of years, so that its profound cultural and artistic value can be presented more wonderfully!

Gao Qinghong started on the way for the internationalization of Shanxi traditional folk crafts with her vision and sense of responsibility. In a courtyard in Beijing, creative products that combines Eastern and Western cultures are about to sail away carrying the dreams of Shanxi people.

In 2018-2019, the Shanxi brand Silk Road Tour successively went through ASEAN, Europe, the Middle East, India, Russia, Western Europe, South America, and Australia. For more than 720 days and nights, the Silk Road Tour carried out more than a hundred trade and investment promotion and international exchange activities in 26 countries, and established overseas representative offices of the Provincial Council for the Promotion of International Trade in 20 countries and signed more than 50 strategic cooperation agreements.

The Shanxi brand not only builds a trade bridge from Shanxi to the world, but also broadens the horizons and boosts confidence of the new generation of Shanxi businessmen. Special steel materials, new energy vehicles, high-end equipment manufacturing, hydrogen energy industry, modern medicine: now Shanxi is promoting high-quality development of the cutting-edge industries with a high level of opening up. The brilliant Shanxi merchants have left us precious spiritual wealth. Under the guidance of their spirit, the Shanxi entrepreneurs of the new era have overcome all obstacles and created one after another brilliant achievement.

Today's Shanxi is full of vigor and vitality, with hopes and dreams found everywhere. President Xi Jinping visited Shanxi in person four times, made important instructions and placed ardent expectations, setting up a milestone in the history of Shanxi's development.

Shanxi is further promoting the construction of a pilot zone for comprehensive reform in transformation, steadily implementing pilot projects for comprehensive reform of the energy revolution, and building a modern industrial system that supports high-quality development. The new generation of Shanxi merchants is integrating the new development concept of innovative, coordinated, green, open, and shared development into the practice of promoting high-quality development in an all-round way, continuing to broaden the channels ahead, and contributing to Shanxi's creation of a new highland for opening-up in inland China.

Wang Xiu is vice president of Shanxi Provincial Council for the Promotion of International Trade

Editor's note: Called "jinshang" in Chinese, or merchants of Jin, the merchants of Shanxi have created and continue to make the province's prosperity. Wang Xiu rightly mentions Venice. In this same chapter, the Venetian Emilio Quinté answers her! Furthermore, the reader can have a visual contact with the Qiao Family Courtyard by watching Zhang Yimou's film *Raise the Red Lantern* (1991) which used it as a setting.

The Development of Lord Guan Cultural Tourism

Yan Aiping

Looking up at the sky of history, we have so many celebrities in the past dynasties, but only two of them have been praised and respected as "sages" by later generations: Confucius, the "literary sage", and Lord Guan, the "martial sage". Guan Yu was the figure who most successfully "counterattacked" in Chinese history, rising from an ordinary historical figure to the most revered deity symbol in traditional society. In the dynastic changes in Chinese feudal society and in the cleansing of ancient Chinese cultural thoughts, Guan Yu gradually shed his characterization of a specific historical atmosphere, only to be enshrined with a traditional cultural spirit and then covered with some religious glory, thus becoming a Chinese social icon. Haizhou Town, Yuncheng, Shanxi, was the hometown of Guan Yu. German traveler Ferdinand von Richth ofen mentioned in his *Daily Books from China* that "Haizhou was bigger than Yuncheng" at that time. Haizhou Town now boasts the largest and most complete Lord Guan Temple. This thousand-year-old temple was listed as a national key cultural relic protection unit in 1988, and became a national AAAA-level scenic spot in 2008. In 2012, the "Sage Guan Cultural Complex" was included in the Preparatory List of World Cultural Heritage in China.

Since the reform and opening up in the 1980s, China's tourism industry has boomed, and a large number of overseas Chinese returned to the mainland to seek their roots and pay homage to the sages and their ancestors. Among them, the most numerous people went to Lord Guan Temple to worship, which set off another upsurge in the belief of Lord Guan. In 1989, the promotion of "Tourism Resources of Lord Guan Temple" was successful, attracting a large number of tourists from Japan, Malaysia, Singapore, the Philippines and other countries, as well as Hong Kong, Macao and Taiwan. With the continuous popularity of Lord Guan culture, the first Lord Guan Temple Fair was held in Yuncheng in 1990, and the number of tourists exceeded 100,000 for the first time. Thus, the theme of the future cultural festivals has become "operating economic and trade programs on the culture platform". Throughout the 1990s, a wave of revival of traditional culture was set off all over the country. "Invention of tradition" became the main theme of the entire tourism industry. The success of Lord Guan Temple Fair boosted the development of Lord Guan cultural tourism. The name of the event has been changed several times, from Lord Guan Temple Fair, Lord Guan Autumn Worship, Lord Guan Cultural Festival, International Lord Guan Cultural Festival, to Lord Guan Cultural Tourism Festival, and 33 sessions have been held. The content and themes of the cultural festival activities are constantly innovated, and the integration of culture and tourism means continuous deepening and highlighting Lord Guan culture and Lord Guan cultural tourism have become a shiny culture brand in Shanxi Province.

Lord Guan culture is a representative of the fine traditional culture carrying the cultural genes of the Chinese nation. As David K. Jordan, a professor in the Department of Anthropology at the University of California, San Diego, and a Ph.D. in Anthropology from the University of Chicago pointed out, "Lord Guan's benevolence, righteousness, wisdom, and courage are still meaningful today." Lord Guan culture not only belongs to China, but also to the world. In traditional society, Lord Guan became a symbol of veneration, revered by the three major religions throughout nine provinces, with temples dedicated to him found wherever there were Chinese communities. In modern times, the culture of Lord Guan has evolved into a cultural symbol. They are characterized by diverse types, with ethnic diversity and religious diversity, along the Belt and Road. Lord Guan temples all over the world are the spiritual link for the foreigners of Chinese origin. The Festival of Guan Di in Réunion, France, held in August 7-10, 2017, is currently the only Lord Guan festival hosted by a French anchor man. It is a cultural activity sponsored by the local Chinese expatriates. Lord Guan culture has become the national identity of the local Chinese. This signal cultural symbol enhances the emotional and cultural exchanges between the local Chinese and the motherland.

In order to further boost the integration of culture and tourism and enhance the Chinese cultural influence, the local government promulgated the *Implementation Plan for Strengthening the Integration of Lord Guan Culture and Tourism in Yuncheng City*. The three sections of the Lord Guan Culture Industrial Park, the Lord Guan Temple Scenic Spot and the Lord Guan Family Temple Scenic Area have been integrated, to form a construction project of Lord Guan Cultural Industrial Park. On October 24, 2022, to boost the development of tourism through culture and propagation of culture through tourism in the mutual learning and integration of the cultural tourism industry, China Intangible Cultural Heritage Protection Association announced the first batch of Directory of Selected Projects for Integration of National Intangible Cultural Heritage and Tourism Development, and Haizhou Lord Guan Temple Scenic Spot was selected into the List of Intangible Cultural Heritage Tourist Scenic Spots. The inheritance, protection and revitalization of Lord Guan culture, with its many titles, has witnessed the prosperous development of Shanxi's tourism industry, and even China's tourism industry.

Yan Aiping, Associate Professor and Head of Department, School of History and Culture, Shanxi University.

Editor's note: Ferdinand von Richthofen (1833-1905) whose work is quoted above made a great contribution to the knowledge of China's geography. The curious reader can directly access Richthofen's letters in which he describes Shanxi and its potential for developing coal mines: https://archive.org/details/baron-richthofens-letters-1870-1872/page/nundefined/mode/1up.

It was also Richthofen who made the expression "silk road" famous.

A Venetian Reflection for Sustainable Tourism Development in the Shanxi Province

Emilio Quintè

Shanxi is a relatively large province with a long history. Located in the northern part of the People's Republic of China, its name means West of the Mountains, where mountains refer to the Taihang, an imposing mountain range that stretches from north to south for about 400km.

Shanxi's economy is essentially based on the mining industry (primarily coal) and on agriculture (wheat, corn, millet, legumes and potatoes); but it is tourism that represents the most interesting economic challenge for the future well-being of the province.

The Yungang Grottoes, in Datong City, are Shanxi's best known tourist site. With their 254 caves and 59,000 statues, they represent the outstanding achievement of Buddhist cave art in China in the 5th and 6th centuries. The Five Caves created by Tan Yao, with their strict unity of layout and design, constitute a classical masterpiece of the first peak of Chinese Buddhist art. The site has been declared a World Heritage Site by UNESCO in 2001.

Shanxi is rich in tourist attractions for all tastes. Just think about Mount

Wutai (Wutai Shan), an important pilgrimage destination. Its north peak with many temples and views is the highest in Northeast region. The Yingxian Pagoda construction, dating back to the year 1056 which, 67 meters, is the tallest wooden pagoda in the world. And again the ancient city of Pingyao, in the past one of the main financial centers of China, where many aspects of Han culture, architecture and lifestyles of the Ming and Qing dynasties are preserved.

From the mountains to gastronomy (known for the use of vinegar as a main condiment), from culture to religion, there are many reasons to travel and visit Shanxi. This incredible attractiveness represents an invaluable resource which must nevertheless be valued with caution and a sense of proportion.

Based on past experiences, the strategy to be adopted must be one of sustainable tourism development. Today, in a situation of still moderate tourist flows, visitors to Shanxi can have a unique experience, capable of putting the traveler in contact with an authentic dimension of the province's life and culture. In a period of extreme globalization and uniformization, protection of differences and preservation of Shanxi's genius loci represent difficult challenges to overcome. Long-term planning is necessary to ensure that tourism becomes a real opportunity for growth and well-being for the entire local community and its territory. This approach will help avoiding the speculative dynamics of immediate results and easy enrichment for the few.

The wealth of a territory is given by the quality and resilience of its economic, social and cultural fabric. The continuous interweaving of values, visions, skills, traditions, technologies, encounters and innovations, such as the weft and warp of precious Chinese fabrics, designs unique and beautiful motifs. Land management and tourism marketing are arts that must be understood and practiced, being well aware that every true innovation is based on the solid ground of tradition.

Mass tourism development, fast and extremely profitable for a privileged few, represents a strong incentive for each territory. Giving in to this temptation can lead to immediate gratification, but in the long run the choices of intensive tourism exploitation lead to economic crowding out, to the loss of authenticity and uniqueness, to the point that tourism is transformed from opportunity for growth, wealth and development, into its opposite, an instrument of exploitation and dispossession of public benefits, which drains the municipalities of their lifeblood, making them wither and transforming them into inanimate simulacra in melancholy memory of the fertile realities that they once were. Take, for example, the cases of the great western tourist destinations, especially the Italian ones (Rome, Florence, Venice). Venice in particular, while being an emblem of beauty and artistic wealth, is, at the same time, also a symbol of the brutal decline from the uncontrolled development of tourism as an exclusive economic activity.

Proof of this dramatic drift is the demographic trend of the city. In 2022, Venice crossed the fateful threshold of having fewer than 50,000 residents. Passing from over 170,000 in 1951 to 49,997 citizens registered by the last available census (August 2022). Yet those who visit Venice today see an ultra-populated, overcrowded city, overwhelmed by national and international visitors who, like the dangerous and increasingly recurring "acquealte" (high tides) incessantly inundate calli, campielli, churches and museums. This kind of tourism takes away (for the degradation it leaves and the wear and tear it causes) day after day, much more than it leaves in terms of money and cultural enrichment.

Venice as we said is a symbol of the damage produced by mass tourism, but the same phenomenon can be observed in the city centers and in the tourist districts of every European city, where identical souvenir shops give the impression that each place is indistinguishable from another, making each city the same city.

A great Italian writer, Italo Calvino (1923-1985), in his magnificent book *The Invisible Cities* masterfully describes this situation, when he talks of Trude about which he writes: "If I hadn't read the name of the city written in large letters on landing in Trude, I would have thought I had arrived at the same airport from which I had departed. The suburbs they took me through were no different from the others, with the same yellow and greenish houses. Following the same arrows, the same squares with the same flower beds were crossed. The streets of the center displayed merchandise, packaging, signs that did not change at all. It was the first time I had come to Trude, but I already knew the hotel where I happened to stay; I had already heard and spoken my conversations with buyers and sellers of scrap metal; other days like this had ended looking through the same glasses at the same swaying navels. Why come to Trude? I was wondering. And I already wanted to leave".

Is there an antidote to be administered against this drift that appears unstoppable? I believe so and it can still be extracted from the beauty of our cities, compromised but not yet totally lost. Speaking of Venice and its crisis, Vittore Branca (1913-2004), a great scholar of Dante and Boccaccio, as well as historical Secretary General of the Giorgio Cini Foundation, loved to repeat as a sign of hope: "Today Venice does not yet remain alive and operating in the world for its centuries and centuries of extraordinary political and economic power, but for the extraordinary flowering of its arts which fascinate and teach so much to our civilization even today. They teach that art and poetry want, aspire and tend towards infinity".

Concluding one can say that it is this beauty that must be defended and protected. I strongly believe that art and culture must be placed at the center of any tourism development project on a local, provincial and national scale that aims to be lasting and beneficial. In one word: sustainable.

>Emilio Quintèi is a cultural consultant with Made in Heritage. He is based in Venice, Italy.

Shanxi – A Natural, Architectural, Cultural and Societal Heritage

Jean-Philippe Raynaud

Shanxi is perhaps less well-known internationally than the coastal provinces which have carried the economic opening of China or those which represent the cultural and ethnological iconography, and are the privileged destinations of tourists further inland, such as Shaanxi – close to be homonyms – or Tibet.

However, Shanxi carries the double challenge of being a region endowed with an extraordinary heritage as well as being one of the main coal reservoirs that have fueled the exceptional growth of China. At a time when the achievement of the objectives of the Paris agreements has just been questioned by COP 27 in Egypt – China was represented there by a large delegation from both the institutional sphere and civil society –, Shanxi has the opportunity to highlight the quality of its natural and cultural heritage to illustrate what the energy transition can be together with respect for the environment and its eminent heritage.

By its geographical location and its topography facilitating trade with neighboring provinces and Beijing, Shanxi was very early in history a crossroads of trade and finance, in addition to having been at the major birthplace of Chinese civilization. One can only have a sense of wonder when listing the main sites of Shanxi, whose veneration by its inhabitants as well as national recognition has allowed them to remain in remarkable condition through the vicissitudes of history. But it is also interesting to look at the particular role of these sites in the development of Chinese society, economy and civilization in the northeast of the country and to seek there the inspiration that Shanxi brings to modern China.

Going back in history, not far from Datong, the Xuankong Temple, magically clinging to the walls of the Jinlong Valley, is a marvel of architecture heritage. Founded during the Northern Wei Dynasty (386-534), the monastery now has a history of more than 480 years, having been rebuilt and restored several times, notably at the end of the Qing Dynasty. This daring construction, bringing together more than 40 buildings connected by narrow footbridges clinging to the mountain, conceals unique heritage elements of bronze, terracotta, iron or stone statues representing Buddha, Laozi and Confucius, in a symbolic quasi-vernacular. The Taoist, Buddhist and Confucian religions intertwine, probably due to its unique position and a survival of religious and social influences over time. Protected by its elevation from the turbulent waters of the river below, it is also protected from erosion and winds by its location in the cliff. The monks, vanguard engineers, had already invented bio-architecture by studying the location to avoid bad weather such as high heat.

In Datong itself, like all major Chinese cities at a strategic crossroads with neighboring provinces, industrialization and development have transformed the city. But those who know it more intimately evoke the persistence of its craft culture and folk traditions. It is certainly for a city like Datong one of the essential assets in these critical years in terms of environmental responsibility and the search for quality of urban life. The success of the energy transition depends on societal development and the enhancement of cultural heritage. Shanxi can serve as a model in China as well as for other nations.

Wutaishan is a marvelous site, emblematic of the societal role of temples. Within a set formed by the five mountains which constitute the crown of Buddha, the conjunction of the constructions of the man and the beauty of the natural sites is exceptional there. Five is a sacred number in Buddhism: the Five Buddha Families, the five elements, the five main organs of the human body, the five paths of wisdom, and so on. There is a powerful signifying force in this place, with the temples themselves, the symbolism of the mountains that surround them and the site up to the distant peaks, magnificent, which captures and unites the whole with its mystique.

We will also note the interest of the temple of Luohousi, one of the great influential temples of Buddhism, built in the Tang Dynasty and well preserved. It is a famous monastery of Tibetan Buddhism in Shanxi, which testifies to the history and influence of Tibetan Buddhism in the province and which reflects there, as in Xuankongsi, a syncretism quite specific to this region.

Among Shanxi's contributions to the emergence of the models that will form modern Chinese society, we cannot omit mentioning the ancient city of Pingyao, a trading and banking platform in ancient China according to the historical cycles of the development of instruments trade, when the famous merchants of Shanxi held the reins of the internal market. Pingyao saw the first nationwide private financial system, called "trading banks" or *piaohao*, established by Shanxi merchants during the Qing Dynasty. Before retail and savings banks were introduced by European bankers from the middle of the 19th century, it was in Pingyao that the Rishengchang was created, the first commercial network for the exchange of drafts for the merchants' use who circulated to the borders of the empire.

Pingyao and Shanxi became during the 19th century, the financial center of China at the head of a network of branches irrigating all the economic centers of the territory. Located 100 km from Taiyuan, Pingyao ancient city has a long history of 2,800 years and an architectural heritage that earned it the status of UNESCO World Heritage Site in 1997. Surrounded by its famous rebuilt ramparts over 6 kilometers long in the Ming Dynasty around 1370 on the basis of the ancient city, it is the memory of ancient China, with multiple legends attached to its construction and government. Inside the ramparts, the grid plan takes up the urban codes of ancient China as in the cities of the new world today. Square in shape, the city is criss-crossed by streets crossing each other horizontally and vertically, like the cities of the American continent. Pingyao is also called the city of the turtle, a beautiful symbol of longevity, peace and prosperity in the Chinese context, due to its shape with its ramparts, the doors which represent its head, tail and four legs, the alleys representing the scales.

The Yungang Grottoes, listed as a UNESCO World Heritage Site since 2001, are known throughout the world and constitute an exceptional reference of Buddhist heritage. The set of 254 caves forms a real complex system around 45 main caves, each of which illustrates a theme that is particular to it. Built from the 5th century by the monk Tan Yao, the network of caves combined techniques coming from different origins, conveyed by the silk roads and the admiration aroused by the site. It suffered significant damage due to lack of conservation but was quickly elevated to the rank of national heritage from the creation of the People's Republic of China. There are over 59,000 statues of Buddhas, bodhisattvas and gandharvas directly carved in stone, in an influence combining traditional Chinese art and foreign influences brought by the Silk Road and exchanges with Western and Central Asian civilizations.

These grottoes are also a symbol of the special relationship between China and France. Almost ten years after the recognition of the People's Republic of China by France, when a profound intellectual and literary movement was growing around the works of André Malraux and Alain Peyrefitte (who published his book *Quand la Chine s'eveillera*, or *When China Wakes* in 1973 after having visited the country as chairman of the cultural and social affairs commission of the national assembly two years earlier), Georges Pompidou came on an official visit to China from September 11 to 17, 1973, at the invitation of Zhou Enlai. The two men, exchanged their passion for heritage and art and they visited Datong and the Yungang Grottoes together. Their discussion is reported to have focused on the ethnic symbolism of the caves. As in Xuankongsi, the caves of Yungang are bearers of a syncretism transcending civilizations and history, and it is not surprising that they have therefore become the symbol of the intellectual and emotional proximity between China and the France.

As we have said, Shanxi, beyond its inestimable natural and social heritage, so representative of the deep roots of China and its evolution until the modern era, is also the main coal reservoir of the country. This is how the industrial development of the country was supplied with energy, and millions of people were able to work. We remember the time, until recently, when the trains that transported coal from Shanxi across the whole country had priority over passenger trains. Shanxi is certainly one of the Chinese provinces most affected by the energy transition and, more broadly, the environmental and societal responsibility linked to its mining and industrial activities. The architectural and societal heritage constituted by the marvelous sites cited in this text, which have accompanied China's turbulent history as a testimony of resilience, must also be the symbol of Shanxi's ability to resolutely commit to the energy transition and the preservation of the most fundamental heritage: promoting the environment and common societal progress.

Jean-Philippe Raynaud is a French corporate strategist.

Shanxi Wisdom for Global Energy Transformation

Wu Dongsheng

Climate change is a common challenge faced by all mankind, and low-carbon energy development is relevant to the future of mankind.

Carbon neutrality is the banner and direction of energy transformation

The Paris Agreement established the goal of keeping the global temperature rise well below 2°C and striving to limit the temperature increase even further to 1.5°C. President Xi Jinping solemnly announced China's commitment to carbon peaking and carbon neutrality. The goal of carbon neutrality is the banner and direction that will lead all-round and in-depth transformation of China and the world in energy, economy, technology, society and other fields in the next few decades.

Energy revolution is China's version of energy transformation

Energy is the lifeblood of modern society, supporting the strength and prosperity of a country. The dual-carbon goals constitute essentially an energy revolution, and the energy revolution in the Chinese context is also the energy transformation in the world context. The energy revolution is the key to China's realization of the dual-carbon goals, and low-carbon is the soul of the energy revolution. The dual-carbon goals are a challenge, and ineffective transformation will lead to backwardness in our energy system and technology; but it is also an opportunity, which will bring new industries, new growth points and new investment, to realize the sustainable development of economy, energy, environment and climate.

Based on the basic national conditions of China as a coal-based economy, we will "build first and destroy later", implementing the dual-carbon action in a planned and step-by-step manner by further promoting the energy revolution, strengthening the clean and efficient use of coal, accelerating the planning and construction of a new energy system, and actively participating in global governance on climate change.

The most important thing in Shanxi is energy. Shanxi's comprehensive reform pilot in energy revolution is a national effort and a demonstration for the world

Shanxi's energy reserve occupies an important share in the world. In a sense, Shanxi is an epitome of China. As a major energy producer, consumer, and carbon emitter in the world, China faces a bumpy road to carbon peaking under the existing energy system and economic structure. It is urgent and important to find a suitable low-carbon economic development model.

The world's energy transformation depends on China, and China's energy transformation depends on Shanxi. The central government has entrusted Shanxi with the national mission of piloting the comprehensive reform in energy revolution, which is a historical opportunity for Shanxi. Shanxi should explore its experience in energy transformation that can be replicated and disseminated for the whole country, and contribute Chinese wisdom in energy transformation to the world.

The energy development strategy of "four revolutions and one cooperation" is the way to realize Shanxi's energy transformation

"The road ahead is long and long, and I will search up and down." The transformation of resource-based regions is a worldwide problem and a complex system engineering. It is neither a flash of inspiration nor a one-day achievement to push resource-based regions to gradually get rid of the troubles of "path dependence" and "resource curse". If Shanxi wants to achieve high-quality economic development, it is impossible to start anew and lose the traditional advantages of coal. Energy transformation is a long-term process. Focusing on the goal of carbon peak and carbon neutrality, Shanxi is implementing the energy revolution strategy of "four revolutions and one cooperation", simultaneously promoting industrial transformation and digital transformation, promoting the integrated development of coal production and coal-fired electricity, of coal-fired power and new energy, of coal production and coal chemical industry, of coal industry and digital technology, of coal industry and carbon reduction technology.

First, consumer revolution is the key. It is necessary to control the total energy consumption, adjust the industrial structure, and accelerate the formation of an energy-saving society. Second, supply revolution is at the core. It is necessary to coordinate the clean and low-carbon development of coal and realize the transformation of coal from fuel to raw materials, materials and end products; to complete the energy-saving and consumption-reducing transformation, heat supply transformation and flexibility transformation of coal-fired power units. We should vigorously increase the proportion of new energy and renewable energy such as wind, photovoltaic solar power, hydropower, geothermal energy, biomass, and coalbed methane, accelerate the development of energy storage technology and its scale increase, and boost the integrated development of power source, power grid, power load and power storage. In particular, it is necessary to increase the adjusting capacity of green hydrogen energy and pumped storage so as to form a modern energy supply system driven by coal, oil, gas, new energy and renewable energy. Third, technological revolution is the support. It is necessary to promote technological innovation, business model innovation and industrial innovation separately, and transform our technological advantages into economic advantages. Fourth, institutional revolution is the guarantee. It is necessary to form a mechanism in which energy prices are mainly determined by the market. Finally, it is necessary to integrate into and improve the existing global energy governance mechanism, develop energy cooperation under the Belt and Road Initiative, and strengthen international cooperation in all aspects, so as achieve energy security under open conditions.

Climate change, energy transformation and green finance are all international concerns, and Shanxi has the foundation and conditions for such global development. Back then, Shanxi merchants were focused on honesty and trustworthiness, connecting the world with draft banks, and they traveled three thousand miles across Europe and Asia for hundreds of years in their endeavor. The land of Shanxi and the blood of Shanxi people naturally flow with the genes of finance and capital. All in all, Shanxi is a large global testing ground. Shanxi is the only national province-level, all-round, systematic resource-based economic transformation demonstration zone approved by the State Council. The Taiyuan Energy Low-Carbon Forum is comparable to the Davos Forum and the Boao Forum for Asia.

It can be imagined that in the future, Shanxi will become a national and even global center for energy transformation and green finance. The Shanxi wisdom of global energy transformation will help promote Chinese-style modernization and the sustainable development of human society.

Let us witness it together!

> Wu Dongsheng, Senior Economist/Adjunct Professor, Second level inspector of Shanxi Provincial Development and Reform Commission, Expert of China Macroeconomic Think Tank Alliance, Senior Visiting Scholar/Researcher at Harvard Kennedy School of Government. The monograph *The Carbon Path* was published by Tsinghua University Press (2021), the paper *China's Low Carbon Revolution* was published on the official website of the Harvard Kennedy School (2017), and "Energy Revolution and Green Finance from an International Perspective" was recognized as one of China's "Top Ten Outstanding Courses in National Good Courses" (2021).

From Gray to Green – Gradient Color of My Hometown

Han Qian

In a winter of the late 1980s, I was born in Taiyuan, Shanxi. At the age of 19, I left for Beijing as a new student. In the following dozen years, I worked and lived in Beijing, Nairobi and Paris. An international reporter is the professional identity that has accompanied me for many years. In other words, I am a wanderer in a foreign land. My hometown is a shadow deep in my memory, sometimes clear and sometimes blurred.

When I walk in the corridor of memory and look for traces of my home, I always see a picture: I was leaning on the window sill and looking up at the sky. The sky in Taiyuan was always gray, but it still supported my childish yearning to travel over thousands of rivers and mountains and read the world's major events when I grew up. When I lowered my head and returned to reality, I touched the window sill, and a bit of fine coal ash covered my fingertips. The clear graininess made me realize that there was a long distance between dreams and reality. The road was long.

That bit of coal ash came from an open coal storage near my home. For quite a long time, most Shanxi people had a small amount of black powder on their fingertips, nose tips, and hair tips, which was a collective memory of an era.

Shanxi is known as a "sea of coal", and its coal-bearing area accounts for 40% of its total area. Shanxi has a wide range of coal types and good coal quality. The reserves of rare coal types such as coking coal and anthracite are seldom seen in China and even in the world. Therefore, it is also known as the home of "black gold and black jade". In 1980, the central government supported Shanxi to build itself into a national coal energy base. Since then, its coal industry has seen rapid development. From 1981 to 1986, the GDP of Shanxi Province ranked 15th in the country.

Shanxi's economy boomed due to coal, and the energy-rich province could make life prosperous just by relying on resources. During my childhood, honeycomb briquettes were used in cooking and heating at home, and our living extended day after day in the action of adults picking up briquettes with iron tongs and putting them in the stove. Every Spring Festival, my grandfather would build a bonfire with coals in the yard, and blazing flames ignited the vitality and prosperity of a new year. Bonfire is a Shanxi folk custom with a long history. It is said that it can be traced back to the Han Dynasty. Nowadays, with the strengthening of air pollution control, this folk custom has faded out of people's lives.

This was Shanxi. People were prosperous because of coal, but this land was also deprived of blue sky and bright colors due to the rapid development of the coal industry. In the 21st century, China's economy met a new round of growth opportunities, and the demand for coal resources is increasing day by day. Shanxi has ushered in another golden age for its coal industry. I remember that I went from Taiyuan in 2005 to a university in Beijing. Every time I met a new friend, he would say, "Oh, are you a daughter of the coal boss?" when he learned that I was from Shanxi. "Coal boss" became synonymous with Shanxi people.

This was the impression in my mind before I went to work abroad. In my childhood and adolescence, I always wanted to leave, to escape the gray sky and dive into the bright colors of the outside world. In my overseas post, I was thousands of miles away, and my impression was sealed in the corridor of my memory. But to my surprise, every time I went back to visit my loved ones, the earth-shaking changes gave a touch of bright colors to the sealed impression.

In the late summer of 2016, I ended my job abroad in Nairobi, Kenya, and returned to Taiyuan for vacation. I again leaned over the window and looked at the sky like when I was a child. At the turn of seasons, the weather in Taiyuan was refreshing and pleasant. The sun shone through the blue sky, and the crystal light fell on the window sill. I touched it with my fingertips, trying to let the temperature of my hometown seep into my body. My fingertips were no longer covered with fine black powder, but with fragmented sunlight.

Such changes have benefited from a series of comprehensive reforms since 2010, when Shanxi became the "Pilot Area for Comprehensive Supporting Reform of National Resource-Based Economic Transformation", China's first province-wide, all-round and systematic national reform pilot zone. After transformation, the proportion of the added value of Shanxi's coal industry in the province's industrial added value in 2015 fell below 50% for the first time, and the phenomenon of "coal dominance" in Shanxi's industrial structure initially improved. In the following years, concepts such as the construction of 5G smart mines and digital technology boosting the transformation of the energy industry were often seen in the newspapers, indicating that technological innovation began to play a role in Shanxi's industrial upgrading.

Before I left Taiyuan at the end my of vacation, the food my family saw me off with was my favorite hand-rolled noodles with a burst of fragrant vinegar. The mellow taste was full of family affection and my nostalgia, in which there was a kind of joy because the sky at home turned blue and the air became crisp, giving the wanderer a new hope.

In the autumn of 2016, I arrived in Paris to continue my work as a foreign correspondent. In the following four years of news reporting, topics related to climate change, energy transformation, and green development often appeared in my writings. On the one hand, the signing of the Paris Climate Agreement brought the above topics into the focus of global attention. On the other, the French society was always highly concerned about environmental issues. I remember that in my first few reports in Paris, there was a topic reflecting the recycling of Christmas trees. While in Paris, I observed environmental issues in Europe with one eye and those in China with the other. I also naturally paid attention to the energy transformation in my hometown.

I found that while there were extensively discussion and promotion of new energy technologies such as photovoltaics, wind power and hydrogen energy in Europe, an energy revolution had quietly unfolded at home. I learned the news that Datong, known as China's Coal Capital, was committed to widely promoting new and renewable energy such as photovoltaics and wind energy. It was estimated that by the end of 2022, the installed capacity of its new and renewable energy would account for over half of the city's total installed capacity. The former Coal Capital now has the reputation of National New Energy Demonstration City. This made me elated. I remember visiting the Yungang Grottoes in Datong as a child. I could see a layer of ash on bus windows. Now this seems to be an old photo that needs to be deleted from my memory.

In 2018, I once took a walk on the Pont Alexandre III on the Seine after work. I would think of myself as the little girl leaning on the window sill and looking at the sky, feeling that the future and reality were far apart. But when I looked at the Eiffel Tower in the distance, I felt that the future had come, right in front of my eyes.

In the winter of 2018, I came home to visit relatives again. My family live on the west side of the Fenhe River, with many bridges on my way from the train station to my home. I didn't observe these bridges carefully when I was a child, but as a grown-up, I realized that they are in different styles, and particularly beautiful in night lights. The Fenhe River is the mother river of Shanxi and the second largest tributary of the Yellow River. There are 25 bridges built along the river in Taiyuan. The design and shape of each bridge are different, bringing diverse views.

I drove to see the bridges one evening. Passing on bridges featuring different designs, I couldn't help but think of the bridges in Paris, the 37 bridges on the Seine, all in different shapes, telling stories of the city and connecting its past and present glory. These scenes seemed to be intertwined in time and space, and the gradient color where the future and reality overlapped was the color of the hometown in front of me.

Among the brand-new impressions of my hometown, one view was the most attractive to me – Fenhe Park. When I was young, the Fenhe River once dried up, and the traces of over-development and deforestation could be seen at a glance. The sewage from the surrounding coal enterprises also flowed into our mother river from time to time. At that time, I was reluctant to pass the river, seeing it bruised all over. I always dreamed that one day I could live in a city with green mountains and lucid water. Gradually, changes took place. From my university days to my career at hme and abroad, every time I returned to Taiyuan, I would see a different Fenhe River, from a dry riverbed to flowing waters, plus lush river banks. Fenhe Park has been renovated and upgraded, and there are running and cycling paths on both banks. The city with green mountains and lucid water that I dreamed of in my childhood is now my hometown. Since 1998, the Fenhe River has undergone four phases of harnessing and restoration. Its water surface has reached 1.58 million square meters in area, and the green area covers 1.9 million square meters. The environment along the banks has greatly improved, attracting more than 160 species of birds to inhabit here. Shanxi's mother river finally stopped drying up and shows a new look. Looking down from high above, it is a beautiful green scene.

  Strolling in Fenhe Park, I couldn't help but sigh with emotion. As a child, I wanted to leave here and yearned for the outside world. I was not proud of being a Shanxi native. When I grew up, I saw the outside world and returned to my hometown, to rediscover its charm. After over-exploitation and severe dependence on its resources, Shanxi experienced pain and injury, but the pain breeds new life, and it will surely be reborn in the transformation. Here we have outstanding people, literati and poets who have been born as brilliant as stars, and have performed heroic stories that have lasted forever. The ancient ruins and ancient buildings here tell the story of the 5,000-year Chinese civilization. After I left and came back, it suddenly dawns on me that a native of Shanxi is my most proud identity. From a gray sky to a green landscape, the future hometown will surely change into more beautiful colors.

Short Bibliography

"Behind Shanxi's GDP Explosion", Xinhua, 03-28-2022.

"With clear water, green banks and beautiful scenery, the fourth phase of Taiyuan Fenhe scenic spot is picturesque", The Government Affairs Paper: Shanxi Water Conservancy, 09-30-2022.

"The high-quality development of the big energy industry is sonorous", Datong Daily, 09-15-2022.

Han Qian, senior media expert.

CHAPTER FOUR

**Culture and Arts of Shanxi –
The Light of Chinese Civilization that Illuminates
the World's Cultural Heritage**

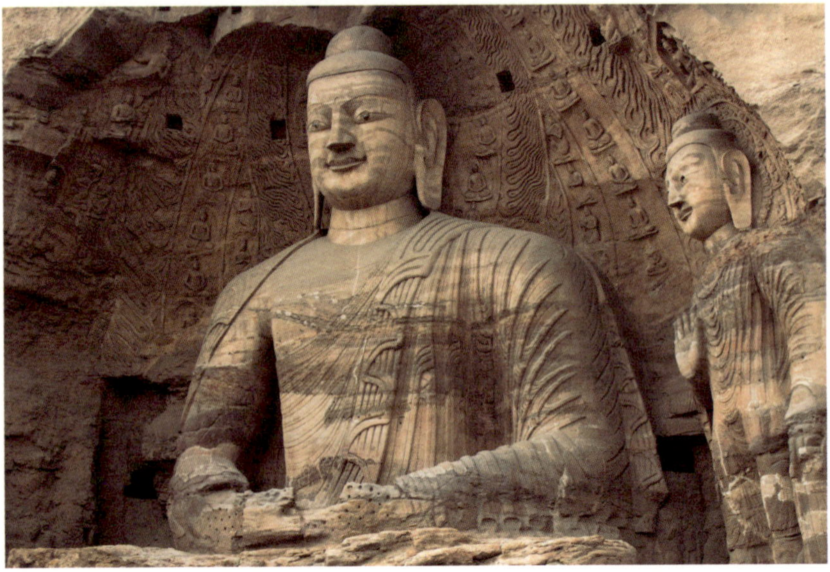

The Original Home of China – Rich and Colorful Cultural Relics in Shanxi

Xu Gaozhe

The majestic Taihang Mountains and the rushing Yellow River embrace a "leaf" where civilization has thrived, standing in the hinterland of the Central Plains of China by the name of Shanxi: this is a magnificent, majestic, ancient and magical land.

Time passes amid ups and downs. In Shanxi, one of the birthplaces of human civilization and Chinese civilization, our ancestors thrived. The Kings named Yao, Shun and Yu established their capital here, Duke Wen of Jin ruled the Central Plains, Emperor Xiaowen reformed his administration to fit the Han system, Li Shimin rose from Jinyang, the Yang family's warriors spilled blood on the battlefield, and the great Shanxi merchants transferring money to and from all over China... This loaded land preserves the genes of the Chinese nation and the complete imprint of Chinese history: there are as many as 53,875 immovable cultural relics, of which 531 are units under state protection, ranking first in the country. In the raw, they keep watch over this mysterious place of origin. Their beautiful footsteps are audible, and the vast historical sites tangible.

The underground sites are uniquely endowed with rich relics of the origin of civilization. There are more than 700 Paleolithic sites discovered in Shanxi, accounting for about 70% of the total in China, ranking first in the country: the Xihoudu site ignited the first sacred fire for mankind 2.43 million years ago, and the Dingcun site around 200,000 years ago provides a "Chinese sample" in witness of human evolution. Shanxi is the taproot of Chinese civilization, and has written a wonderful chapter in the evolution of Chinese history: the Taosi site around 4,300 years ago is a true picture of the origin of Chinese civilization; the 3,000-year-old cemetery of the Marquis of Jin and the ruins of Jin Principality dazzle the world with the centenary splendor of the overlord of the Spring and Autumn Period. The dotted cultural sites and the continuous cultural sequence fully and vividly interpret the basic progression of Chinese history, and the people of Shanxi have performed a magnificent epic on this land.

The cultural relics are dotted on the ground, and the remnant ancient buildings rank first in the country. There are as many as 28,027 ancient buildings in Shanxi, among which wooden buildings before the Yuan Dynasty accounted for about 86.95% of those in the whole country, and Shanxi is known as the "Museum of Ancient Chinese Architecture". These three world cultural heritage sites are well-known: the holy land of Buddhism, in Mount Wutai, the magnificent Yungang Grottoes, and the legacy of Ming and Qing dynasties in the ancient city of Pingyao. The 1,400km-long Great Wall of the past dynasties meanders, arching the backbone of the Chinese Dragon between heaven and earth; while the No. 1 National Treasure, Foguang Temple, presents the splendor of the Tang Dynasty. The only three extant Tang-Dynasty buildings in China are all in

Shanxi. The Queen Dowager Hall of Jinci Temple, an architectural model of the Song Dynasty, is still imposing. The world's tallest and oldest pagoda of Fogong Temple has stood for a thousand years. The sound of the stage opera tunes of Jin and Yuan dynasties lingers. Lord Guan Temple in Haizhou shows the worship of Lord Guan by the Chinese all over the world, and the Shanxi merchants' courtyards show the epic and legendary materialized forms across Eurasia.

Its colored sculptures and murals are unique in China, and its statues and stone carvings are a fine collection. There are more than 12,000 ancient painted sculptures dated back to the Tang Dynasty in Shanxi, ranking first in the country. The painted sculptures of the Tang Dynasty in Foguang Temple in Wutai Mountains, the painted sculptures of the Five Dynasties in Zhenguo Temple in Pingyao, the painted sculptures of Song Dynasty in Jinci Temple in Taiyuan, the painted sculptures of Liao Dynasty in Huayan Temple in Datong, the painted sculptures of Yuan Dynasty in Yuhuang Temple in Jincheng and the painted sculptures of the Ming Dynasty in Shuanglin Temple in Pingyao are all so beautiful and fantastic. The extant exquisite murals of the past dynasties measure more than 27,000 square meters, and their number ranks first in the country. Among them, the murals of the Yuan Dynasty in Yongle Palace can be regarded as the best. The murals of the tomb of Lou Rui of the Northern Qi Dynasty in Wangguo Village of Taiyuan and the murals of the tomb of Xu Xianxiu of the Northern Qi Dynasty in Wangjiafeng of Taiyuan have filled gaps in the history of Chinese art. There are 485 ancient grottoes, among which the Yungang Grottoes and the Tianlongshan Grottoes in Taiyuan are the most famous. There are Han Dynasty stone reliefs in Luliang, stone statues of the Northern Dynasties at Nannieshui in Qinxian County, and more than 20,000 exquisite stone steles, such as the Tang stele in Jinci Temple.

The numerous cultural relics in Shanxi museums are rare and priceless. Shanxi has 197 museums and memorial halls of various levels and types, with a total of over 3.2 million cultural relics, including 50,000-plus precious cultural relics, which are rich in variety and distinctive in style. It is especially famous for its Jin-style bronze, such as Marquis of Jin's bird beaker, the treasure in the Shanxi Museum, whose owner was the first Marquis of Jin Xiefu. The beaker is shaped like a phoenix standing and looking back, with a unique concept, exquisite and gorgeous, reflecting the charm of Jin Principality. It is a classic bronze work that can be called "the important implement of the country," and "The Treasure of the Museum". There are also many excellent jade articles in the local collections. For example, those unearthed from the cemetery of the Marquis of Jin, especially the group of ornaments dominated by semi-circular huang, represent the highest level of jade artefacts in the Western Zhou Dynasty before 771 BC, both in terms of category and form, and in artistic features. Other collections such as porcelain, colored glaze, operas, stone carvings of the Northern Dynasties, and ethnic culture are a complete system, carrying dusty cultural memories.

Shanxi is a place where countless legends are deposited. The taproot of the towering tree of the Chinese nation is deep in this thick soil. "Let's look for Chinese civilization in Shanxi" is not an empty image advertisement, but it will really linger in people's dreams, and activate the spiritual factor deep in our blood.

Xu Gaozhe has been working for the Shanxi Provincial Bureau of Cultural Relics for a long time. He is mainly engaged in the dissemination of historical culture and cultural heritage of Shanxi.

The Yungang Grottoes: the Epitome of a Dynasty

Zhao Kunyu

Wuzhou Mountain might have some unusual features. Otherwise, why did the ruler of the Northern Wei Dynasty and the eminent monk Tan Yao, who advocated opening the caves, choose to build grottoes here?

In the seventh month of the first year of Tianxing (398 AD), Tuoba Gui, or Emperor Daowu of the Northern Wei Dynasty, established his capital in Pingcheng (now Datong, Shanxi Province), which lasted 97 years. After the turbulence of the Sixteen Kingdoms featuring battles among the Five Huns, the wounds yet to heal on the huge body of the Northern Wei territory were still oozing blood. Governance of the country with Buddhism had become the first-choice political strategy for the rulers to stabilize the realm and win people's hearts; and the damaged spiritual world of the people also needed to be repaired and comforted. Buddhism was an opportune analgesic like a soothing river running, so that people seeking relief could see themselves reincarnated by digging the grottoes and nurturing the flowers of life in their long-dried hearts.

Of course, without the history of Pingcheng as the capital of the Northern Wei Dynasty, there would have been no world cultural heritage as brilliant as the Yungang Grottoes, as more than half of the 148-year Northern Wei regime belonged to the Pingcheng era.

In 460 AD, on a day that will never be forgotten, axes and chisels started to work on rocks of the Wuzhou Mountain, and every strike sang a song of indescribable beauty. The Yungang Grottoes, the earliest large-scale grotto group east of Xinjiang, China, was born!

Different from the earlier Mogao Grottoes in Dunhuang or the later Longmen Grottoes – they were all completed through successive dynasties – over 59,000 statues, 45 main caves and 209 subsidiary caves extant in Yungang were chiseled in the Northern Wei Dynasty alone, in 60-odd years. The five Tan Yao Grottoes (Caves 16-20) that were opened first were believed to symbolize the five emperors of the Northern Wei Dynasty. The worshipping of Buddha was equal to kowtowing to the emperor so that the imperial authority and Buddhism coexisted, and the grottoes were as solid as the state power. Between the sky and the earth, the Tuoba's Xianbei proudly left their historic marks on the rock walls.

In fact, Yungang was doomed to be multi-blooded, multi-elemental, and multi-lineage since the first chiselling of the caves. Craftsmen and designers from different nationalities and regions carved out the camel caravan of Sogdian merchants, Iranian grapes and pointed hats, Greek Ionian and Corinthian columns, Persian animal head arches, Indian multi-headed and multi-armed dharma protectors, and Sasanian's moon, which was Mithra's worship of the god of light. There were not only Buddhist statues from the Swat Valley and the Kabul River, the noble and solemn Gandhara style with heavy pleats, but also clothes that came from Mathura, India, which were light and close to the body in Cao's style of pleats. The music and dance sculptures were a collection of old Chinese music, Hun music from the Western Regions, Indian Buddhist music and Xianbei music. Han style filled the cave rooms and the traditional Chinese architectural components such as flat ceilings, tile roofs, bracket systems, and carvings of flying dragons and birds could be seen. The solemn and gorgeous eclecticism reflected the characteristics of the era of great integration of various ethnic cultures in society at that time.

As a large royal endeavor, the Yungang Grottoes highlighted the authority of the imperial court, who poured all the wealth, labor and materials of the country onto this to meet and realize the political needs of the state. Therefore, in Yungang, you will not find mundane life scenes such as weddings and funerals, farming and grazing, tooth brushing and hair-combing similar to those seen in other grotto murals, nor stories of ordinary people gossiping and discussing. Someone properly referred to Northern Wei as "the dynasty carved on stones". The Buddha statues with the combined demeanor of the emperor and the Buddha radiated the beauty of divinity, reflecting the supreme authority of the Northern Wei emperors and their lofty stature that traversed all the ages, but behind them, you can also see the flash of swords in the political confrontation; and under those gorgeous and magnificent highlights and the pious carvings, there is sorrowful life amid the snobbish world. Yungang is just an epitome of the glory of the Northern Wei Dynasty, though with a little sadness there.

But after all, Yungang was a major branch of the mainstream world art in the 5th century AD. Its highest achievement was: absorbing the essence of various art schools in the world, it integrated the diverse cultural branches gathered in Pingcheng to create the new model of "Hun-faced Buddha physiognomy" that combined the characteristics of Tuoba's Xianbei culture and those of Buddhist statues from India and Central Asia. This had a profound impact on Chinese cave temples as a typical example of cultural dissemination worldwide.

Zhao Kunyu is the Director of Yungang Research Institute and Yungang Grottoes Museum, a cultural and museum researcher, dedicated to the study of Buddhist art with a specialization in music iconography. Zhao serves as a council member of the Chinese Society for Music Iconography and is appointed as an expert at the Yungang Dance Creativity Research Center.

The Scroll of Nations Fusion: the Art Archaeology of the Northern Dynasties in Shanxi

Wu Xia

At the foot of the Yinshan Range

Stretches the Chile Plain.

The sky is just like a jurt

Covering the whole earth.

Under the azure sky,

The wind suppresses

The boundless prairie, to reveal

Herds of cattle and flocks of sheep.

This "Chile Song", a popular Yuefu folk song from the area north of the Yellow River during the Northern Dynasties, describes the real life of nomads living by water and grass. During the Wei, Jin, Southern and Northern dynasties (220-589 AD), it was on this land that the northern ethnic groups who had immigrated to Shanxi rose to the throne one after another. The ethnic minority regime Tuoba of the Xianbei tribe, which originated in the Greater Xing'an Mountains, finally unified the Yellow River Basin through the efforts of several generations, ending the chaotic division of northern China since the time of the Five Huns and Sixteen Kingdoms. The material culture created in this period can be said to be the most distinctive in Shanxi.

The archaeologist Zhang Qingjie pointed out that during the Northern Dynasties, there were two important cities in Shanxi; one was Pingcheng (now Datong), the capital of the early and middle period of the Northern Wei Dynasty, and the other Jinyang (now Taiyuan), one of the military bases and political centers of the Eastern Wei and Northern Qi dynasties. As important cities in the early and late Northern Dynasties, they brought together the most advanced culture and art at that time, leaving us many distinctive cultural relics.

The Northern Wei Dynasty in the Pingcheng era experienced a political transition from a nomadic regime on grasslands outside the Great Wall to an imperial state. A series of archaeological discoveries confirmed the important position of Pingcheng. At present, the earliest mural tomb in Pingcheng is the Shaling mural tomb of the first year of Taiyan (435).[1] According to the painted leather text unearthed in the tomb, it is speculated that the owner is Paodoro Ta, the Pingxi Grand General's wife. On the main wall of the tomb is painted the tomb owner and his wife feasting, and on the two side walls are painted processions of cooks, hunters and honor guards. These can be traced back to the Wei and Jin mural tombs of the Sixteen Kingdoms in Hexi and the mural tombs of the Han, Wei and Jin dynasties in Liaodong.

---

1 Datong Institute of Archaeology: "Report on the Excavation of the Northern Wei Mural Tombs in Shaling, Datong, Shanxi", *Cultural Relics*, No. 10, 2006.

After the Northern Wei Dynasty conquered the three Yan Kingdoms in the east and Hexi in the west, the people of the conquered areas migrated to the vicinity of Pingcheng. Multi-ethnic immigrants from various regions brought here the most advanced material and spiritual culture at that time. Tuoba's Xianbei actively absorbed and integrated these cultural elements, thus creating a new cultural landscape of Pingcheng period.

A typical case is seen in the tomb of Sima Jinlong[1] in the eighth year of Taihe (484). The Sima Jinlong clan was the descendants of the Eastern Jin imperial clan who had surrendered to the Northern Wei Dynasty, being trusted and put in very high positions by the new emperors. The tomb was built with specially-made "bricks dedicated to the tomb of King of Langya Sima Jinlong". Although the tomb was robbed in the early years, archaeological excavations still yielded many important burial objects, including 400-odd pottery figurines and animal models, as well as inkstones, pottery pots, celadon spittoons, iron scissors and stirrups.

On the west side of the back room of Sima Jinlong's tomb is a beautifully carved sarcophagus bed. The feet of the bed are each carved with a buttress-like warrior, a lintel door is carved between the legs, and the pattern of honeysuckles with images of dancer, warrior, phoenix and greenfinch is carved above the lintel. Beside the coffin bed are also unearthed pillar bases carved with tangled honeysuckles and dancer patterns. The inverted cover is engraved with mountain patterns and dragons, and the top is a covered lotus pattern in high-relief. Some square bases have

---

1 Datong City Museum of Shanxi Province, Shanxi Provincial Cultural Relics Working Committee: "The Tomb of SimaJinlong in the Northern Wei Dynasty at Shijiazhai, Datong, Shanxi Province", *Cultural Relics*, No. 3, 1972.

A lacquer screen unearthed from the tomb of Sima Jinlong of the Northern Wei Dynasty

Stone pedestal from the tomb of Sima Jinlong of the Northern Wei Dynasty

tangled branches and cloud patterns in bas-relief on all four sides, and each corner is engraved with a vivid dance boy. The decorative patterns of these stone carvings are similar to those in Yungang Caves 9 and 10. Some academics believe that the production of these stone burial artefacts and the carvings of the Yungang Grottoes also came from official workshops[1].

A painted lacquer screen was also unearthed from the tomb of Sima

---

[1] Lin Shengzhi: "Tombs, Religions and Regional Workshops: On Buddhist Images in Northern Wei Dynasty Tombs", *Art History Research Collection*, Vol. 24, 2008, Graduate Institute of Art History, National Taiwan University

The stone house-shaped coffin unearthed from the tomb of Song Shaozu

Jinlong, five pieces of which were relatively complete. The stories of dutiful sons, upright girls, capable persons and recluses are drawn on four cloumns. The painting method of these images is similar to that of the Southern Dynasties, probably because the Sima Jinlong clan surrendered from the Southern Dynasties and had brought the sketches then.

In addition to the above two tombs, important archaeological discoveries in the Pingcheng area include the Yonggu Mausoleum at Fangshan of the Wenming Queen Feng of Northern Wei, the tomb of Song Shaozu the Duke of Dunhuang and Governor of Youzhou, and a large number of other tombs of nobles and people of various northern ethnic groups. Some gold, silver and glass products from the Western Regions were also common in these tombs, reflecting the close connection between Pingcheng and the countries in the Western Regions during the Northern Wei Dynasty.

Taiyuan, Shanxi, was the political and military center of the Eastern

Wei Dynasty and the Northern Qi Dynasty. The Northern Wei Dynasty established Taiyuan County here, with Jinyang as its government seat. During the Eastern Wei, Gao Huan set up the prime minister's mansion in Jinyang, and all military and state affairs were administered from that mansion. During the Northern Qi Dynasty, Jinyang was still the political and military center. The most important archaeological discoveries in Taiyuan for this period are two high-level mural tombs from the Northern Qi period. The first is the tomb of King Lou Rui, of Dong'an of the first year of Wuping (570),[1] located near the ancient city of Jinyang in southwestern Taiyuan. Lou Rui was the nephew of Empress Lou Zhaojun of Wuming. The tomb is therefore large in scale and a grand procession of honor guards was drawn in the tomb hall about 21.3 meters long. The mural is divided into three layers: the first two are a picture of traveling on horseback, and the third layer is one of trumpeting honor guards, showing the tomb owner's military career and prominent position when alive. The mural is rich in content, well painted and well preserved. Art historians believe that this style is exactly what the Northern Qi court painter Yang Zihua recorded in *Famous Paintings of the Past Dynasties*. Since there are no extant paintings passed from this period in scroll paintings, this archaeological discovery provides us with important reference materials for understanding the painting style of the Northern Qi.

---

1 Shanxi Provincial Institute of Archaeology, Taiyuan Municipal Institute of Cultural Relics and Archaeology: "The Tomb of King Lou Rui of Dong'an, Northern Qi Dynasty", Cultural Relics Press, 2006.

The other is the tomb of Xu Xianxiu[1], the King of Wu'an of the second year of Wuping (571 AD), located 10 miles northeast of the ancient Jinyang town (now Wangjiafeng Village in Taiyuan). Xu Xianxiu's grandfather and father were officials in a border town of the Northern Wei Dynasty, and before the demise of that dynasty, Xianxiu first joined Erzhu Rong, then followed Gao Huan and gradually rose to the top. After entering the Northern Qi Dynasty, he served as the governor of Xuzhou, the Second Vice Director of the Department of State Affairs, and the Minister of Works before being promoted to Defender-in-chief. Because of his bravery in combat and successive victories, he was enfeoffed King of Wu'an. The tomb is the best-preserved mural tomb of the Northern Qi Dynasty. The 15.2-meter-long tomb hall was painted with a ceremonial procession. The main wall features the tomb owner and his wife feasting, with musicians on both sides. The side walls show traveling images of the male and female tomb owners. All these images provide an important reference for us to understand the cultural outlook of Jinyang at that time. For example, the brocade on the maid with the pattern of bodhisattva in the pearl roundel, the campstool carried on the shoulder of the maid, and a gold ring inlaid with tourmalines worn by the tomb owner, reflect the frequent and close exchanges between Jinyang and the Western Regions during this period.

From these two tombs were also found a large number of pottery figurines, as well as big glazed chicken head pots, lotus lanterns and other artifacts with complex decoration, i.e. important materials for us to

---

1 Shanxi Provincial Institute of Archaeology, Taiyuan Municipal Institute of Cultural Relics and Archaeology: "Report on the Excavation of Xu Xianxiu's Tomb of Northern Qi Dynasty in Taiyuan", *Cultural Relics*, No. 10, 2003.

understand the handicraft industry and funeral rites of this period.

In Xinzhou City, north of Taiyuan, where Xiurong county was located during the Northern Dynasties, archaeologists discovered a larger mural tomb[1] of the Northern Dynasties. Unfortunately, the epitaph was stolen and so the owner of the tomb is unknown. The 30-meter-long tomb hall is covered all with murals, which are divided into four layers from top to bottom: the top layer is painted with various mythical animals and cloud patterns recorded in the *Classic of Mountains and Rivers*; the second layer is a large-format hunting scene in a mountain forest, and on the third and fourth layers, aprocession of honor guards. Over the tomb gate, there is a vivid large-scale archway. The painters carefully drew exaggerated roof-tile nails, complicated-structured buckets, overlapping architraves and railings and other building components.

Taiyuan was still a strategic place in the Northern Zhou and Sui dynasties. After the Sui Dynasty replaced Northern Zhou, Jinyang was still an important town. A major archaeological discovery in Taiyuan from the Sui Dynasty was the tomb of Yu Hong, a Sogdian who joined China in the thirteenth year of Kaihuang (592)[2]. Judging from the epitaph records, Yu Hong came from the Ouigour country in the Western Regions. After entering the Central Plains, he held important official positions in the Northern Qi, the Northern Zhou and the Sui dynasties. During the

---

1 Shanxi Provincial Institute of Archaeology, Xinzhou City Cultural Relics Management Office: "Mural Tombs of the Northern Dynasties in Jiuyuangang, Xinzhou, Shanxi ", *Archaeology*, 2015 , Issue 7 .
2 Shanxi Provincial Institute of Archaeology, Taiyuan Cultural Relics and Archaeology Institute, Jinyuan District Cultural Relics and Tourism Bureau: *Yu Hong Tomb of Sui in Taiyuan*, Cultural Relics Press, 2005 .

Northern Zhou Dynasty, he was in charge of affairs concerning foreigners in China. The house-shaped coffin unearthed in the tomb is made of white marble, imitating a Chinese wooden building. Its outer wall is engraved with the content of Zoroastrian sacrifices. The costumes, utensils, musical instruments, dancing, flowers and trees in the picture are from Central Asia, all popular elements of those countries.

These exquisite cultural relics described above are mainly collected in Shanxi Museum, Datong City Museum and Taiyuan City Museum.

Wu Xia, School of Archaeology and Museology, Shanxi University

Foguang: A Millennium-old Temple

Peng Ke'er

As the spiritual realm of Manjushri Bodhisattva, known as Golden Wutai, Mount Wutai, as the base of Manjusri Bodhisattva, ranks first among the four famous Buddhist mountains in China. With many temples nearby, Taihuai Town is the center of Wutai, attracting throngs of worshippers. On the evening of June 26, 1937, a group of "pilgrims" coming from afar turned their backs to Taihuai and walked to secluded Taiwai, where they had heard of a possibly single surviving Tang-Dynasty wooden construction built a thousand years ago. The prelude to a legendary discovery of the East Hall of Foguang (Buddha Light) Temple started.

The East Hall is indeed the largest Tang wooden structure extant in China, and the only existing Tang structure with a palace-style hall roof. It was called "the first gem of ancient Chinese architecture" by master architect Liang Sicheng, and is called "the living specimen of Chinese wooden architecture" by later generations. Situated between the lotus-like double petals of Wutai Mountain in Xinzhou City, this ancient building features majestic dougong (bracket sets) and extensive eaves, with huge wood brackets upholding the Tang's magnificence a millennium ago.

"Located forty miles southwest of Wutai Mountain, it was established during the reign of Emperor Xiaowen of the Yuan and Wei dynasties. The Emperor witnessed the auspicious Buddha's light, thus it was named". The 'Qingliang Mountain Chronicle' records the origins of the Foguang Temple. After more than three hundred years of veneration, the temple was destroyed during the Huichang Anti-Buddhist Persecution. Only twelve years later in 857 AD, the East Hall of the main hall was rebuilt. Later, with the decline of Buddhism, it became silent in history, only left with scarce pilgrims and poverty-stricken monks. It was perhaps because of this that the hall was spared in wars during the millennium. It stands even now in the remote mountains.

Foguang Temple they discovered not only justifies China as the pioneer of wooden architecture, but also reflects the Chinese people's determination to inherit the culture, since Japanese scholars had conducted a large-scale survey of ancient buildings in China, and the father of Japanese architecture, Ito Chuta, asserted in *History of Chinese Architecture* that "China has lost pre-Tang wooden buildings. If you want to witness Tang wooden buildings, you can only go to Kyoto and Nara in Japan".

In order to refute this trumped-up assertion, the Construction Society traveled to 15 provinces in five years and checked 1,823 ancient buildings in 137 counties and cities across the country. A Tang wooden structure exceeding one thousand years had been nowhere to be found, but they kept searching for it with the belief that there had to be a Tang wooden structure in Chinese halls.

The "call" of Foguang Temple came from a mural in Dunhuang Grottoes. In June 1937, Liang Sicheng, Lin Huiyin, Mo Zongjiang and Ji

Yutang embarked on a journey to find a Tang wooden structure again under the guidance of the mural Great Foguang Temple in *Picture of Wutai Mountain* in Cave 61. Two thousand kilometers away, this envoy of the Tang Dynasty was waiting silently in the mountains.

With vague clues, this group of people "entered the mountains on pack mules, lingering on the steep road along the rugged and precarious edge of the cliff", and finally saw Foguang Zhenrong Temple at Doucun Village, 32 kilometers northeast of Wutai county seat. An old monk who kept watch at the temple with his dumb disciple received them, and the well-preserved Tang wooden building built in 857 AD, in the after glow of the setting sun, and the precious history covered in dust for 1080 years was revealed in a legendary manner.

The ancient temple is surrounded by Foguang Mountain on three sides, facing in its front the open space of mountains, rivers and valleys. The buildings in the temple are stacked high and low, distributed on three-level high platforms. Its Heavenly King Hall leads onto the first level platform, on which there is Samgharama Hall in the south and Manjusri Hall in the north. On the north side of the second-level platform is Huayu House of Xiangfeng Hill. The second and third platforms are connected by steep steps. The East Hall stands on the third platform, "The hall features huge brackets, a gentle-slope roof and wide eaves. All its huge heroic images are similar to the hall in a picture of the pure land of Dunhuang murals. It can immediately be dated back to the late Tang or Five Dynasties. We were so amazed at the hall." Glancing at the architectural shape, Mr. and Mrs. Liang knew that the Tang architecture was close at hand.

Inside the heavy wooden gate, the setting sun poured into the main hall as it did at thousand years ago. Lin Huiyin looked up and saw the faint ink marks on the four rafters: "The Chief of the Buddha Hall, the female disciple Ning Gongyu from Shangdu (now Xi'an), sent offerings". These words echo the engravings on apillar outside the main hall. This is the conclusive evidence of the Tang Dynasty identity left by Foguang Temple to future generations. The assertion that China had no wooden buildings from the Tang Dynasty was completely broken.

"The tall door of the hall was opened for us. It is seven spans (about 1.5 meters), and it looks even more brilliant in the dark. On a large platform, there is a seated statue of Bodhisattva, and his attendants stand around him. It's like a fairy forest." Liang Sicheng's diary takes us back to that sacred moment, nearly a century later.

Following Liang Sicheng's perspective, we can see 34 sculptures preserved in the East Hall, which are the most complete and spectacular Tang Dynasty painted sculptures in the world, half of the 80-odd Tang painted sculptures extant in China. Up above, the ceiling is made of very small squares. The "golden box with bucket bottom trough" constructed on the " 回 "-shaped column grid planes is proof of the hall having been built in the Tang Dynasty; huge and simple wooden fork columns on the level beams are also Tang architectural features.

As the famous ancient architecture expert Guo Daiheng said, ancient buildings are not just concrete objects, but they also reflect the economy and culture of the society at that time. The East Hall has the genes of the highest-level buildings in the Tang Dynasty, like a cell from that Dynasty, from which future generations can rebuild an era. When you look at the whole temple, you will see architectural relics from 9 dynasties including

Northern Wei, Northern Qi, Tang, Song, Jin, Yuan, Ming, Qing, and the Republic of China gathered together. In this corner of the mountain, there is a grand view of Chinese architecture surprisingly concentrated.

Foguang Temple came from the Tang Dynasty. The thousand-year-old memory of this ancient temple not only embodies the rise and fall of Buddhism and the change of dynasties, but also means our victory in the Sino-Japanese academic dispute over historical architecture. Now, 1,165 years have passed since the birth of the East Hall. She still lives deep in Wutai Mountain, and will once again walk silently into the future with glory.

> Peng Ke'er, born in Yuanping, Shanxi in August 1998, works with *China Daily*. In 2019, she graduated from the School of Foreign Languages of Shanxi University, majoring in French.

"Three Wonders" and "Three Treasures" in Jinci Temple

Guo Jinyuan

There are many reasons for falling in love with a city. If you want to fully understand Taiyuan, the provincial capital of Shanxi with a history of more than 2,500 years, and fall in love with it, you should first go to Jinci Temple, 25 kilometers southwest of the city, to find the password to unlock historical memory.

The temple was built to commemorate Tang Shuyu, the first king of the State of Jin in about the 11th century BC. First named "Tang Shuyu Temple", also known as "King of Jin Temple", it enjoys the respected reputation of "the first scenic wonder in Shanxi".

Jinci Temple is the earliest existing royal sacrificial garden in China. It has more than 100 sculptures since the Song and Yuan dynasties, more than 30 cast artworks, more than 400 inscriptions of past dynasties, more than 200 poems and plaques, and over 40 thousand-year-old trees. It is a precious historical and cultural heritage integrating sacrificial architecture, gardens, sculptures, murals and stele inscriptions.

In 1961, Jinci was listed among the first batch of national key cultural relics protection units by the State Council, and in 2001, it was rated among the first batch of national AAAA-level tourist attractions by the National Tourism Administration. As the trump card among the places of interest in Taiyuan, Jinci has received many international dignitaries and friends, such as Indian poet Rabindranath Tagore, Swedish Crown Prince Gustav VI (who later became King), Australian Prime Minister Fraser, President of the Republic of Chad Félix Malloum N'Gakoutou. Every year, descendants of the Wang family from Thailand, Singapore, Myanmar and China's Taiwan and Hong Kong, come to visit their relatives and pay homage to the ancestral hall.

What make Jinci famous internationally are the "Three Wonders" and "Three Treasures". The Three Wonders are the cypress of the Zhou, Nanlao Spring, and painted statues of maids of the Song. The Zhou cypress in front of the Queen Dowager Hall was planted in the early years of the Western Zhou Dynasty with a history of over 3,000 years. It is a representative of the thousand-year-old trees of Jinci Temple. The tree is 18 meters high and 5.6 meters around. It is twisted and curled, leaning 45° toward the south, shaped like a prostrate dragon (Wolong), hence known as "Wolong Cypress". Nanlao Spring means endless spring water in Chinese. In addition to the classic legends told by the local elders, it is also famous because the spring water, with a constant temperature all year round, is of high quality and rich in minerals; and its perennial irrigation of huge tracts of farmland nearby. The statues of the maids are 43 painted statues that still exist in the Queen Dowager Hall. Except for the small statues on both sides of the Dowager, which were supplemented later, the rest are original sculptures from the early Song Dynasty. The height of 33 statues is similar to that of real people, with diverse postures and demeanors, and lifelike facial expressions. Standing in front of these realistic works freed from the shackles of Buddhist statue carving techniques, we can somewhat perceive their emotions, and wonder how they spent every day in that era.

The "Three Treasures" of Jinci Temple are the Sacrificial Hall, the Flying Girder over Fish Pond and the Hall of Queen Dowager, all of which are national treasure buildings. Built in the Dading reign of the Jin Dynasty (1168), the Sacrificial Hall used to be a place for displaying sacrificial offerings. Surprisingly, the whole building is wall-less, only surrounded by mullion fences. The beam frame is all mortise and tenon combination without a single nail, thus light and strong. Under the eaves of this hall-like pavilion, the ventilation effect is excellent, and I can't help feeling the wisdom of the ancient architects. The Flying Girder is the earliest prototype of a cross-shaped overpass in China, and it is unknown when it was built, maybe in Northern Wei period (386 AD to 534 AD). The Fish Pond is a square pool, over which a cross-shaped bridge deck is supported by 34 octagonal stone pillars. The bridge is wide from east to west, and its north and south wings are folded downward like a big bird with open wings, hence "Flying Girder". The Queen Dowager Hall, built in memory of Tang Shuyu's mother Yijiang in 984, is the main hall of Jinci Temple. The hall is 19 meters high, 7 columns wide and 6 columns deep. The surrounding corridors are the earliest example of "corridors around the hall" in the existing ancient buildings in China. The most commendable is the eight wooden dragons carved on the columns of the front porch. As the earliest surviving woodcarving in China, the scales, beard and hair on the dragons are still clearly visible, and the exquisite carving skills are breathtaking. In the hall, the statue of Yijiang sits in the center with a dignified and serene appearance. On both sides, there are statues of 4 female officials in men's clothing, 5 eunuchs and her 33 ladies in waiting, which truly restore the original appearance of court life in the Northern Song Dynasty.

The value of Jinci's cultural heritage is also reflected in the exquisite calligraphy art on its plaque and stele inscriptions. For example, the three characters "Shui-jing-tai" at Shuijing Stage were written by Yang Eryou, the calligraphy teacher of Emperor Qianlong, and "Duiyue" at Duiyue Memorial Arch was written in 1576 by Gao Yingyuan, a calligrapher. "Nanlao" was inscribed by a great scholarnamed Fu Shan (1607-1684). These three plaques are known as the "three famous plaques" of Jinci Temple. When it comes to inscriptions, the stele *The Preface to the Inscription of Jinci* written by Emperor Taizong of Tang Dynasty is the most popular, with its 1,203 characters, including 39 " 之 " characters in diverse calligraphy styles, thus a precedent for Chinese running script inscriptions.

Jinci Temple is like an old man, standing quietly through dust and smoke in the southwest corner of the city, silently watching the vicissitudes of the planet and guarding the cultural context of this ancient land. Nowadays, Jinci Temple has long been regarded by local people as a cultural coordinate to express their emotional identity, and related Jinci Lantern Festival, Jinci Temple Fair, among others, have also become golden brands of its folkways.

> Guo Jinyuan is a lecturer in the Department of Tourism Management at Shanxi University's College of History and Culture. She holds a Ph.D. degree and specializes in cultural heritage tourism and folk tourism.

Commemorating the 50th Anniversary of French President Georges Pompidou's Visit to the Yungang Grottoes in Shanxi Province

David Gosset

The relations between France and China are the subject of a large literature. The two countries, on the opposite sides of the Eurasian land, share a long history of interactions, and their present relationship matters much beyond the bilateral exchanges.

After the proclamation of the People's Republic of China in 1949, France was the first Western country to recognize the young republic led by Mao Zedong (1893-1976). It was on January 27, 1964, in a world divided by the Cold War. Such a diplomatic breakthrough demonstrated once again the spirit of independence of France's 20th century greatest Statesman, Charles de Gaulle (1890-1970).

Following de Gaulle's resignation in 1969, Georges Pompidou (1911-1974) was easily elected as the second President of France's 5th Republic. He had been de Gaulle's Prime Minister from 1962 to 1968. A political figure concerned by the modernization of his country, Pompidou was also a man of culture who had greatly benefited from the education he received in the field of humanities. At exactly 50, he had his *Anthology of French Poetry* published. His mind was also deeply attracted by contemporary artistic creation. With his wife Claude Pompidou (1912-2007), he knew how to appreciate Yves Klein (1928-1962), Pierre Soulages or Pierre Boulez (1925-2016).

Claude and Georges Pompidou's passion for modern art culminated in the conception and the realization of the Centre national d'art et de culture Georges-Pompidou, known as "centre Pompidou". Its famous "inside-out" architecture generated endless controversies, a famous French newspaper writing bluntly: "Paris has its own monster, just like the one in Loch Ness." The Pritzker jury disagreed by praising a construction that "revolutionized museums". It has now become one of Paris' landmarks. Moreover, the museum, the public library, and the Institute for Research and Coordination in Acoustics/Music – IRCAM – it contains, have certainly enriched France's cultural life.

Deeply influenced by de Gaulle whom he had loyally served since 1944 in different functions, Pompidou naturally worked to develop the relations between France and China. With the diplomatic recognition of 1964, the visit of André Malraux (1901-1976) in Beijing in 1965, de Gaulle pointed at a direction; Pompidou started to march towards the goal.

It is in this context that from 11 to 17 September 1973, he paid a truly historical visit to China. Etienne Manac'h (1910-1992), the French ambassador in Beijing (1969-1975), played a key role in the complex organization of such a major political moment. Besides the high level exchanges with Mao Zedong (1893-1976), Dong Biwu (1886-1975) and Zhou Enlai (1898-1976) that took place in the Chinese capital, the French delegation travelled to Hangzhou and Shanghai.

However, before the plane flew towards the Yangtze River Delta, Pompidou boarded a train to Datong, a city located in the north of Shanxi Province, on September 15. The French delegation was on its way to discover Yungang Grottoes' wonders. The one-hour walk under the protection of the smiling faces of the rock-cut Buddhas would become one of the highlights of the visit.

Since the publication of the *Mission archéologique dans la Chine septentrionale* (1913) by the great French sinologist Edouard Chavannes (1865-1918), the Shanxi's Buddhist grottoes had gained visibility in some European intellectual circles. While it was intellectually stimulating to be aware of their existence through the lens of an erudite, to sense their beauty in their environment was a more profound experience.

The French request to visit Yungang could be interpreted as a symbol of the President's interest for art and culture. China's approval of such a demand signaled its emphasis on China and foreign culture exchange.

After the discovery of the Terracotta Warriors in 1974, Xi'an became a stop on the itinerary of foreign dignitaries visiting China. French President Jacques Chirac (1932-2019), who looked at Pompidou as a second father as he wrote in his *Memoirs*, contributed greatly to the promotion of the Terracotta Warriors. After his Xi'an excursion in 1978, he famously said that the buried armies of Qin Shi Huang constituted the 8th wonder of the world.

However, Shanxi's Buddhist Grottoes remain of the highest cultural value beyond the passage of time. Listed by China's State Council among the first group of state priority protected sites in 1961, they became in 2001 a UNESCO World Cultural Heritage site.

Walking side by side by the gigantic Buddhas in the north of Shanxi, Premier Zhou Enlai and President Georges Pompidou epitomized the effort towards mutual understanding. The presence of the Chinese Premier was certainly an expression of respect for China's guest. The two men continued their dialogue in Hangzhou and Shanghai where persistent rains could not alter the warmth that had been established between them.

Since 90 foreign journalists covered the diplomatic event, many photos have captured the precious moments. The films produced by TV crews are also well preserved. They reveal an atmosphere dominated by friendship and mutual respect, the sense of humor of two Statesmen, and even the linguistic competence of the Chinese Premier. In one of the TV reports, one can hear Zhou Enlai, who had spent four years in France at the beginning of the 20s, pronouncing French words with an impeccable accent.

In hindsight, these images have a touching effect. In 1973, Georges Pompidou had to suffer the great pain and fatigue that a cancer provokes. He passed away on April 2, 1974. It was only 6 months after the tour to Yungang.

Such a sad physical condition explains why the French side did not choose to make the trip to the Great Wall. The entourage of the President feared that the steps would exhaust a man who had to battle in secret a terrible disease. Since the French officials did not want to share with the Chinese side Pompidou's health status, it made the preparation of the State visit especially complicated. Premier Zhou Enlai passed away on January 8, 1976.

Of all the successors of Georges Pompidou, it is, of course, Jacques

Chirac, an old and true friend of China, who impacted the most Franco-Chinese relations. However, the links between the name Pompidou and China are well alive. In 2019, the French President Emmanuel Macron inaugurated in Shanghai the Pompidou Center.

While we commemorate the 50th anniversary of French President Georges Pompidou's visit to the Yungang Grottoes, one can only hope that Datong and the entire province of Shanxi consolidate and deepen their relations with another land of culture, France.

> Born in Paris in 1970, David Gosset is a sinologist. Author of *Limited Views on the Chinese Renaissance* (2018), he is the editor of *China and the World* in 3 volumes. He founded the Europe-China Forum (2002), and the China-Europe-America Global Initiative (2021).

Acknowledgments

First of all, I would like to thank each of the contributors for taking the time to write for *Inspiring Shanxi* as well as the entire team at the New Star Press and Shanxi Education Press.

I would also like to express my gratitude to Mr. Du Zhanyuan, Mr. Gao Anming, Mrs. Zhou Bingde, Mr. Joan Valadou, Mrs. Irina Bokova, and Professor Louis Godart.

The content of this book owes much, I am well aware of it, to the generous support of various organizations of Shanxi, Mr. Sui Ruisheng and Ms. Han Qian.

Being a volume in three languages, I wish here to thank the translators, Professor Wang Zhiguang, Zheng Yakun, Lin Weiwei and Kevin Ruan.

Throughout the process of creating this book, I was also able to count on the assistance of Xu Congcong and Yuan Qiongyi. I'd like to express my sincere appreciation for their help.

On each of my visits to Shanxi, I have met people whose kindness and generosity have inspired me. When it comes to express gratitude, they are all present in my mind.

Finally, it gives me great pleasure to express my gratitude to Ms. Lin Keyao for her linguistic and cultural advice, and her ability to coordinate complex projects with finesse and patience.

SHANXI
EN PERSPECTIVE(S)

Préface

par Du Zhanyuan

Le Shanxi est une province chinoise située à l'intérieur des terres. En comparaison aux autres provinces, régions autonomes et municipalités côtières de l'est du pays bien plus connues à l'international, le Shanxi se distingue sur les plans géographique, historique, culturel et économique. Il s'agit d'un chapitre essentiel à lire pour qui veut comprendre ce vaste pays qu'est la Chine. À cet égard, M. David Gosset mérite des félicitations pour la sortie du livre *Shanxi en perspective(s)*, un nouvel ouvrage de la série intitulée « en perspective(s) », qui couronne de succès son ambition d'explorer et de présenter la Chine en profondeur dans tous ses aspects.

Dans le monde d'aujourd'hui, l'incompréhension et les préjugés persistent encore entre les différents pays, peuples et civilisations, entraînant souvent des conséquences douloureuses. Dans ce contexte, les efforts inlassables visant à promouvoir les échanges culturels et l'apprentissage mutuel entre les civilisations, ainsi qu'à accroître la compréhension et la confiance mutuelles s'avèrent particulièrement précieux.

M. Gosset est engagé dans les échanges multiculturels depuis de nombreuses années. Ses commentaires sur l'histoire, la culture et le développement économique et social de la Chine sont impressionnants de lucidité et d'érudition. Il a voyagé dans de nombreuses régions du pays et créé la série inédite « en perspective(s) »: chaque ouvrage se concentre sur une province, une région autonome, une municipalité ou une région administrative spéciale de la Chine, rassemblant les observations et les récits des personnes issues de divers pays et de milieux professionnels et culturels variés. Ces différentes observations qui multiplient les perspectives ont favorisé les échanges et la compréhension, de même qu'elles ont été très inspirantes pour les lecteurs à l'étranger comme en Chine.

Nous attendons avec une certaine excitation la parution des nouveaux chefs-d'œuvre de la série « en perspective(s) » et espérons que davantage de personnes, à la lecture de ces œuvres, visiteront la Chine et vivront leurs propres expériences du pays qui les inspireront en retour.

Du Zhanyuan, président du Groupe de communication internationale de Chine.

Préface

par Zhou Bingde

J'ai eu l'honneur de recevoir, il y a deux jours, un message du professeur David Gosset, qui m'a invité à écrire une préface de son nouveau livre. Professeur Gosset est un expert français en relations internationales qui se spécialise dans les développements et l'actualité politiques, économiques et culturels entre les pays européens et la Chine. À l'occasion de la publication de ce livre sur la province du Shanxi, *Shanxi en perspective(s)*, je le félicite pour sa nouvelle œuvre!

Monsieur Gosset a fixé le lancement de son nouveau livre au 15 septembre2023, coïncidant avec le 50e anniversaire de la visite du premier ministre Zhou et du président Pompidou aux grottes de Yungang. J'ai pu apprécié encore plus son admiration pour mon oncle, Monsieur Zhou Enlai!

En septembre 1973, bien que gravement malade, le président français Monsieur Pompidou est venu en Chine et a travaillé sans relâche pour faire avancer les relations franco-chinoises, ce qui lui vaut un immense respect de notre peuple chinois! À cette époque, le Premier ministre Zhou Enlai, qui souffrait également d'une maladie grave, a eu des entretiens avec le président Pompidou à Hangzhou et à Shanghai, afin d'approfondir l'amitié sino-française. Connaissant le goût de Pompidou pour la culture et l'art, il l'a accompagné pour voir les grottes de Yungang, un magnifique monument culturel situé dans la province du Shanxi. Ce fut en effet un événement mémorable.

Je souhaite à Monsieur Gosset le meilleur pour ses recherches et sa contribution aux échanges sino-français et sino-europeens.

Souhaitons tous que l'amitié entre la France et la Chine soit durable!

Souhaitons tous la paix éternelle dans le monde!

Zhou Bingde, nièce de Zhou Enlai, était vice-présidente de China News Service.

Préface

par Joan Valadou

La relation franco-chinoise s'est construite grâce à une vision et une volonté politiques fortes de part et d'autre, mais aussi une curiosité et une fascination réciproques pour la culture et l'histoire de l'autre.

Ces deux dimensions sont souvent allées de concert. Tant en France qu'en Chine, la culture et l'histoire font l'objet d'une ambition et d'un projet de la part du politique. Les hommes de culture s'intéressent à la chose publique et les dirigeants à l'histoire, à la création et aux choses de l'esprit.

Cette singularité que la France et la Chine ont en commun s'est incarnée, au fil des ans, dans le rapport des Chefs d'Etat français à ceux de la Chine et le rôle que les relations culturelles ont joué dans le développement du partenariat entre Paris et Pékin.

Plusieurs présidents ont ainsi développé une relation forte avec la culture chinoise: Charles de Gaulle et sa vision du poids séculaire de la Chine, Georges Pompidou, Valérie Giscard d'Estaing, Jacques Chirac et sa passion pour l'histoire et l'art chinois, jusqu'au président de la République actuel, Emmanuel Macron.

Le dialogue que les présidents français entretiennent avec les dirigeants chinois depuis près de 60 ans n'est pas qu'un simple échange de vues sur les questions d'actualité internationale. C'est aussi la rencontre civilisationnelle de deux cultures majeures, de deux visions essentielles de l'humanité, qui ont chacune leur part d'universel.

Ce n'est donc pas un hasard si Georges Pompidou, lors de son voyage en Chine en 1973, se rendit non seulement à Pékin, Shanghai et Hangzhou, mais aussi au Shanxi pour visiter, à l'invitation du Premier ministre chinois Zhou Enlai, les grottes de Yungang, site patrimonial et historique incontournable en Chine.

Cette visite, moins de dix ans après l'instauration des relations diplomatiques entre la France et la Chine, apparaît a posteriori comme un moment à la fois significatif sur le plan diplomatique et profondément émouvant sur le plan humain. Ces deux hommes, qui avaient chacun tant donné pour leur pays, se découvraient, au soir de leurs vies, dans l'un des sites les plus magiques au monde.

De cette rencontre et de la passion de Georges Pompidou pour l'art contemporain, il nous reste un héritage, dans cette ville de Shanghai si chère aux Français où il s'était rendu: le projet Centre Pompidou x West Bund museum de Shanghai. Inauguré par Emmanuel Macron en 2019, ce projet emblématique est à l'avant-garde du partenariat culturel entre nos deux pays.

C'est tout l'intérêt et le mérite de cet ouvrage, dont la rédaction a été coordonnée par le sinologue français David Gosset, lui-même habitant de Shanghai depuis de longues années, de mettre en lumière l'importance du Shanxi dans l'histoire et la civilisation chinoises, mais aussi de revenir, depuis le delta du Yangtsé jusqu'à la Chine du loess, sur cette belle page diplomatique et culturelle franco-chinoise.

Joan Valadou est diplomate. Il est consul général de France à Shanghai.

Préface

par David Gosset

Que ce soit en tant que lecteur, éditeur ou auteur, j'ai une passion constante pour les livres. Dans une large mesure, ceux que nous avons parcourus font de nous ce que nous sommes. Je les aime aussi en tant que bibliophile, car ce sont tout simplement de beaux objets.

Cependant, *Shanxi en Perspective(s)* n'est pas pour moi un livre comme les autres. J'y attache une signification toute particulière. André Malraux (1901-1976), écrivain et ministre des affaires culturelles de Charles de Gaulle (1890-1970), affirmait que « la culture est ce qui fait de l'Homme autre chose qu'un accident de l'univers. » Le Shanxi, contigu au Fleuve Jaune, est une terre de culture.

J'ai développé depuis un âge relativement jeune une profonde curiosité pour le monde chinois. Notre village global change, et notre regard sur lui évolue, mais je gravite constamment autour de la Chine comme si j'étais un minuscule corps céleste attiré par une planète incommensurablement plus grande.

Favoriser la compréhension entre l'Occident et la Chine a occupé une grande partie de ma vie. Une condition préalable à l'appréciation mutuelle est évidemment l'accès du plus grand nombre possible de personnes à travers le monde aux profondeurs et aux beautés de la civilisation chinoise.

L'une des façons pour présenter un pays de 1,4 milliard d'habitants est de mettre en lumière les différents éléments qui composent cette société aussi immense et complexe. On peut dire d'une telle méthode qu'elle est « kaléidoscopique », une notion dont les trois termes grecs - kalos, beau; eidos, forme; et, skopeo, examiner - signifient littéralement « l'observation des belles formes ».

Cela explique la réalisation de *Tianjin en perspective(s)* en 2020. Le succès de cette publication nous a conduit à concevoir *Shanxi en perspective(s)*. Notre souhait est que ces deux publications constituent le début d'une longue série qui emmènera le lecteur dans un voyage à travers les merveilles de la terre chinoise.

Shanxi en Perspective(s) est organisé comme une polyphonie.

Je tiens à remercier chaque contributeur. Le premier chapitre présente le contexte de la province. QiaoXinhua, Sun Ruisheng, BelénCuadra Mora, et David Goodman nous emmènent au bord du Fleuve Jaune. Dans le second chapitre, Li Xiaoping, Wang Fang, Yvan Collet, et Xiao Ling font apparaître un style de vie et des traditions bien marquées. Les auteurs du troisième chapitre, Wang Xiu, Yan Aiping, Emilio Quinté, Jean-Philippe Raynaud, Wu Dongsheng et Han Qian, abordent des sujets d'ordre économique ou contemporain. Enfin, le livre se termine avec un chapitre sur la culture et les arts: Xu Gaozhe, Zhao Kunyu, Wu Xia, Peng Keer, Gao Jinyuan nous ouvrent aux richesses culturelles d'une terre ancienne.

Ces voix sont diverses. Le lecteur peut choisir de se pencher sur l'une d'entre elles selon son intérêt ou bien il peut passer de l'une à l'autre. Alors, le tableau d'une province à l'histoire plurimillénaire, à la géographie riche, et qui est habitée aujourd'hui par 37 millions de personnes, se dessine. Cette polyphonie résonne au-delà d'une seule langue, puisque tous les textes sont disponibles en chinois, en anglais et en français.

Notre objectif n'est évidemment pas de réaliser une encyclopédie définitive sur le Shanxi. Plus modestement, il s'agit de proposer une introduction à cette province. Stimulés par le recueil d'essais qui suit, nous espérons qu'il y aura des lecteurs qui approfondiront leurs recherches sur la région.

Cependant, le Shanxi est une région qui s'offre aux sens.

La céramique qu'elle produit peut être touchée, sa nourriture exquise existe pour être goûtée, et ses dialectes et chansons pour être entendues. Si le parfum de son Fenjiu séduit l'odorat, la palette de jaunes scintillant à l'horizon d'une géologie créative se métamorphose en une fête visuelle.

Venant de Chine ou d'ailleurs, que les voyageurs viennent cheminer sur cette terre de surprises. *Les délices du lœss*, comme je les ai nommés dans un de nos essais, ils les ressentiront.

Né à Paris en 1970, David Gosset est sinologue. Auteur de Limited Views on the Chinese Renaissance (2018)*, il est l'éditeur de* China and the World *en trois volumes. Il a fondé le Forum Europe-Chine (2002) et la China-Europe-America Global Initiative (2021).*

Préface

par Irina Bokova

J'ai pu apprécier, lorsque j'étais directrice générale de l'UNESCO, les efforts de la Chine pour préserver le patrimoine culturel.

Mes nombreuses visites dans ce vaste pays m'ont également montré que la préservation du patrimoine culturel correspond à un désir profond du peuple chinois.

En communiquant avec le monde sur sa propre culture, on contribue par la production de connaissances, d'explications et de comparaisons, à sa protection.

C'est pourquoi je salue la publication de *Shanxi en Perspective(s)*, un ouvrage qui fait suite à *Tianjin en Perspective(s)*, publié en 2020. J'espère que d'autres livres suivront dans le même esprit grâce au patient travail de David Gosset, l'éditeur de cette collection.

Le Shanxi abrite plusieurs sites du patrimoine mondial de l'UNESCO, dont la montagne Wutai, l'une des quatre montagnes bouddhistes de Chine, l'ancienne ville de Pingyaoet les grottes de Yungang, un trésor d'art bouddhiste.

La Chine est une civilisation profonde qui mérite d'être mieux connue au-delà de ses propres frontières. Une façon de présenter cette civilisation est de mettre en valeur les différentes parties qui la composent. Alors, une richesse culturelle unique apparaît; mais aussi une harmonie subtile entre unité et diversité.

Irina Bokova a été directrice générale de l'UNESCO de 2009 à 2017. Elle est la représentante spéciale honoraire du International Science Council (ISC).

Préface

par Louis Godart

Spécialiste de la Grèce classique, c'est pour moi un honneur d'être invité à écrire une préface au livre *Shanxi en perspective(s)*.

La province du Shanxi est une terre de culture, et à mes yeux, c'est la culture qui compte vraiment.

En tant que conseiller culturel du président italien Sergio Mattarella, j'ai organisé en 2016 une grande exposition au palais présidentiel de Rome en relation avec la Chine.

Autour du thème De l'Ancienne à la Nouvelle Route de la Soie, nous avons réussi à rassembler des objets provenant de plus de 20 musées. Ce fut vraiment un événement exceptionnel illustrant comment les cultures s'enrichissent mutuellement.

Ce fut une façon pour nous de mettre l'initiative du Président Xi Jinping, une Ceinture et une Route, dans une perspective historique. L'exposition a connu un tel succès que nous avons dû prolonger sa durée. Nous l'avons transférée en 2017 au Musée d'art oriental de la ville de Turin.

J'ai évoqué cette exposition pour trois raisons. Premièrement, c'est lors de la préparation de notre exposition de 2016 que j'ai pris conscience de l'importance des grottes de Yungang. Je suis particulièrement heureux que ce site inscrit au patrimoine mondial de l'UNESCO soit mis en avant dans *Shanxi en perspective(s)*.

Deuxièmement, notre exposition a présenté certains des plus remarquables artisanats contemporains chinois. Le lien avec le Shanxi est évident, puisqu'il abrite un savoir-faire traditionnel important, révélé par *Shanxi en perspective(s)*.

Troisièmement, il est juste de dire que notre exposition n'aurait pas été possible sans la collaboration du sinologue David Gosset, qui se trouve être l'éditeur de *Shanxi en perspective(s)*. Pendant plus de deux décennies, il a travaillé patiemment et avec une grande détermination pour présenter la culture chinoise au monde. Je tiens ici à saluer son travail.

Shanxi en perspective(s) est une ode en trois langues - chinois, anglais et français - à l'une des provinces chinoises les plus fascinantes. J'espère qu'il pourra servir de pont entre la civilisation chinoise et le monde.

Louis Godart est un archéologue. Il est membre de l'Accademia dei Lincei - fondée en 1603 -, ainsi que membre de l'Académie française des Inscriptions et Belles-Lettres - fondée en 1663. Il a été le conseiller culturel de trois présidents italiens, Carlo Azeglio Ciampi (1920-2016), Giorgio Napolitano et Sergio Mattarella.

CHAPITRE I

Le Fleuve Jaune et le lœss

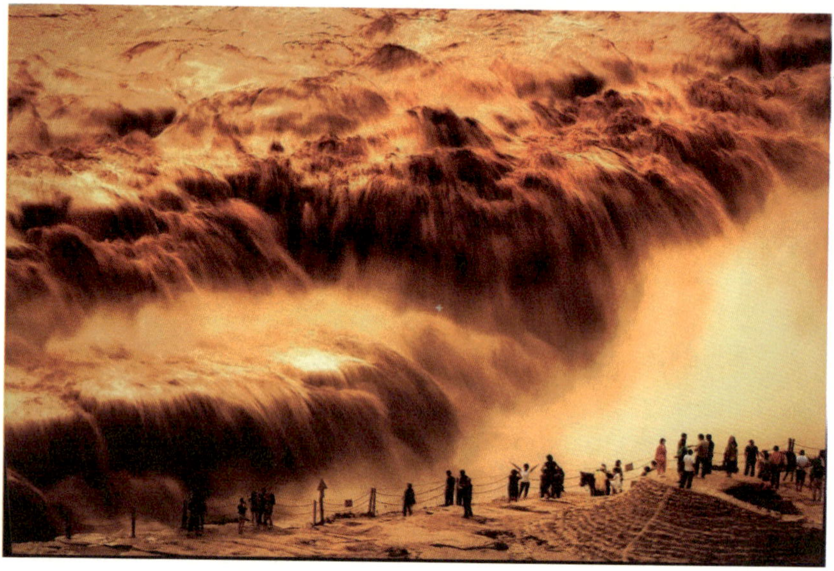

Shanxi, les délices du lœss

David Gosset

Le Shanxi est pour le sinophile une source de fascination.

Au nom, littéralement ouest de la montagne, est attachée une géographie d'altitude, comme s'il s'agissait de signaler la verticalité spirituelle des temples anciens disséminés sur son territoire. Le toponyme fait référence aux Monts Taihang. Leur point culminant, le pic Ye Dou au nord du mont Wutai, culmine à 3061 mètres.

Province montagneuse enclavée, le Shanxi est néanmoins sillonné de rivières. La rivière Fen, longue de 713 kilomètres, draine plus de 25.5% de la région. Elle descend vers le fleuve Jaune tandis que le majestueux cours d'eau de 5464 km, la boucle de l'Ordos à l'ouest, coule encore du nord au sud avant de faire un virage vers l'est. C'est après que le fleuve Jaune a tourné vers l'est que la rivière Qin, longue de 485 km, rejoint son cours. Le long de sa trajectoire nord-sud, le fleuve Jaune divise les provinces du Shanxi et du Shaanxi. La chute d'eau de Hukou, la plus grande chute d'eau jaune du monde, est située sur ce segment. Lorsqu'il coule d'ouest en est, le fleuve Jaune sépare pour un temps le Shanxi et le Henan. Avec une telle configuration, on peut imaginer la province, regardant vers l'est, tournant le dos au fleuve Jaune, et s'asseyant principalement sur son cours moyen.

S'il s'agissait d'une couleur, la province serait sans aucun doute associée au jaune, la couleur correspondant au centre dans la représentation chinoise traditionnelle du monde. Jaune pour sa contiguïté avec le fleuve Jaune qui délimite ses frontières ouest et sud; jaune pour la tonalité de son sol sablonneux caractéristique, le lœss. En langue chinoise, le lœss se dit littéralement « sol jaune ». Plus que dans tout autre endroit, les voyageurs qui visitent le Shanxi sont salués par des sculptures naturelles de lœss de tailles et de formes diverses. Ayant nourri les peuples d'ici, le lœss peut signifier, dans une certaine mésure, les difficultés de la vie. Mais il est aussi la marque d'un caractère unique façonné par de longues transformations géologiques. L'idée du rythme interne du lœss, en accord avec le lent mouvement de la géologie, peut apporter à toute personne désireuse de prendre du recul une sérénité bienheureuse.

La nature détermine certaines des caractéristiques du Shanxi, mais la région ne peut être réduite à sa géographie. Son riche patrimoine culturel peut être approché de la manière la plus directe. Sa cuisine, par exemple, offre une large palette de goûts et d'odeurs. Qu'il s'agisse du style du nord du Shanxi - Datong et Mont Wutai -, de celui du centre - Taiyuan -, ou du sud - Linfen et Yuncheng -, les nouilles, le pain plat, l'agneau, le millet, le sorgho ou le vinaigre peuvent transformer un repas en fête, surtout lorsque la danse et la musique locales accompagnent le moment. Il existe, pour de bonnes raisons, d'innombrables références aux nouilles du Shanxi. Elles sont faites, bien sûr, pour être dégustées, mais leur fabrication est une sorte d'artisanat qui mérite d'être apprécié pour lui-même.

C'est la profondeur historique de la province qui crée la richesse de son présent. Pour les connaisseurs, la région est une source d'attraction au moins depuis que le géologue suédois Johan Gunnar Andersson (1874-1960) a mis au jour la culture néolithique de Yangshao et sa poésie vraiment remarquable.

Plus tard, l'État de Jin, dans les limites de l'actuel sud du Shanxi, était une puissance majeure pendant la partie médiane de la dynastie Zhou. En 453 avant J.-C., Jin se divise en Han, Zhao et Wei. Cela a marqué le début de la période des États combattants. En 221 avant J.-C., Qin Shi Huang (259 av. J.-C. - 210 av. J.-C.), âgé de 38 ans, a unifié ces États et est devenu le premier empereur d'une Chine unifiée.

Ce que l'on appelle la tradition des marchands de Jin présente également un grand intérêt. Durant les dynasties plus récentes des Ming et des Qing, les marchands de Jin occupaient des positions dominantes dans le commerce et la finance. Une visite à Pingyao, à environ 100 km au sud de Taiyuan, donne une idée de la richesse accumulée par ces commerçants fort capables. À son apogée au XIXe siècle, la RishengchangPiaohao contrôlait une part importante des opérarations de change en Chine, tout en gérant des succursales en Russie et au Japon.

À l'occasion de sa visite en Chine en 1973, l'ancien Président français Georges Pompidou (1911-1974) s'est vu présenter les splendides grottes de Yungang du Shanxi. Le grand sinologue Edouard Chavannes (1865-1918) avait fait découvrir le site aux milieux intellectuels occidentaux au début du XXe siècle dans sa *Mission archéologique dans la Chine septentrionale* (1913).

Le site des guerriers de terre cuite enterrés avec Qin Shi Huang n'ayant été redécouvert qu'en 1974, il n'était pas encore au moment de la visite du président français une source d'attraction. Cela explique pourquoi le

Premier ministre chinois Zhou Enlai (1898-1976) n'a pas accompagné le président français au Shaanxi, mais l'a emmené au nord du Shanxi.

Un autre épisode révélant l'importance culturelle du Shanxi se déroule en 1937. Ses deux personnages principaux sont deux éminents intellectuels chinois, Lin Huiyin (1904-1955) et Liang Sicheng (1901-1972), le fils de Liang Qichao (1873-1929). Lin Huiyin et Liang Sicheng, deux architectes, se sont rendus dans le Shanxi neuf ans après leur mariage. C'était une expédition importante car Liang Sicheng allait alors démontrer que les structures en bois du temple de Foguang dataient de la dynastie Tang (618-907). Le livre *Liang and Lin, Partners in ExploringChina's Architectural Past* (1994) écrit par Wilma Fairbank (1909-2002) présente avec beaucoup de détails ces expéditions des années 30. John King Fairbank (1907-1991), le père des études américaines sur la Chine, était avec sa femme Wilma et leurs amis Lin Huiyin et Liang Sicheng ; ils avaient une profonde amitié, ce qui a préparé, en un sens, l'avenir des relations sino-américaines.

La Chine du XXIe siècle est devenue un pays puissant que ni Lin Huiyin ni Liang Sicheng ne reconnaîtraient. Alors que la renaissance intellectuelle et culturelle chinoise se poursuit, le patrimoine du Shanxi sera de plus en plus chéri, réinventé et partagé avec le monde entier. Cette publication se veut un miroir de la renaissance du Shanxi.

Né à Paris en 1970, David Gosset est sinologue. Auteur de Limited Views on the Chinese Renaissance (2018), *il est l'éditeur de* China and the World *en trois volumes. Il a fondé le Forum Europe-Chine (2002) et la China-Europe-America Global Initiative (2021).*

Style Tang et charme Jin: le développement historique du Shanxi et sa position dans l'histoire de la Chine

QiaoXinhua

« Taihang à l'est, plaines centrales au sud, fleuve Jaune à l'ouest et Youyan au nord »: tel est l'espace géographique du Shanxi (ou Jin en abrégé). Liu Zongyuan, un poète de la dynastie Tang, écrivit dans son « *Dialogue sur Jin* »: « Les montagnes et les rivières de Jin sont inaccessibles et solides à l'extérieur comme à l'intérieur ».

GuZuyu, un géographe historique de la dynastie Qing, affirma dans son *Résumé des enquêtes locales dans les études historiques*que: « La situation de la Chine est liée à celle du Shanxi, tandis que la sécurité de la capitale dépend toujours de l'ordre et du chaos du Shanxi. »

S'avancer dans le Shanxi, c'est comme marcher dans un musée d'histoire chinoise, et on sent partout le pouls de l'histoire decette grande civilisation!

Aux premiers stades de l'histoire chinoise, le Shanxi est d'un des berceaux de la civilisation. De l'Eosimiascentennicus à Yuanqu au feu sacré de Xihoudu à Ruicheng; des ruines de Dingcun à celles de Taosi, des anciens mythes répandus dans le sud-est du Shanxi comme « Nuwa répare le ciel », « Jingwei reconquiert la mer » et « Hou Yi tire sur le soleil », à « la capitale de Yao est Pingyang, celle de Shun, Puban et celle de Yu, Anyi » dans *les Archives de l'Historien*, on ressent l'importance du Shanxi dans l'origine de la civilisation à partir de la triple source des documentsécrits, des sites archéologiques et des mythes.

Le fameux archéologue Su Bingqi a estimé qu'il y a environ 6000 ans, les étincelles de la civilisation chinoise étaient déjà brillantes comme les étoiles dans le ciel, et que la région de connexion culturelle qui reliait les plaines centrales et le nord a à nouveau réuni d'autres cultures dans la région du sud du Shanxi. C'est la première zone à se développer rapidement, constituant la racine la plus importante dans le système racinaire de toute la culture chinoise.

Des légendaires empereurs Yan et Huang aux dynasties Xia, Shang et Zhou, à l'établissement des dynasties féodales, le Shanxi était le cœur de la civilisation chinoise. Au XXIe siècle avant J.-C., l'histoire chinoise rompt avec le système d'abdication et entre dans la première dynastie du système héréditaire, la dynastie Xia. Le sud du Shanxi était connu comme le « site des Xia ». Pendant la période tardive du site Taosi, la découverte des « ruines de Dongxiafeng » dans le comté Xia montre clairement que le sud du Shanxi était la région centrale de la culture primitive de Xia.

Au cours de la dynastie Shang qui suivait la dynastie Xia, le système étatique denenait presque complet et le niveau de civilisation encore plus élevé. Les récipients géants en bronze, ainsi que le mur d'enceinte et les douves du début de la dynastie Shang découverts dans le sud du Shanxi indiquent que cet endroit était un lieu stratégique important de la dynastie Shang.

Sous la dynastie Zhou, les parents féodaux étaient utilisés comme des états vassaux pour défendre la maison royale Zhou, et Ji Yu a reçuson titre du vassal dans le Shanxi, le titre était Tang. Son fils Xiefu a changé son titre en Jin. Le Shanxi a été une barrière stratégique pour la famille royale Zhou. La tombe du marquis de Jin à Qucun-Tianma est un site archéologique important dans l'histoire des Jin, et le temple Jinci à l'ouest de Taiyuan, la capitale provinciale, est un microcosme de l'histoire et de la culture du Shanxi!

Shanxi était une grande scène d'intégration multiethnique. Prenons l'exemple des dynasties Sui et Tang. De la rébellion armée de Liu Yuan en 304 à la destruction de Qi du Nord par les Zhou du Nord en 577, la position forte du Shanxi en Chine du nord est restée intacte. Pingyang, Pingcheng et Jinyang devinrent successivement d'importants centres politiques, militaires et culturels. Lorsque la civilisation nomade du nord se sont affrontées à la civilisation agricole aux Plaines centrales, les échanges culturels et l'intégration ethnique des populations se sont déroulés au milieu des flammes de la guerre.

Le Shanxi, se tenant à l'intersection du peuple Han et des peuples nomades, est devenu un creuset où s'entremêlèrent différents groupes ethniques et culturels.

Les découvertes archéologiques telles que la tombe de Xu Xianxiu et celle de Lou Rui montrent que les envoyés et les marchands de toute l'Asie et des pays méditerranéens se réunissaient autrefois à Pingcheng, la capitale de la dynastie des Wei du Nord, et à Jinyang, la capitale provisoire de la dynastie des Qi du Nord. Des trésors, des cultures et des arts rares ont été apportés par les marchands sogdiens d'Asie centrale, d'Asie occidentale et même des pays méditerranéens, et des idées religieuses, des cultures et des arts exotiques ont également été largement absorbés. Au cours des dynasties du Nord, l'ampleur des échanges économiques et culturels entre la Chine et les pays étrangers n'a cessé de croître, ce qui a favorisé la prospérité de la route de la soie et constitué la pierre de la future prospérité de la dynastie des Tang.

Pendant les dynasties Ming et Qing, les marchands du Shanxi ont parcouru trois mille kilomètres à travers l'Europe et l'Asie, et ont dominé le monde des affaires pendant cinq cents ans. Ils ont ouvert la « route du thé », un canal commercial international partant du Fujian au sud, atteignant la Mongolie et la Russie au nord, et reliant l'Europe et l'Asie, qui a constitué une partie importante du domaine des grandes entreprises de « la ceinture et la route » dans l'histoire.

Les marchands du Shanxi ont créé des institutions bancaires et mis en place leurs réglementations, ont rendu possible le miracle de la connexion du monde par le transfert de crédit, et ont laissé de belles et magnifiques résidence comme celle de la famille Qiao, de la famille Wang et le manoir de la famille Chang. Portant les valeurs des hommes d'affaires du Shanxi, honnêtes et fiables, pionniers et entreprenants, ils s'entraidèrent animés par un esprit d'unité, avec une gestion pragmatique et un maintien de l'ordre social pour le bien-être partagé.

En parallèle, la culture du seigneur Guan et la culture de l'ancêtre racine de Dahuaishu ont également prospéré à cette époque.

De la Révolution de 1911 à la fondation de la République populaire de Chine en 1949, le Shanxi fut une célèbre base révolutionnaire. L'expédition orientale de l'armée rouge a laissé des empreintes glorieuses dans le

Shanxi. Pendant la guerre de résistance contre le Japon, le Bureau du nord du comité central du Parti communiste chinois, le quartier général de la huitième armée de route et ses trois principales divisions ont longtemps combattu ici. Ils y ont créé des zones de base et ont remporté de grandes victoires comme celle de Pingxingguan, de l'attaque nocturne de l'aéroport du fort de Yangming, et de la bataille des cent régiments. Le Shanxi est devenu un pivot stratégique important derrière les lignes ennemies, laissant derrière eux les sites révolutionnaires de la ville de Matian à Zuoquan, le quartier général de la huitième armée de la route à Wangjiayu à Wuxiang et l'arsenal de Huangyadong à Lichen, forgeant le grand esprit de la guerre anti-japonaise et l'esprit de Taihang.

Pendant la guerre de libération, l'héroïque armée populaire de libération a livré des batailles sanglantes pour vaincre des ennemis tenaces. La bataille de Taiyuan a permis d'arracher le dernier bastion des réactionnaires du Kuomintang en Chine du nord et de promouvoir le processus de libération de la nation.

Dans les années 60, une chanson folklorique intitulée *On Dit que le Shanxi est Beau* contient les paroles suivantes: « Les gens disent que le Shanxi est beau/La terre est fertile, l'eau belle et les grains parfumés/La main gauche montre la montagne Taihang/et la main droite Luliang/Debout sur cette hauteur, et en jetant un coup d'œil/Vous regardez l'eau de la rivière Fenhe/qui traverse mon petit village. »

Dans le Shanxi, vous pouvez comprendre la magnificence, l'étendue et la profondeur des cinq mille ans de civilisation chinoise.

Visitons le Shanxi et étudions son histoire!

QiaoXinhua est professeur à la faculté d'histoire et de culture de l'université du Shanxi. Il est directeur de thèse.

Note de l'éditeur: QiaoXinhua présente un panorama de la longue histoire du Shanxi. Elle écrit fort justement que « le temple Jinci à l'ouest de Taiyuan, la capitale provinciale, est un microcosme de l'histoire et de la culture du Shanxi! » Le lecteur de *Shanxi en perspective(s)* peut se référer au texte écrit par Guo Jinyan sur l'ensemble architectural que Jinci forme.

Shanxi, mon pays natal

Sun Ruisheng

Originaire du Shanxi, j'aime profondément ma ville natale et je suis fier de sa longue histoire, de sa culture splendide et de ses magnifiques paysages naturels. En tant que journaliste du *China Daily*, je pense toujours à bien raconter des « histoires du Shanxi », afin que davantage de Chinois et d'étrangers puissent mieux comprendre le Shanxi et que l'étiquette simpliste de « province du charbon » puisse se dissiper le plus tôt possible.

On dit que le sol du Shanxi est saturé du jus de la culture. C'est vrai. En forme de feuille, la carte du Shanxi conserve tous les secrets et l'empreinte extrêmement complète de la civilisation chinoise des cinq mille dernières années. Le Shanxi est l'un des berceaux les plus importants de la civilisation chinoise, avec une histoire écrite de trois mille ans. Dans l'histoire chinoise ancienne, les trois chefs tribaux du bassin du fleuve Jaune, Yao, Shun et Yu, établirent leurs capitales dans la partie sud du Shanxi, à l'origine de la première civilisation chinoise. Les trois patrimoines culturels mondiaux du Shanxi - la montagne Wutai, les grottes de Yungang et l'ancienne ville de Pingyao - sont très célèbres et sont devenus les belles « cartes de visite » pour le tourisme culturel du Shanxi. Le Shanxi compte 531 unités nationales de protection des reliques culturelles clés, se classant au premier rang dans le pays: il y a 120 structures en bois hors sol avant les dynasties de Song, de Liao et de Jin, représentant plus de 86.95 % du nombre total de bâtiments dans le pays; les trois bâtiments survivants de la dynastie Tang en Chine se trouvent tous dans le Shanxi. Par conséquent, le Shanxi est également connu sous le nom de « Musée de l'art architectural chinois ancien », ce qui explique le dicton en Chine: « Pour les reliques culturelles souterraines, regardez dans le Shaanxi ; pour les reliques culturelles en surface, regardez dans le Shanxi. »

Le Shanxi est également connu comme pour ses nombreuses montagnes et rivières, avec les monts Taihang à l'est et le fleuve Jaune à l'ouest, qui sont deux barrières naturelles qui maintiennent l'unité du Shanxi. Le fleuve Jaune, le «fleuve mère» de la Chine, qui prend sa source sur le plateau du Qinghai-Tibet, dégage une impression de sérénité et de beauté avec ses eaux cristallines, mais une fois qu'il a entré la vallée de Jin-Shaan et qu'il est entré dans le Shanxi, il devient immédiatement très imposant, montrant sa personnalité audacieuse et débridée dans le Jixian Hukou en formant un paysage magnifique de ce que nous appelons « mille kilomètres de fleuve Jaune réunis dans un pot de collection ».

C'est également le cas des montagnes de Taihang. Situées à l'origine dans l'océan, les montagnes du Taihang ont été créées par le mouvement de la croûte terrestre il y a des centaines de millions d'années. S'élevant de façon spectaculaire et formant un énorme dénivelé, les monts Taihang, d'une longueur de 800 miles, sont un chef-d'œuvre de la nature qui surplombe la plaine de Chine du Nord. Parmi les sites célèbres, la montagne Ban du Taihang, le Grand Canyon de Huguan et les monts de Wangmang sont sans aucun doute emblématiques.

En outre, étant situé dans la zone frontalière entre les Chinois Han et les peuples nomades du nord, le Shanxi a été un lieu incontournable pour les souverains depuis les temps anciens. Le Shanxi est l'une des provinces en Chine où se trouvent de nombreuses parties des grandes murailles: de celles des États combattants et de la dynastie Qi du Nord, aux grandes murailles de la dynastie Song, de la dynastie Ming et de la dynastie Qing. La longueur totale de la Grande Muraille du Shanxi est de plus de 3 500 kilomètres et il existe plus de 1 400 kilomètres de murs et de vestiges bien préservés. Là, la baie de Laoniu est considérée comme le lieu où la Grande Muraille « serre la main » au Fleuve Jaune.

Avec des patrimoine naturel et historiques aussi riches, le Shanxi est une provinceet aux ressources touristiques abondants. Afin d'étendre l'influence internationale du Shanxi, le China Daily a organisé en 2015 une activité promotionnelle à l'étranger à grande échelle, « Le Shanxi aux yeux des étrangers », invitant des dizaines de rédacteurs et de photographes du monde entier à s'y rendre visite. La plupart d'entre eux n'étaient jamais venus au Shanxi auparavant et ils ont exprimé leur surprise de voir à quel point le Shanxi est beau et à quel point le patrimoine culturel est riche dans cette province.

La réputation du Shanxi, tant au niveau national qu'international, n'est pas à la hauteur de son profond patrimoine culturel. Je pense qu'en plus d'être éclipsée par le nom de « province du charbon », elle est également liée au caractère discret et sans prétention des habitants du Shanxi. Cela est particulièrement vrai pour les marchands Jin, qui sont les hommes d'affaires dominants depuis 500 ans en Eurasie. En outre, les habitants du Shanxi ont également une sorte de noblesse et de vanité dans leurs veines, qui est typiquement représentée par le célèbre général des Trois Royaumes, Guan Yu, originaire de Xiezhou, Yuncheng, Shanxi, qui a été vénéré et admiré par les générations futures pour sa loyauté, sa droiture, sa bienveillance et son courage. Il y a une grande beauté dans le ciel et la terre de Shanxi dont on ne parle pas. C'est exactement ce qu'est le Shanxi, qui conserve toujours une sorte de dignité et de tranquillité, imperturbable et à l'aise.

Riche en ressources houillères, le Shanxi était autrefois appelé la « chaufferie » du nord de la Chine et ont payé un prix très lourd pour l'extraction du charbon. Au fil des ans, lle paysage environnemental a changé de façon spectaculaire. Je vis et travaille à Taiyuan, la capitale du Shanxi, depuis plus de 37 ans et j'ai vécu ce changement de première main. Après plus d'une décennie d'efforts écologique, la pollution a été éliminée, les rivières deviennent plus claires, la ville est plus belle, l'air est particulièrement frais et on trouve partout des parcs et des jardins d'agrément de toutes tailles. Dans le parc de la rivière Fen, vous pouvez voir les collines vertes de loin, les vagues bleues de près. Au coucher du soleil, à la section du pont Jin Yang du parc de la rivière Fen, vous profiterez de la magnifique vue de la « traverse du soir de la rivière Fen ». Avec un climat enchanteur, Taiyuan a quatre saisons distinctes, sans froid extrême en hiver ni chaleur en été. Les gens peuvent apprécier la floraison des fleurs au printemps, la brise fraîche en été, la lune brillante en automne et la neige blanche en hiver. De nombreux habitants du sud de la Chine apprécient également de séjourner ici.

Sun Ruisheng, né en novembre 1967, originaire de Ningwu, Shanxi, est journaliste. Il se consacre au journalisme depuis plus de 30 ans et est actuellement à la tête du poste de correspondant du China Daily dans le Shanxi. En 2009, il a reçu le titre honorifique des « 100 meilleurs journalistes » de la province de Shanxi.

Pingyao: Un passé vivant tourné vers l'avenir

Belén Cuadra-Mora

Située sur le plateau de Lœss en Chine, la ville de Pingyao (平遥) est près de la rive orientale de la rivière Fen, l'un des principaux affluents du fleuve Jaune – entourée de montagne au coeur d'une région d'une grande importance stratégique et économique dans l'histoire de Chine. Les anciens quartiers de Pingyao sont aujourd'hui l'une des quatre villes anciennes les mieux préservées de Chine et une destination touristique populaire qui a accueilli plus de 17 millions de touristes en 2019. Ses bureaux du gouvernement du comté, ses temples civils, militaires, bouddhistes, et taoïstes, ses résidences et les magasins, impeccablement alignés sur un plan de rue en damier qui s'étend dans des murs anciens, constituent l'image parfaite de la ville classique du nord de la Chine, reconnue en 1997 par la Convention du patrimoine mondial de l'UNESCO pour son architecture urbaine impériale exceptionnellement bien conservée.

Dans ses Voyages, Marco Polo décrit Dadu (大都), la nouvelle ville du Grand Khan, de la manière suivante: « lorsqu'une personne escalade le mur au-dessus d'une des portes et regarde droit devant elle, elle peut voir la porte en face de lui de l'autre côté de la ville ». Le voyageur vénitien décrivait la ville que nous connaissons actuellement sous le nom de Pékin, mais ses mots auraient pu également s'appliquer au centre historique de Pingyao.

Les bâtiments ordonnés et splendides de Pingyao, symbole d'une économie autrefois florissante, représentent un paysage autant culturel et social qu'architectonique. La chaîne et la trame des trajectoires symétriques et perpendiculaires qui guident les pas des habitants et des visiteurs de Pingyao est un exemple du modèle Bagua, une construction mathématique basée sur les Huit Trigrammes (ou bagua, 八卦), qui incarne le monde naturel et, finalement, met l'accent sur la relation entre l'homme et la nature. Sa configuration structurée affiche les valeurs confucéennes de subordination, ainsi que les idées taoïstes de communion entre le ciel, la terre, l'homme et l'univers, le long d'un axe central qui, selon les mots de l'architecte, photographe et sinologue allemand Ernst Boerschmann (1873-1949), représente « un désir de rythme, et la force qu'ont uniformément les grandes pensées en Chine ».

Le long de ces rues et ruelles soigneusement planifiées, plus de 400 des 3 797 résidences traditionnelles et cours commerciales de la vieille ville sont encore presque intactes[1], avec des décorations et des sculptures délicates nous rappelant que cette enclave particulière de la province du Shanxi était un centre dynamique pendant les Tang et dynasties Song, un site commercial stratégique entre Pékin et l'ouest de la Chine pendant la période Ming, et le siège d'un système bancaire en développement sous la domination des Qing. À son époque la plus prospère, le système *piaohao*

---

1 Zhang, D. (2022). *Planification urbaine et développement en Chine et dans d'autres pays d'Asie de l'Est. Urbanism*, 4(1), 47.

basé dans la province du Shanxi - principalement à Pingyao - contrôlait la moitié des fonds en circulation du pays et avait établi des liens avec les marchés étrangers[1].

Son architecture unique a fait de Pingyao un gardien de la culture et de la tradition anciennes, ainsi qu'un modèle pour étudier le développement urbain en Chine. Dans le même temps, tout comme de nombreuses autres villes, en Chine ou ailleurs, qui s'enorgueillissent d'une longue histoire, Pingyao lutte entre la préservation de son passé et la création d'un avenir plus durable, tout en faisant face aux défis du 21e siècle. Comme le reste de la Chine, Pingyao a sensiblement changé depuis que sa ville antique a été classée comme le site urbain du patrimoine mondial en 1997. Avec les taux d'urbanisation considérablement augmenté, les revenus économiques du tourisme ont été en plein essor[2]. Atteindre un équilibre entre durabilité et prospérité est devenu une question urgente dans toutes les communautés humaines, mais ceux qui chérissent un patrimoine irremplaçable, qu'il soit historique, naturel ou culturel, assument la responsabilité supplémentaire de le préserver pour les générations futures. Pingyao ne fait pas exception, comme l'a fait remarquer le président Xi Jinping lors d'une récente visite dans la ville au début de 2022, lorsqu'il a appelé à « une protection globale des sites du patrimoine historique et culturel »[3]. Cet engagement envers la préservation coexiste aujourd'hui avec une scène dynamique qui encourage

---

1 Zhang, D. (2022).Ville historique de Pingyao et cour de la famille Qiao. *Journal of Chinese Architecture and Urbanism, 4*(1), 47.

2 Wang, S., &Gu, K. (2020).Pingyao: Le paysage urbain historique et la planification des changements urbains axés sur le patrimoine.*Cities, 97*, 102489.

3 Hu, C. &Hao, Z. (2022, Jan. 28). *Le président Xi réitère la confiance culturelle lors de sa visite à Pingyao*.CGTN. https://news.cgtn.com/news/2022-01-28/President-Xi-reiterates-cultural-confidence-during-Pingyao-visit-17c4QHi4vZu/index.html

la croissance économique mais promeut également les arts et la culture, comme en témoignent des initiatives comme le Festival international de la photographie et le Festival international du film de Pingyao.

Un érudit chinois de la dynastie Qing a décrit Pingyao comme une « tortue, près de la rivière »[1]. Cette représentation a été utilisée pour illustrer à la fois la relation entre la ville et ses environs et les formes carrées du plan de la ville à vol d'oiseau. En réalité, les tortues ne sont pas des animaux ordinaires dans la culture chinoise. Ils sont un symbole totémique important et un emblème précieux de la longévité, de la connaissance et de la persévérance, dont les coquilles ont été utilisées comme l'un des plus anciens supports de l'écriture chinoise. La comparaison acquiert ainsi une signification très distincte et inclusive, comprenant la nature et la culture, ainsi qu'un souhait des plus propices pour une ville à la vie longue sous la forme d'une tortue, vivant harmonieusement dans son environnement naturel et regardant vers l'avenir depuis la sage perspective du temps.

Belén Cuadra-Mora est une sinologue espagnole.

---

1 Li, X., Hou, W., Liu, M., & Yu, Z. (2022). Pensées traditionnelles et développement moderne du paysage urbain historique en Chine: leçons tirées de l'exemple de la ville historique de Pingyao. *Land, 11*(2), 247.

A la recherche du Shanxi

David S. G. Goodman

C'est au milieu de l'année 1987 que j'ai visité la province du Shanxi pour la première fois. Cette région ne ressemblait à aucune autre que j'avais rencontrée auparavant en Chine. C'est d'ailleurs une réaction que j'ai vue partagée par bien des autres, y compris des Chinois d'autres provinces. C'était, et cela reste dans une certaine mesure, une sorte de royaume magique isolé par la géographie et, jusqu'à récemment, par le manque de moyens de transport. La nourriture, les rues, les sons et les odeurs, le sens de l'histoire et le grand nombre de monuments religieux ne ressemblaient à rien de ce que l'on avait connu auparavant en Chine. À cette époque-là, il n'y avait pas de routes à plusieurs voies, encore moins d'autoroutes reliant le Shanxi au Hebei à l'est, à Pékin au nord, ou au Shaanxi à l'ouest. Taiyuan occupe un bassin peu vallonné au centre de la province, mais les montagnes qui caractérisent une grande partie de la topographie du Shanxi sont et étaient une raison majeure de cet isolement de l'esprit.

La différence du Shanxi est apparue presque immédiatement lorsque je suis descendu du train à Taiyuan et que je me suis offert un repas. La nourriture est abondante, savoureuse et inhabituelle. Le Shanxi est certes célèbre pour ses nouilles, mais il n'y a pas qu'un seul genre, et certaines d'entre elles ne ressemblent même pas à des nouilles. Les nouilles peuvent être fabriquées avec toutes sortes de farines, dont le blé, le sorgho, le millet, l'avoine, les pommes de terre, pour ne citer que les plus populaires. Elles peuvent ensuite être préparées de façons diverses, bouillies, cuites à la vapeur, frites, fabriquées de façons différentes et sous toutes les formes, y compris, par exemple, des morceaux dessinés à la main, découpés au couteau, et sous forme de nid d'abeilles que l'on mange avec de la sauce par-dessus. Ensuite, sans surprise, les différentes sortes de farine donnent aussi différentes sortes de crêpes, presque toujours salées, à base de viande. Plus tard, regarder un chef cuisinier de Linfen préparer la spécialité de crêpe de cette ville en étirant la pâte (sur la table, en l'air et autour de sa tête), puis en superposant des morceaux de viande en couches minces, et enfin en coupant les portions en formes plus maniables a été une expérience aussi divertissante que culinaire.

Les nouilles ne sont cependant que le début de la différence alimentaire. Un accompagnement nécessaire est le vinaigre, consommé sans doute pour faciliter la digestion des nouilles, bien qu'on dise généralement qu'il fait partie d'un régime alimentaire sain. Le vinaigre est également fabriqué à partir de diverses céréales fermentées, et la production de style Shanxi a été étendue à l'ouest de la Chine au début de la dynastie Ming. On dit que la population du Shanxi consomme environ 17 litres de vinaigre par habitant (adultes et enfants) chaque année, et l'odeur du vinaigre local, semblable à celle du vinaigre balsamique, imprègne la plupart des restaurants.

Ensuite, le Shanxi est également célèbre pour ses plats de pommes de terre, ainsi que pour la consommation d'agneau. Ce n'est pas une Chine que la plupart des Chinois, et encore moins les étrangers, s'attendraient à trouver. Les raisons de ces différences alimentaires spectaculaires sont en grande partie topographiques. La culture du riz nécessite des quantités excessives d'eau. Le Shanxi a connu un climat très sec pendant plus de mille ans, et l'agriculture en terrain sec y prédomine. C'est pourquoi le sorgho entre le plus souvent dans la composition des alcools distillés (baijiu) consommés localement, bien que le millet soit aussi souvent ajouté, le Fenjiu de Fenyang étant certainement le plus célèbre à l'intérieur et à l'extérieur de la province. De même, les montagnes fournissent des pâturages pour les moutons plus facilement que pour les autres productions de viande. Cela ne veut pas dire que le Shanxi n'a pas de plaines ni même de rizières. Le sud-est, le sud et le centre de la province produisent également du riz ; et comme dans le reste de la Chine, les porcs abondent tout de même.

La nourriture n'était cependant qu'une partie de l'impression sensorielle que j'ai ressentie en descendant du train. J'ai été accueilli non seulement par mes hôtes universitaires, mais aussi par un groupe de musique. Pas du tout de la musique occidentale, ni même de la musique occidentale liée à la Chine : il s'agissait d'une troupe de gongs et de tambours magnifiquement cacophonique, typique du sud-est du Shanxi, mais adoptée dans toute la province à l'ère de la réforme. Et en plus du son, il y avait dans l'air une odeur caractéristique de charbon. Demandez à n'importe qui en Chine quelle est son impression du Shanxi, et il mentionnera les paysans. C'est la région qui a abrité trois des bases rurales de la mobilisation du Parti communiste chinois contre les Japonais et qui a beaucoup contribué à la conquête du pouvoir national en 1949. Dazhai, la commune rurale modèle des années 1960 et 1970, se trouve dans l'est du Shanxi (proche en fait de

Yangquan). Pourtant, le Shanxi est et a été pendant plus de cent ans l'un des principaux centres industriels de la Chine. Le Shanxi est une province charbonnière importante qui dispose de réserves de charbon riches et variées et de zones d'exploitation à ciel ouvert et souterraines de grande qualité.

Yan Xishan, le chef de guerre du Shanxi de l'ère républicaine, a développé les mines de charbon, créé des usines sidérurgiques, lancé un constructeur automobile et construit des autoroutes et des voies ferrées bien avant la plupart des autres régions du pays. Il y avait même un aéroport à Taiyuan dans les années 1930, desservi par la German-China Airport Company avec des vols depuis Pékin. Plus récemment, et surtout après le début de l'ère de la réforme, le Shanxi est devenu un centre industriel majeur, non seulement pour le charbon, le fer et l'acier, mais aussi pour les sous-produits du charbon et d'autres produits industriels, comme l'aluminium. Dans les années 1980 et 1990, l'odeur du charbon était omniprésente à Taiyuan, sans compter le panache du terril de l'usine sidérurgique de Taiyuan (dont la construction a débuté dans les années 1930) qui se répandait dans la ville lorsque le vent soufflait. En guise de note de bas de page du progrès, le terril a finalement été enlevé par Li Shuangliang, un retraité novateur de Taiyuan Iron and Steel qui a lancé un processus de recyclage des déchets de l'entreprise en pavés, au profit des rues de Taiyuan.

Les choses ont bien sûr changé au cours des 35 dernières années. Le train à grande vitesse relie Taiyuan (la capitale provinciale) et d'autres parties du Shanxi au reste du pays. Des autoroutes à plusieurs voies et des lignes ferroviaires à grande vitesse traversent les montagnes. Pourtant, la magie n'a certainement pas disparu: c'est seulement que maintenant les touristes peuvent accéder plus facilement au Shanxi. L'un des principaux sites touristiques est Wutaishan, dans le nord-est de la province. C'est l'un des endroits en Chine où le bouddhisme a été établi et développé, et c'est aujourd'hui une attraction majeure pour les touristes nationaux et internationaux. Pourtant, c'est loin d'être le seul lieu d'intérêt de la province. Comme le suggère le développement précoce du bouddhisme, le Shanxi a une longue histoire et les lieux d'intérêt qui vont avec. En effet, dans les années 1980 et 1990, les habitants avaient l'habitude de dire que tout ce qui datait de la dynastie Tang (618-907) devait être considéré comme « moderne », peut-être seulement à moitié en plaisantant. Taiyuan a été le lieu de naissance des Tang. Des jardins aquatiques complexes et un palais (Jinci) ont été construits juste au sud de Taiyuan, à proximité de l'ancien emplacement de la capitale provinciale. Taiyuan abrite également l'un des plus grands bouddhas en pierre du monde, le bouddha Mengshan (VIe siècle). La ville natale de Wu Zetian, la seule femme souveraine de l'histoire chinoise, se trouve non loin de Taiyuan.

Les vestiges historiques du Shanxi s'étendent sur de longues périodes de temps, donnant lieu à des bâtiments et des lieux d'intérêt. On dit qu'il y a plus de pagodes dans le Shanxi que dans toute autre province, et certainement le plus de bâtiments d'intérêt historique. Pendant le conflit des Trois Royaumes (IIIe siècle), à la fin de la dynastie Han, l'un des généraux les plus célèbres était Guan Yu, dont le lieu de naissance était Xiezhou, dans le sud du Shanxi. Guan Yu a été déifié par la dynastie Sui et le temple de Xiezhou, à l'architecture remarquable, est un lieu religieux où le taoïsme, le bouddhisme et le confucianisme fusionnaient. Dans le nord de la province, la pagode en bois de Yingxian (XIe siècle), considérées comme l'une des trois tours étranges du monde, est remarquable non seulement parce qu'elle existe encore, mais aussi pour les hirondelles qui ruissellent autour de sa partie supérieure. Dans le bassin de Taiyuan se trouve un autre site classé au patrimoine de l'UNESCO, la ville fortifiée de Pingyao (15e siècle) qui, à partir de la fin du 18e siècle, a développé un système bancaire autochtone, basé sur des lettres de crédit, qui s'est répandu dans une grande partie de l'Asie de l'Est et au-delà. Les marchands dans la région du bassin de Taiyuan sont également devenus très célèbres et riches au XIXe et au début du XXe siècle, et ont construit des maisons dans toutes les villes de la région qui subsistent encore et qui sont devenues des destinations touristiques très populaires.

David S. G. Goodman, directeur, Centre d'études chinoises, Université de Sydney

CHAPITRE II

Architecture, artisanat et mode de vie

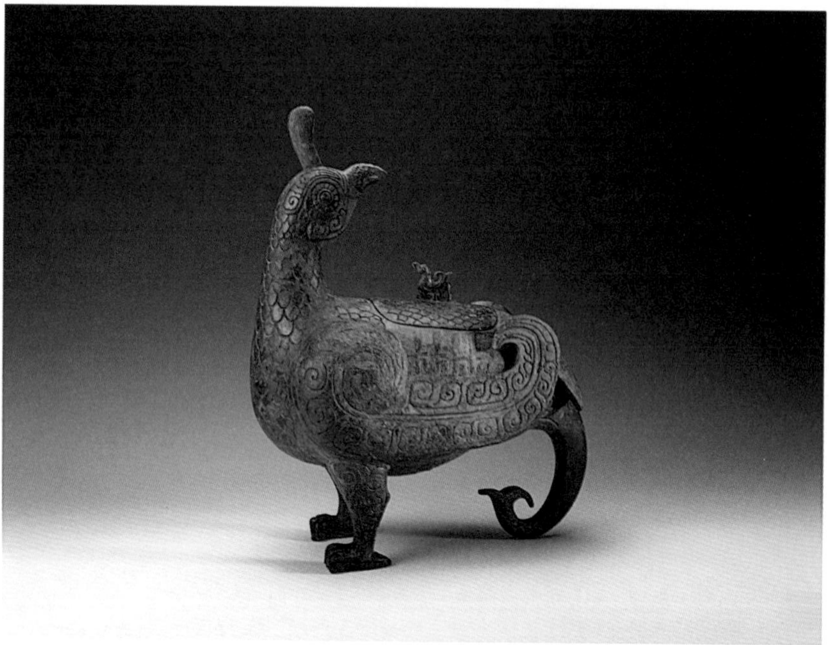

L'ancien dialecte du Shanxi: un trésor sur le plateau du lœss

Li Xiaoping

Le dialecte du Shanxi est un dialecte ancien parlé dans le bassin du fleuve Jaune et sur le plateau de Lœss. Façonné par la profonde histoire humaine et la topographie unique de la région, il est unique parmi les dialectes de la Chine du Nord.

Selon les archives, l'État de Jin était le fief de Tang Shuyu, le jeune fils du roi Wu de Zhou. Au cours des 500 ans qui ont précédé l'an 221 avant notre ère, Jin a annexé une dizaine de petits États pour devenir l'hégémon des plaines centrales. Son territoire couvrait grosso modo l'actuelle province du Shanxi et ses régions adjacentes que les universitaires appellent « région de la langue Jin (terme plus large que « le dialecte du Shanxi ») », caractérisée par un ton entrant dans la prononciation. Depuis les temps anciens, avec des moyens de transport peu pratiques entre les montagnes, les rivières et les ravins, son environnement géographique fermé a créé les caractéristiques conservatrices de la langue locale. Les monts Taihang à l'est, le fleuve Jaune à l'ouest et les monts Zhongtiao au sud forment des barrières naturelles, résistant à l'avancée vers l'ouest du puissant mandarin de Pékin et à l'incursion vers le nord du dialecte officiel des plaines centrales. Le dialecte du Shanxi a donc été rarement influencé par d'autres dialectes et a conservé son caractère unique.

Le dialecte du Shanxi conserve un grand nombre de prononciations classiques, qui constituent des matériaux précieux pour comprendre et étudier l'histoire de la langue chinoise. Par exemple, dans les dialectes actuels de Jinzhong et Jinnan, 水 (eau) peut se prononcer comme fu/ fei / shui, sous trois formes différentes. C'est le dépôt de la prononciation de 水 de différentes périodes historiques. La lecture shui est évidemment au niveau du mandarin, tandis que les deux autres prononciations ne restent qu'à l'oral. La lecture fei vient du dialecte de Chang'an comme dans l'ancien centre politique, et la lecture fu est le plus indigène de la région. Des mots dont la consonne initiale se lit sh aujourd'hui se lisait f dans le passé et ont été enregistrés dès la dynastie Yuan, il y a 700-800 ans. On peut dire que le dialecte du Shanxi est un « fossile vivant » de l'évolution de la langue.

Le dialecte du Shanxi est un important vecteur de la culture traditionnelle de la région. Les personnes extérieures au Shanxi appellent en plaisantant les habitants du Shanxi «Lao Xi'er». En fait, Xi'er écrit comme 醯, qui signifie vinaigre, et ce mot révèle les caractéristiques des habitants du Shanxi qui fabriquent, boivent du vinaigre et en raffolent depuis les temps anciens jusqu'à aujourd'hui. Le dialecte du Shanxi est également un support solide pour d'autres patrimoines culturels immatériels: ses Puzhoubangzi, Zhonglubangzi, Beilubangzi et Shangdangbangzi, ainsi que les chansons folkloriques telles que les chansons rustiques, les chansons de travail, les chansonnettes, le yangko et le drame taoqu sont tous étroitement liés à ce dialecte. Séparés du dialecte du Shanxi, ces cultures et arts locaux perdraient leur charme unique.

Pour les linguistes, le dialecte du Shanxi est un trésor inépuisable, tout comme le charbon du Shanxi. Il y a plus d'un siècle, des érudits étrangers sont venus au Shanxi pour explorer ces trésors. En 1910, Klas Bernhard Johannes Karlgren (1889-1978), un Suédois tout juste diplômé de l'université d'Uppsala et versé dans la linguistique moderne, est venu à Shanghai pour étudier les langues orientales. Il a entendu dire que le dialecte du Shanxi était très particulier, il s'est donc rendu à Taiyuan pour mener une enquête. En janvier 1911, il a été recruté pour enseigner à la salle de l'université de Shanxi, où il a complété ses frais de recherche par un généreux salaire de 170 taels d'argent par mois. Il a donné des cours de français, d'allemand et d'anglais tout en étudiant le dialecte du Shanxi pendant un an et demi. En utilisant les matériaux du dialecte du Shanxi et des dialectes du Shaanxi, du Gansu, du Henan et d'autres dialectes obtenus pendant sa période d'enseignement, Johannes Karlgren a écrit le livre influent *Research on Chinese Phonology* (publié successivement entre 1915 et 1926). Willem A. Grootaers, prêtre belge, a été profondément inspiré par ce livre au cours de ses études de géolinguistique au Japon. Il s'est rendu en Chine dans les années 1940 pour mener des recherches géolinguistiques. S'appuyant sur plus de 70 dialectes villageois dans la partie sud-est de Datong au nord du Shanxi, il et a écrit sa première monographie sur la géographie des dialectes chinois *Chinese Dialect Geography*.

Depuis les années 1980, les chercheurs nationaux et internationaux ont franchi une nouvelle étape dans l'étude des dialectes chinois. L'étude des dialectes du Shanxi a été à l'avant-garde de la recherche nationale sur les dialectes, avec des résultats riches et remarquables. En près de 40 ans de recherches et d'études, nous nous sommes rendu compte que les dialectes sont des échantillons de langue rares, des souvenirs historiques précieux, des gènes culturels non renouvelables et des symboles irremplaçables du sentiment d'appartenance. Notre génération doit les enregistrer fidèlement, les préserver et les transmettre.

A propos de l'auteure: Li Xiaoping, enseignante de l'école de littérature à l'Université du Shanxi, responsable du projet « Conservation des ressources linguistiques en Chine – une enquête sur le dialecte du Shanxi ».

Note de l'éditeur: l'essai ci-dessus mentionne Bernhard Karlgren (1889-1978) dont la vie a été liée, en effet, à la province du Shanxi. Bernhard Karlgren fait partie de ce petit nombre d'érudits qui ont véritablement marqué la sinologie. Le lecteur intéressé peut lire pour une introduction à sa vie et à son oeuvre, *Bernhard Karlgren, Portrait of a Scholar* (2011), écrit par N.G.D. Malmqvist.

Le Shanxi comme un grand théâtre: Avec le soleil et la lune comme projecteurs, les nuages colorés comme rideaux et les orages pour accompagnement musical

Wang Fang

Connu comme le « pays avec des montagnes à l'intérieur et des rivières autour » depuis 2500 ans, relativement fermé mais pas isolé géographiquement, le Shanxi a préservé toutes les formes de civilisation relativement indépendantes et complètes. Il n'y a jamais eu de chaînon manquant en cinq mille ans, y compris celui de l'opéra.

Dans la lointaine antiquité, les rois Yao, Shun et Yu ont tous établi leurs capitales dans le sud-ouest du Shanxi, la capitale Yao étant à Pingyang, celle de Shun à Puban et celle de Yu à Anyi. Dans les années 1970, la culture Taosi a été découverte, et les archéologues ont confirmé que le site Taosi était la capitale des Yao. Dans les Annales du printemps et de l'automne de Lv, on peut lire dans la rubrique « Musique ancienne »: Après l'établissement de l'empereur Yao, il a ordonné à Zhi de faire de la musique, de sorte que les gens dansaient en vêtements d'animaux. Autrement dit, durant la période Yao, les ancêtres avaient déjà de la musique et de la danse, et les xun en poterie, les tambours en argile et les tambours en peau d'alligator déterrés à Taosi en sont la preuve matérielle. Shun a également chanté son Vent du Sud près de l'étang salé au pied du mont Zhongtiao, après avoir fabriqué un qin à cinq cordes. Tous ces éléments montrent qu'il y a 4 500 ans, le Shanxi possédait déjà l'embryon de l'opéra.

Pendant les dynasties Xia, Shang et Zhou (vers 2070 av. J.-C. - 256 av. J.-C.), la Chine est entrée dans l'âge du bronze, et sa danse et sa musique se sont développées. Il y avait des sorcières et des clowns dans le Shanxi, qui ont commencé à taquiner et à plaire aux gens en tant qu'acteurs prototypiques, comme l'a noté Wang Guowei à propos de l'origine du théâtre ultérieur. Au cours de la période du Printemps et de l'Automne (770 av. J.-C. - 476 av. J.-C.), un acteur du nom de Shi, dans l'État de Jin, a participé à l'incident « Concubine Li apportant le chaos à Jin », forçant le prince Chong'er à l'exil pendant 19 ans. Ce dernier deviendra plus tard le duc Wen de Jin (697 av. J.-C. - 628 av. J.-C.), l'un des célèbres Cinq Hégémons.

Sous les dynasties Qin et Han (221 av. J.-C. - 220 apr. J.-C.), baixi, ou les cent tours, ont prospéré. L'empereur Wu de la dynastie Han s'est rendu plusieurs fois en personne au temple Houtu de Fenyin, chantant et dansant en sacrifice à l'Esprit de la Terre, ce qui a favorisé la popularité de baixi, forme dramatique millénaire qui a donné naissance à diverses formes littéraires et artistiques des générations suivantes, notamment l'acrobatie, la magie, les jeux, les contes, le plumage et le chant, et bien sûr nos opéras.

Le burlesque de la dynastie Tang, le spectacle de marionnettes de la dynastie Song, le zhugongdiao (vari-tunes) de la dynastie Jin, le Shanxi n'en a jamais manqué à l'origine des opéras. Sous la dynastie Tang (618-907), Yuan Zhen a écrit La Biographie de Yingying au temple Pujiu, dans le sud du Shanxi, qui est devenu le début de la nouvelle. Elle a été adaptée en Fleur d'amour papillon de guzi ci sous la dynastie Song (960-1279), puis en Dong Xixiang de zhugongdiao sous la dynastie Jin. Enfin, sous la dynastie Yuan (1271-1368), Wang Shifu a écrit le drame Yuan L'Histoire de la Chambre de l'Ouest. Peu importe le nombre de Zhang Sheng et de Cui Yingyings qui ont chanté une chanson de retrouvailles sur scène, la source de la chanson se trouvait toujours dans le Shanxi, où la saveur originale de l'amour était chantée sur l'herbe près du Fleuve Jaune.

Comme l'affirme le critique Yu Qiuyu, la dynastie Yuan a été un moment d'épanouissement de la forme théâtrale. De nombreux lettrés sans succès sont entrés dans les troupes d'opéra, et leurs pensées littéraires ont surgi, créant de nombreux drames Yuan avec le Shanxi pour contexte. L'Histoire de la chambre de l'ouest, L'Orphelin de la famille Zhao, Seul en réunion, L'Homme à cheval vu par-dessus le mur… de nombreux dramaturges célèbres du Shanxi, avec à leur tête Guan Hanqing, le « chef du jardin Liyuan et le chef de la troupe Zaju », actifs dans les cercles dramatiques des Yuan, ont illuminé le ciel de cette époque avec leur talent littéraire.

L'opéra Kunqu a vu le jour sous la dynastie Ming (1368-1644); différent du Zaju qui a déferlé du nord de la Chine vers le sud, il était populaire en Chine du sud avant de gagner le nord. À l'époque, Taiyuan était le deuxième plus grand lieu de rassemblement de Kunqu du pays. Chaque nuit, avec la lune brillante dans le ciel, les gens s'attardaient à la fin de la représentation, laissant le dialecte de Shuimo du Shanxi résonner dans le ciel, brillant avec les étoiles et la lune et s'harmonisant avec la nature. Jusqu'à présent, nous pouvons encore trouver des résidus de Kunqu dans nos Shangdangbangzi et notre Opéra Puju.

À la fin de la dynastie des Ming et au début de la dynastie des Qing (1600-1644), dans l'ancienne Puzhou, près du fleuve Jaune, et à Tongzhou, dans le Shaanxi, de l'autre côté du fleuve, sont nés ensemble les Shanxi-Shaanxi bangzi, qui ont inspiré les habitants du Shanxi depuis leur création. Suivant les marchands et l'armée du Shanxi qui allaient vers le sud, le nord, l'est et l'ouest, partout où ils débarquaient, ils se combinaient aux éléments locaux pour former de nouveaux types d'opéras. Par exemple, ils ont produit l'opéra du Henan dans le Henan, le bangzi du Shandong dans le Shandong, et le bangzi du Hebei dans le Hebei… Même l'air « xipi » de l'opéra cantonais et de l'opéra de Pékin a beaucoup à voir avec le bangzi. Cet air de bangzi, communément appelé « luantan », est arrivé à Pékin à l'époque et a mis en scène la célèbre « compétition entre les airs Hua (folkloriques) et Ya (raffinés) » dans l'histoire des opéras, et a généré une grande famille de bangzi composée de plus d'une centaine d'opéras à travers le pays. Ainsi, un modèle de drame s'est formé, avec quatre grands bangzi: Puzhoubangzi (opéra de Puzhou), Shangdangbangzi, Zhonglubangzi (opéra de Shanxi) et Beilubangzi comme opéras principaux, et de nombreux petits opéras qui les complètent. Le Shanxi, c'est le jardin d'exposition pour les opéras chinois.

Marqué par les vicissitudes, l'opéra est immergé dans la vie des habitants du Shanxi comme faisant partie de leur vie spirituelle.

En raison de sa topographie particulière faite de montagnes à l'intérieur et de rivières à l'extérieur, le Shanxi a accumulé les formesde spectacles les plus nombreuses. Les gens d'ici ne les comptent jamais délibérément. Seulement avec ces tambours sonores et ces manches volantes, les opéras ont prospéré jusqu'à ce que lors de la création de la République populaire de Chine, un recensement des opéras soit effectué au Shanxi pour identifier 52 genres locaux d'opéras.

Les habitants du Shanxi font preuve de grands efforts pour cultiver leurs propres stars d'opéra, qui recevoient des Prix de la Fleur de Prunier (un prix de la performance décerné aux acteurs exceptionnels par l'Association du théâtre de Chine).

Plus important encore, un grand nombre d'intrigues d'opéra célèbres se sont déroulées dans le Shanxi. Par exemple, l'histoire de La chambre de l'Ouest mentionnée précédemment. L'État de Jin, l'une des cinq grandes hégémonies de la période du Printemps et de l'Automne, a connu la « calamité de Xiagong » (le lieu de l'événement était Houma) sous le règne du roi Jinggong de Jin. Le clan entier des Zhao a été tué et seul l'orphelin Zhao Wu a survécu. Le Zaju l'Orphelin de la famille Zhao a été adapté de cette histoire. Au XVIIIe siècle, L'Orphelin de la famille Zhao est arrivé en Europe et a été adapté par de nombreux dramaturges, dont Voltaire. Guan Yu est sorti de sa ville natale de Haizhou et a suivi Liu Bei en combattant jusqu'au bout. À la fin, son corps a été enterré à Dangyang, sa tête à Luoyang, et son âme est retournée dans sa ville natale. De nombreux opéras sur le général Guan ont été créés, ainsi qu'un type d'image dramatique - Hongsheng (vieil homme au visage rouge). Le général Guan est également devenu une idole vénérée par les Chinois du monde entier. Yang Ye, qui a combattu l'Empire de Liao en tant que général de garnison de Daizhou, est mort à la fin, et personne ne sait où il a été enterré. Ses fils ont succédé à leur père et ont défendu la ligne de front contre les Liao. Beaucoup de tragédies tristes sur les Yang ont été chantées et qui de la Chine ne connaisse pas les généraux nommés Yang? La célèbre prison de Su San était située dans le comté de Hongdong. La courtisane Su San a été amenée de Hongdong à Taiyuan sur la route du système juridique chinois pendant des siècles et elle a rendu l'épisode « Yutangchun » populaire dans toute la Chine. Dans le col de Ningwu, Zhou Yuji et Li Zicheng se sont affrontés lors de la bataille finale. Lorsque Zhou a été abattu par des flèches aléatoires, personne n'a pu empêcher Li Zicheng d'entrer dans Pékin. L'opéra Kunqu intitulé Les Images du Prêtre Taoïste Tieguan a été écrit à ce sujet…

Le Shanxi a beaucoup contribué à l'éducation par le théâtre.

Les habitants du Shanxi adorent les opéras. Les citoyens se précipitent toujours au théâtre pendant leur temps libre, et des foules d'amateurs d'opéra se rassemblent dans les parcs. Partout où un opéra est mis en scène, c'est un carnaval des ruraux et de leurs voisins de village, qui convoquent leurs fils et leurs filles malgré les kilomètres de route. Avec les petits commerçants et les marchands ambulants hors de la scène, ils entrent dans un contexte d'opéra fixe, oubliant leurs nécessités quotidiennes. Le public forme un tout, lié par la même tristesse, la même joie, et le même souffle synchrone.

Depuis l'Antiquité et pendant 5 000 ans, les habitants du Shanxi constituent le plus grand groupe d'amateurs d'opéra qui a conservé les cendres vivantes de cette forme d'art à leur propre manière. De Datong à Yuncheng, sur un territoire de 150 000 kilomètres carrés, le plus grand nombre de scènes anciennes a été préservé depuis les dynasties Jin et Yuan jusqu'au passé républicain. Les longs avant-toits et les toits incurvés vers le haut, les portes d'entrée/sortie de la scène sont figés comme un style architectural ancien et les visages flétris représentent un passé brillant. Qu'il s'agisse d'une scène en plein air à la campagne, d'un jardin de théâtre, d'un jardin de thé ou d'une scène du style moderne, ce qui a changé, c'est la façon de regarder les opéras, mais ce qui reste toujours le même, c'est le cœur pour l'apprécier. En temps de guerre, les habitants conservent précieusement leurs étoiles et leurs textes d'opéra. Tant que le climat s'y prête, les opéras peuvent faire leur retour et ne jamais disparaître.

L'opéra est un livre d'histoire du peuple de la Chine qui transmet la philosophie de vie la plus précieuse qui n'a pas besoin d'être prêchée ou stipulée. Lecaractère simple et honnête est formé dans l'opéra. Y a-t-il plus précieux que cela?

Le Shanxi est ungrand théâtre complexe et étendu, avec le soleil et la lune servant de projecteurs, les nuages colorés de rideaux et les orages d'accompagnement musical. Les habitants du Shanxi s'enivrent de cette scène théâtrale, du matin au soir, à travers montagnes et rivières, depuis cinq mille ans.

Le monde est vaste, et les habitants du Shanxi, avec leurs opéras, y resteront jusqu'au bout.

Wang Fang est membre de l'Association des écrivains de Chine, membre de l'Association des critiques littéraire de Chine, rédactrice en chef adjointe du magazine Image (YingXiang) *et écrivaine signée de l'Académie de littérature de Tianjin.*

La cuisine du Shanxi vue par un chef français

Yvan Collet

La cuisine chinoise a une longue histoire et est avant tout régionale. Le Shanxi y joue justement un rôle particulier car il offre une cuisine généreuse et traditionnel. La cuisine du Shanxi est très célèbre pour ses nouilles et ses galettes (da bing). Cette cuisine est aussi bien connue pour son utilisation importante du vinaigre, qui donne un goût acidulé bien particulier à bon nombre de ses plats.

Les principaux éléments de base de la cuisine du Shanxi sont représentés par les produits généralement cultivés dans le Shanxi: le millet, le sorgho et le blé. Le porc, les champignons, les pommes de terre et les radis blancs sont aussi fréquemment utilisés dans les plats traditionnels de cette région.

La culture du blé occupe dans cette province une place importante. Alors que les nouilles sont perçues comme un simple aliment de base dans beaucoup de provinces de Chine, dans le Shanxi, elles brillent comme des étoiles.

Les nouilles du Shanxi peuvent être tordues, tirées, coupées, ou même roulées dans une myriade de formes et de tailles, et bouillies, sautées ou cuites « vapeur », et mélangées avec d'innombrables sauces et ingrédients locaux.

On y trouve des recettes de nouilles connues dans toute la Chine; les fameuses daoxiaomian(刀削面), que l'on coupe rapidement au-dessus d'une marmite en pleine ébullition. C'est une fête autant pour les yeux que pour le palais!

Cette technique de découpe des nouilles, où l'on voit le cuisinier prendre un gros morceau de pâte sur son épaule, est unique en son genre. D'un geste vif, le cuisinier coupe de fines lamelles de pâte, armé d'un couteau spécial. Les tranches sont alors projetées dans de l'eau bouillante. L'on peut atteindre plus de 200 pièces de nouille par minute! Ce qui a créé la fameuse expression: « une nouille dans l'eau bouillante, une volant dans l'air, et une juste découpée ».

Ces nouilles sont traditionnellement servies dans un bouillon de viande, assaisonnées au vinaigre du Shanxi et servies avec du concombre, du poireau, des germes de soja, des haricots fermentés, du tofu et des tranches de porc.

On y trouve aussi les fameuses oreillesde chat du Shanxi(山西猫耳朵) qui sont appelées ainsi à cause de leur forme distinctive; elles sont façonnées à la main, bouillies, puis servies généralement avec une sauce, du chou, de la sauce soja et du vinaigre.

Autre particularité du Shanxi, le kaolaolao (栲栳栳). Cette pâte est produite à base d'avoine, et façonnée en forme de tube, en référence au « kaolao », un panier traditionnel fabriqué en bambou. Les tubes de nouilles sont placés dans un plat les uns contre les autres, ressemblant aux alvéoles d'une ruche d'abeilles. Après avoir été cuits à la vapeur, ces nouilles sont servies avec une ou plusieurs sauces, à base de tomate, d'ail ou même de vinaigre.

Et puis bien sûr, il faut y ajouter pour les belles journées chaudes de l'été de la province du Shanxi les incontournables *liángpí* (凉皮), souvent servies avec du coriandre haché et du concombre.

On trouve également le blé sous d'autres formes comme le pain cuit à la vapeur (山西馒头). Dans le Shanxi, le « mantou » est appelé « mo ». Il se présente sous différentes formes, telles que celles de fleur de couleur vive ou différents animaux, et est souvent appelé « huamo », c'est-à-dire mo de diverses formes.

Nous retiendrons aussi le poisson-sorgho (高粱面鱼鱼) qui est aussi un plat assez renommé de la province.Comme les oreilles de chat, ce plat est nommé ainsi en fonction de sa forme, car les petits « bouchons » de pâte de sorgho représentent une multitude de petits poissons nageant dans une sauce vinaigrée.

Alors que les viandes de porc et de volaille sont très couramment utilisées dans le Shanxi, la viande d'agneau est très populaire. Il est très courant d'y goûter des soupes à base d'agneau contenant le foie, la panse et d'autres abats. Ceci est dû à l'unique fusion des traditions culinaires entre les minorités chinoises du Nord et les Han.

La viande de Yangcheng dans le pot (阳城肉罐肉) est également un plat célèbre de la région. Préparé avec du mouton ou du porc (souvent de la poitrine) et du millet, ce plat est authentique, et il est servi dans un pot traditionnel, ce qui le rend esthétiquement attrayant.

Il est dit à juste titre que les meilleurs plats au monde à base de froment viennent de Chine, et que les meilleurs plats chinois à base froment viennent de la province du Shanxi!

Yvan Collet est un chef français. Il fut l'un des contributeurs de Tianjin en perspective (s) publié en 2020.

Fenjiu, un goût de nostalgie pour la population chinoise

Xiao Ling

Ce printemps, j'ai posté quelques photos sur Wechat, avec pour texte « Quatre uns pour Fenjiu ». Lesquels? Une lettre de famille, un poème Tang, une médaille et un banquet d'État. Pour être plus précis: une lettre écrite par Gao Zhan, l'empereur Wucheng de la dynastie Qi du Nord, à son neveu il y a 1 500 ans. Il écrit: « J'ai bu deux tasses de Fenqing, et je te conseille d'en boire deux dans la ville de Ye ». Un poème Tang de Du Mu « Qing Ming » que tout le monde peut réciter, dit: « Puis-je demander où se trouve la taverne? Le jeune berger montre du doigt le lointain village de Xinghua ». La médaille était celle de bronze plaquée or datant de l'Exposition internationale Panama-Pacifique de 1915; et un banquet d'État était une référence a ce qui fut bu au banquet d'État au début de la Nouvelle Chine en 1949, c'est-à-dire du Fenjiu distillé et du Zhuyeqingjiu médicamenté.

Un concitoyen a commenté mon post en disant que je devrais ajouter un autre élément, une nostalgie. Cela m'a beaucoup inspiré. J'ai pensé à une conférence à laquelle j'avais assisté sur la diffusion de la liqueur Fenjiu par les marchands du Shanxi sur plusieurs routes, de sorte qu'elle s'est enracinée et a germé dans toute la Chine. Combinée à la culture locale, elle s'est épanouie en diverses fleurs. En ce sens, le Fenjiu évoque un sentiment de nostalgie.

Le premier itinéraire: du Shanxi au Shaanxi, du Shaanxi au Sichuan, et du Sichuan au Guizhou. Le livre *Economy in Guizhou* (1939) contient ce passage: « Dans la première moitié du XIXe siècle, un marchand de sel du Shanxi est venu à Moutai pour imiter la méthode de fabrication du Fenjiu et a fabriqué une sorte de *shaojiu* en utilisant le blé comme levure et le sorgho comme matière première. Plus tard, M. Song et M. Mao, marchands de sel du Shaanxi, améliorèrent successivement la méthode de production, donnèrent à la liqueur le nom de Moutai, et appelèrent spécialement leur produit liqueur de Moutai ». Ainsi, le Fenjiu s'est d'abord répandu dans le Shaanxi, puis dans le Sichuan, et enfin dans le Guizhou. La transition progressive du type parfumé à la saveur de phénix (le type parfumé de la liqueur Xifeng s'est appelé Fengxiang, saveur de phénix en chinois), et de la saveur de Luzhou (forte) à la saveur de Moutai (sauce) était exactement le résultat du changement des compétences de distillation du Shanxi selon la culture régionale dans le processus de sa diffusion. Sous la dynastie Qing, l'industrie de la liqueur était florissante dans le comté de Meixian, dans la province de Shaanxi, et le premier à distiller dans cette région était l'atelier «Guangfahao» dirigé par des habitants locaux du Shanxi. Pour la production du Fenjiu parfumé, on utilise la méthode de la fermentation séparée dans des cuves enterrées. Les cuves sont nettoyées chaque année, de sorte qu'elles sont très propres. Le type de saveur Luzhou est fermenté dans des caves d'argile, et celui de saveur Moutai (sauce) dans des caves d'ardoise construites avec des bandes de pierre provenant des rives de la rivière Chishui. Dans cette comparaison, Fenjiu est le plus propre et le plus hygiénique.

La deuxième route: du Shanxi au Henan, puis au Hunan et au Hubei, au Jiangxi, au Zhejiang, au Fujian et à d'autres endroits. Sur cet itinéraire, le style « doux et tendre » du Jiangnan s'ajoute progressivement selon les régions. Aujourd'hui, on trouve encore des traces de Fenjiu dans de nombreux endroits. Par exemple, il existe une sorte de liqueur dans le Hubei appelée « Hanfen ». Le Fenjiu s'est répandu dans le Hubei et la liqueur locale parfumée à la saveur de Fen est appelée « Hanfen fine liquor, Southern-style fragrant ».

La troisième route: du Shanxi au Hebei, à Tianjin, à Pékin, à la Mongolie intérieure et aux trois provinces du Nord-Est, la propagation le long de cette route a formé le style du type de saveur « Laobaigan » en Chine du Nord. « Dans les provinces du Nord-Est, on produisait à la fois du tabac et de l'alcool. Sous la dynastie Qing, les taxes étaient lourdes et les distillateurs étaient tous de riches marchands du Shanxi. Les marchands étaient surtout originaires du Shanxi, et ils venaient les uns après les autres pour devenir des hôtes. » « La plupart des marchands de Liaodong étaient originaires du Shanxi, tandis que plus de la moitié d'entre eux étaient originaires de Fenzhou. » Selon ces traces écrites, on peut voir qu'il y avait beaucoup de marchands originaires du Shanxi dans les trois provinces du Nord-Est, notamment ceux de Fenzhou. Lorsqu'ils ont quitté leur ville natale et sont sortis du col de Shanhaiguan, la bonne liqueur de leur ville natale leur a naturellement manqué. Par conséquent, plusieurs sortes de Fenjiu ont vu le jour, et beaucoup d'entre eux ont été nommés d'après Fen. Il y avait HuizhanFenjiu à Daqing, Jiafen à Jiamusi, Ice-city Fenjiu et Binfen à Harbin, etc. Le XiushuiFenjiu de Zhalantun, en Mongolie intérieure, et le

Hailang Fenjiu de Hailar sont tous deux fabriqués en imitant le savoir-faire des Fenjiu.

Tout le monde sait que le Fenjiufut la première liqueur à être utilisée pour les banquets d'État en Chine nouvelle. J'ai trouvé un document historique pour en témoigner, qui prouve encore plus le statut des Fenjiu à cette époque. Le 1er octobre 1949, le jour de la cérémonie de fondation de la République populaire de Chine, le *Shanxi Daily* a publié un avis pour changer la marque déposée du Fenjiu du village de Xinghua. L'espace du journal était restreint ce jour-là, le contenu publié en ce jour était important et significatif. Cet avis se lisait comme suit: « Depuis que le gouvernement détient le monopole de Xinghua Fenjiu, la marque originale est toujours utilisée, elle est maintenant soigneusement redessinée en une nouvelle marque avec des lettres rouges dorées sur un fond blanc portant l'ancienne image de la médaille de première classe de l'Expo de Panama. Le distillateur, les techniciens et les matières premières sont tous les mêmes. L'entreprise sélectionne les matériaux de manière scientifique et affine son produit afin de garantir ou d'améliorer la réputation de la célèbre liqueur et sa qualité. La nouvelle marque a été signalée au gouvernement pour approbation, et elle sera utilisée à partir du 28 septembre. L'annonce fut ainsi faite dans le journal: « Shanxi Company sous le nom de North China Liquor Industry Monopoly Company ». Le changement de la nouvelle marque de Fenjiu a coïncidé avec la naissance de la Chine nouvelle, et c'est vraiment le plus grand honneur du peuple Fenjiu.

On dit que la route du thé, longue de dix mille kilomètres, est porteuse de nostalgie. Il me semble que la route des liqueurs, longue de mille kilomètres, est également évoquatrice d'une certaine nostalgie. Ce qui, avec la liqueur, est plus merveilleuxqu' avec le thé, c'est que la liqueur secombine avec la culture locale. C'est-à-dire que le même processus de distillation, sous l'influence du sol, de l'eau et des matières premières locales, subit malheureusement quelques changements, bien qu'il soit aussi appelé Fenjiu. Il y a eu, même dans la propagation de la première route, d'énormes changements de saveur. Cependant, elles sont tous de la même origine, donc l'on comprend mieux pourquoi Fenjiu est la source de la liqueur nationale, l'ancêtre de la saveur parfumée et la racine de la culture. Je suis profondément fier d'entretenir avec le Fenjiu une relation si particulière.

Xiao Ling est le contributeur principal de l'ouvrage *Fenêtre sur le Fenjiu*.

Fahua: L'artisanat se métamorphosant en art

David Gosset

On associe naturellement la civilisation chinoise aux céramiques et porcelaines exquises.

La porcelaine se dit « china » - avec un « c » minuscule - dans la langue de Shakespeare, c'est-à-dire que la Chine est la porcelaine dans l'imaginaire de la population anglophone.

En français, la porcelaine blanche produite à Dehua est appelée « blanc de Chine », une expression qui porte en elle la beauté la plus raffinée et, un parfum de thé.

Au XVIIe siècle, ces produits ont été exportés à une échelle importante en Europe où ils symbolisaient le goût et la richesse.

La manufacture royale de Meissen, près de Dresde, a commencé sa propre production en 1710. Au milieu du XVIIIe siècle, avec la création de la Manufacture Impériale Russe de Porcelaine et de la Manufacture Royale de Porcelaine de Sèvres, l'Europe tente d'imiter les produits chinois. C'est dans le contexte de ce que l'essayiste René Etiemble (1909-2002) a appelé *L'Europe chinoise*. Le siècle des Lumières européennes fut également marqué par des « chinoiseries ».

L'Europe a certes pu enrichir de manière considérable l'histoire de la poterie. Mais, la Chine est toujours restée, dans ce domaine particulier, une référence.

L'un des sinologues français les plus respectés, Stanislas Julien (1797-1873), a consacré une publication entière à *l'Histoire et la Fabrication de la Porcelaine Chinoise*.

Les archéologues ont trouvé dans le sud de l'ancien pays asiatique des fragments de céramique datant de 20 000 ans. Une telle profondeur historique n'a pas d'équivalent.

Que ce soit au musée Guimet de Paris, au Metropolitan Museum of Art de New York ou au musée de l'Ermitage de Saint-Pétersbourg, certaines de ces pièces anciennes sont conservées précieusement et présentées à un large public. Le Victoria and Albert Museum de Londres est connu pour sa collection de céramiques.

Les connaisseurs et les collectionneurs les plus raffinés rivalisent encore et toujours pour acquérir certaines de ces créations afin qu'elles ornent l'intérieur de leurs maisons privées.

Deux ans avant sa mort, John Pierpont Morgan (1837-1913) a fait publier le *Catalogue of the Morgan Collection of Chinese Porcelains*. Ce livre est une introduction remarquable à la porcelaine en général, à la culture chinoise et à une collection proportionnelle à la richesse du financier qui domina Wall Street pendant toute la « période dorée » - le Gilded Age.

À travers le matériau et le processus de fabrication d'une céramique, le connaisseur est conscient d'une relation avec la terre et le feu. Une porcelaine est un accès particulier à la force et aux éléments primordiaux de l'Univers. C'est pourquoi elle ne manque pas de dynamiser l'esthète qui sait l'apprécier.

Évoquant l'ancienne quête chinoise de l'*élixir vitae* dans *Ideals of the East*, OkakuraKakuzo (1863-1913) affirme que l'on peut attribuer l'origine du vernis de la porcelaine chinoise à une découverte accidentelle lors de l'effort des alchimistes recherchant le secret de l'immortalité.

Ces objets n'existeraient pas sans le cerveau humain pour les imaginer et la main humaine pour les façonner. En ce sens, la céramique et la porcelaine incarnent l'artisanat. Un artisanat qui résiste au passage du temps.

Fahua, qui se traduit littéralement par « décoration ordonnée », est sans doute l'une des céramiques les plus abouties qui soient. On peut apprécier ses formes, contempler ses motifs décoratifs, admirer ses vives couleurs.

Avec Fahua, l'artisanat se métamorphose en art.

Développée d'abord sous la dynastie Yuan (1271-1368) - certains experts pensent même que ce fut sous la dynastie Song (960-1279)-, Fahua a atteint sa maturité sous les dynasties Ming (1368-1644) et Qing (1636-1912).

La céramique de Fahua est inséparable de Gaoping, situé dans la province du Shanxi. Ce lien géographique confère à Fahua une signification particulière. Fahua peut être analysée comme l'un des produits de la culture profonde du Shanxi, et elle peut également être considérée comme l'une de ses expressions majeures.

Le monde doit être initié à la réinvention de Fahua au XXIe siècle. Un tel renouveau peut être interprété comme l'une des illustrations de la renaissance chinoise.

Un processus qui, comme une céramique de Fahua, rend notre monde plus beau.

Né à Paris en 1970, David Gosset est sinologue. Auteur de Limited Views on the Chinese Renaissance (2018), *il est l'éditeur de* China and the World *en trois volumes. Il a fondé le Forum Europe-Chine (2002) et la China-Europe-America Global Initiative (2021).*

CHAPITRE III

La création de la prospérité - passé, présent et futur

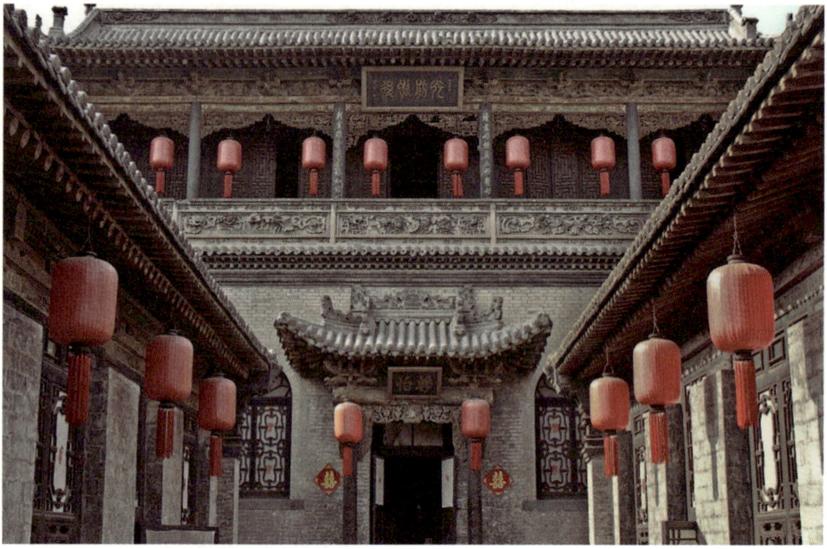

Les marchands du Shanxi embarquent sur les routes de la soie

Wang Xiu

S'étendant sur cinq mille kilomètres à travers l'Europe et l'Asie, ils ont dominé le monde des affaires pendant cinq cents ans.

Les dynasties Ming et Qing se vantaient en Chine de grands groupes de marchands comme ceux de l'Anhui, du Shaanxi, du Fujian, du Guangdong, du Jiangxi, du Jiangsu, du Zhejiang et du Shandong. Les marchands du Shanxi les dominaient.

Les anciennes générations de marchands du Shanxi ont été les pionnières de la « Thousand Miles of Tea Road », ont créé les « banques de traite du siècle », ont réalisé les légendes commerciales de « connecter le monde avec la vertu », « connecter le monde avec la remise de crédit » et « connecter le monde avec des chariots de fret ». Elles ont aussi créé le miracle du « plus riche de Chine ». C'est aux côtés des marchands juifs et vénitiens que l'on doit mettre les marchands du Shanxi.

« Allons-y! »

Dans la série télévisée *Qiao Family Courtyard* –la résidence du clan Qiao–, chaque fois que Qiao Zhiyong partait avec une caravane, il prononçait ces mots. A ces mots, « Allons-y », nos pensées sont projetées des siècles en arrière.

« La caravane de bateaux chevauche le vent et les vagues, voyage vers l'est jusqu'au Japon, et les cloches des chameaux des caravanes se répandent partout. » Avec l'esprit libre et profond des marchands du Shanxi, combinaisonde « honnêteté et fiabilité, esprit d'initiative et d'entreprise, harmonie et solidarité, gestion pragmatique et grand soin du monde », les anciennes générations de marchands du Shanxi ont écrit un grand chapitre d'histoire de l'entrepreneuriat.

Les montagnes et les rivières du Shanxi sont solides à l'extérieur comme à l'intérieur. Le Shanxi, riche en trésors naturels, avec une longue histoire et de riches réalisations humanistes, est une des sources de la nation chinoise, avec de riches ressources historiques et culturelles. Bien qu'autrefois emprisonné dans le monopole du charbon, l'esprit des marchands du Shanxi nous a continuellement donné une confiance culturelle dans l'ouverture et le développement. Après avoir connu les affres de la transformation, les marchands du Shanxi sont toujours inébranlables dans leur ambition d'internationalisation.

En 2014, les délices du Shanxi ont fait une superbe apparition aux Nations Unies. Les maîtres des nouilles ont présenté des performances en direct telles que des nouilles à la barbe de dragon, des nouilles coupées au couteau et de la pâte soufflée, qui ont étonné les responsables de l'ONU ayant par définitionune riche expérience du monde. Après un tel événement, la Shanxi Noodle House a ouvert ses portes à Los Angeles. Dans le même temps, la marque Shanxi Silk Road Tour, qui répond à l'initiative «Belt and Road», repartait avec les marchands contemporains du Shanxi sur les nouvelles routes de la soie.

La marque Silk Road Tour, avec les principes de « consultation, co-construction et partage » et s'appuyant sur d'excellents produits, une capacité de production de haute qualité et une technologie mature, rend possible une coopération mutuellement bénéfique et gagnant-gagnant avec les pays du monde entier.

Lors de la 13e Exposition Chine-Asie du Nord-Est, 32 entreprises du Shanxi se sont associées pour créer une matrice de marque du Shanxi, et des produits des industries de la fabrication d'équipements, de la protection de l'environnement et du biomédical ont été exposés. Dans le domaine du patrimoine culturel immatériel, la vaisselle en bronze de Datong qui a commencé sous la dynastie des Zhou de l'Est, les théières en céramique rouge exquise et les casseroles Pingding faites de kaolin et d'argile blanche des montagnes de Taihang ont combiné la longue histoire du Shanxi et les savoir-faire traditionnels de l'époque actuelle. L'héritage des marchands du Shanxi clairement affiché a permis au marché de l'Asie du Nord-Est de ressentir l'esprit d'excellence du passé.

À Kyakhta, en Russie, les nouveaux marchands du Shanxi représentés par les producteurs de bœuf de Pingyao relancent le commerce de la route du thé. La route historique traversait l'Eurasie, et Pingyao et Kyakhta étaient deux villes nodales importantes. Les marchands de Pingyao traversèrent le désert de Gobi et apportèrent un parfum de thé à Kyakhta. Les marchands de Pingyao d'aujourd'hui ont présenté le boeuf de Pingyao, une marque traditionnelle et séculaire chinoise, dans un emballage moderne, et ont livré du bœuf parfumé fabriqué avec l'artisanat traditionnel. Grâce aux marchands du Shanxi, « un morceau de viande et une poignée de sel » sont servis sur les tables deKyakhta!

Avec les efforts de Gao Qinghong, le papier découpé de Guangling a voyagé dans les pays le long de la route de la soie à travers des échanges internationaux répétés, qui continuent d'avoir un impact sur la connaissance de l'art du découpage de papier, héritier du patrimoine culturel immatériel de la Chine. L'on trouve souvent dans de belles boutiques, la fusion parfaite de la dentelle française et des produits de luxe. Pourquoi ne donnons-nous pas plus d'espace à l'art complexe du papier découpé en couleur, qui se transmet depuis des centaines d'années, afin que sa profonde valeur culturelle et artistique puisse être présentée plus merveilleusement!

Avec vision et responsabilité, Gao Qinghong a commencé l'internationalisation de l'artisanat folklorique traditionnel du Shanxi. Dans une cour de Pékin, des produits créatifs mêlant les cultures orientales et occidentales sont sur le point d'etre commercialisés à travers le monde ; ils emporteront avec eux les rêves des habitants du Shanxi.

Au cours des années 2018-19, la marque Shanxi Silk Road Tour a successivement visité l'ASEAN, l'Europe, le Moyen-Orient, l'Inde, la Russie, l'Europe de l'Ouest, l'Amérique du Sud et l'Australie. En plus de 720 jours et nuits, le Silk Road Tour a réalisé plus d'une centaine d'activités de promotion du commerce et des investissements et d'échanges internationaux dans 26 pays, et a établi des bureaux de représentation à l'étranger du Conseil provincial pour la promotion du commerce internationaldans 20 pays et signé plus de 50 accords de coopération stratégique.

La marque Shanxi construit non seulement un pont commercial entre le Shanxi et le monde, mais élargit également les horizons et renforce la confiance de la nouvelle génération d'hommes d'affaires du Shanxi.

Matériaux en acier spéciaux, véhicules à énergie nouvelle, fabrication d'équipements haut de gamme, industrie de l'énergie hydrogène, médecine moderne, et autres ... Aujourd'hui, le Shanxi promeut le développement de haute qualité des industries de pointe avec un haut niveau d'ouverture. Les brillants marchands du Shanxi nous ont laissé une précieuse richesse spirituelle. Inspirés par celle-ci, les entrepreneurs du Shanxi de la nouvelle ère ont surmonté tous les obstacles et ont créé les unes après les autres de brillantes réalisations.

Le Shanxi d'aujourd'hui est plein de vigueur et de vitalité, empli d'espoirs et de rêves. Le président Xi Jinping s'est rendu en personne au Shanxi à quatre reprises, a donné d'importantes instructions et a formulé des objectifs ambitieux, établissant une étape importante dans l'histoire du développement du Shanxi.

Le Shanxi promeut en outre la construction d'une zone pilote pour la transformation complète de la réforme, la mise en œuvre régulière de projets pilotes pour une réforme générale de la transition énergétique, et la construction d'un système industriel moderne soutenant un développement de haute qualité. La nouvelle génération de commerçants du Shanxi intègre les nouveaux concepts de développement de l'innovation, de la coordination, de l'énergie verte, de l'ouverture et du partage dans la pratique de la promotion d'un développement de haute qualité de manière globale. En cela, elle continue d'élargir les canaux d'échanges et contribue à la création d'un nouveau pôle dédié à l'ouverture basé à l'intérieur de la Chine.

Wang Xiu est vice-présidente du Conseil provincial du Shanxi pour la promotion du commerce international

Note de l'éditeur: Appelés Jinshang dans la langue chinoise, ou marchands de Jin, les marchands du Shanxi ont fait et continuent de faire la prospérité de la province. Wang Xiu mentionne très justement Venise. Dans ce même chapitre, le vénitien Emilio Quinté lui répond! Par ailleurs, le lecteur peut entrer en contact visuel avec la résidence du clan Qiao en regardant Qiao Family Courtyard (la résidence du clan Qiao), et *le film de Zhang Yimou* Epouses et Concubines *(1991) qui l'a utilisée comme décor.*

Guan Yu: un exemple du développement du tourisme culturel dans la province du Shanxi

Yan Aiping

Si l'on regarde l'histoire, nous avons beaucoup de personnages célèbres dans les dynasties passées, mais seuls deux d'entre eux ont été loués et respectés comme des « sages » par les générations suivantes: Confucius, le « sage littéraire », et seigneur Guan, le « sage martial ».

Guan Yu– seigneur Guan, ou encore le sage martial –est le personnage qui a le plus réussi à « contre-attaquer » dans l'histoire de la Chine, passant d'un personnage historique réel au symbole de la divinité la plus vénérée dans la société traditionnelle.

Au cours des changements dynastiques de la société féodale chinoise et dans le processus de purification des anciennes pensées culturelles chinoises, Guan Yu a progressivement perdu sa caractéristique historique spécifique, pour être consacré comme esprit culturel traditionnel et ensuite couvert d'une certaine gloire religieuse, devenant ainsi une icône sociale.

La ville de Haizhou, Yuncheng, Shanxi fut la ville natale de Guan Yu. Le voyageur allemand Ferdinand von Richthofen a mentionné dans ses *Journal en Chine* que « Haizhou était plus grande que Yuncheng » à cette époque.

La ville de Haizhou possède aujourd'hui le temple du seigneur Guan le plus grand et le mieux préservé. Ce temple millénaire a été classé comme unité de protection des reliques culturelles clés au niveau national en 1988, et est devenu un site touristique national de niveau AAAA en 2008. En 2012, le « complexe culturel dusage Guan » a été inscrit sur la liste préparatoire du patrimoine culturel mondial en Chine.

Depuis la réforme et l'ouverture dans des années 80, l'industrie du tourisme en Chine a connu un essor considérable. Un grand nombre de Chinois d'outre-mer sont revenus sur le continent pour rechercher leurs racines et rendre hommage aux sages et à leurs ancêtres. Parmi eux, les personnes les plus nombreuses se sont rendues au temple du seigneur Guan pour le vénérer, ce qui a déclenché un nouvel essor de cette croyance. En 1989, la promotion des « ressources touristiques du temple du seigneur Guan » a été couronnée de succès, attirant un grand nombre de touristes du Japon, de Malaisie, de Singapour, des Philippines et d'autres pays, ainsi que de Hong Kong, Macao et Taïwan. Avec la popularité continue de la culture du seigneur Guan, la première Foire du Temple du Seigneur Guan a été organisée à Yuncheng en 1990, et le nombre de touristes a dépassé les 100 000 pour la première fois.

Ainsi, le thème des futurs festivals culturels est devenu « l'exploitation de programmes économiques et commerciaux sur la plate-forme culturelle ». Tout au long des années 1990, une vague de renaissance de la culture traditionnelle a été déclenchée dans tout le pays. « L'invention de la tradition » est devenue le thème principal de toute l'industrie du tourisme. Le succès de la foire du temple a stimulé le développement du tourisme culturel du seigneur Guan. Le nom de l'événement a été changé plusieurs fois, passant de Foire du temple du seigneur Guan, Célébration d'automne du seigneur Guan, Festival culturel du seigneur Guan, Festival culturel international du seigneur Guan, à Festival du tourisme culturel de seigneur Guan, et 33 sessions ont été organisées. Le contenu et les thèmes des activités du festival culturel ont été constamment renouvelés, et l'intégration de la culture et du tourisme permet d'approfondir et de mettre en valeur la culture et le tourisme culturel autour du seigneur Guan, symbole de la culture dans la province du Shanxi.

La culture du seigneur Guan représente une culture traditionnelle raffinée qui contient les gènes culturels de la nation chinoise. Comme l'a souligné le professeur David K. Jordan, professeur au département d'anthropologie de l'université de Californie à San Diego et docteur en anthropologie de l'université de Chicago, « la bienveillance, la droiture, la sagesse et le courage du seigneur Guan sont toujours d'actualité. » Cette culture appartient non seulement à la Chine, mais aussi au monde entier. Dans la société traditionnelle, Guan Gong est devenu le symbole de la divinité « convertie par les trois religions et vénérée dans les neuf États », et il y a des temples de Guan Di partout où il y a des Chinois. Dans la société moderne, la culture de Guan Gong est devenue un symbole culturel. Les pays situés le long de la « Ceinture et la Route » se caractérisant par la diversité des nationalités et des croyances religieuses, il y a également des temples du seigneur. Dans le monde entier, les temples du seigneur Guan sont le lien spirituel pour les étrangers d'origine chinoise. Le Festival de Guan Di à la Réunion, en France, qui s'est tenu du 7 au 10 août 2017, est actuellement le seul festival du seigneur Guan accueilli sur le sol français. Il s'agit d'une activité culturelle parrainée par les expatriés chinois locaux. La culture du seigneur Guan est devenue une partie de l'identité des Chinois locaux. Ce symbole culturel renforce les échanges émotionnels et culturels entre les Chinois d'outre-mer et leur pays d'origine.

Afin de promouvoir l'intégration de la culture et du tourisme et de contribuer au renforcement de l'influence de la culture locale, la ville de Yuncheng a adopté « le Plan de mise en œuvre pour renforcer l'intégration de la culture et du tourisme du seigneur Guan dans la ville de Yuncheng ».

Les trois sections du parc industriel culturel du seigneur Guan, du lieu scénique du temple seigneur Guan et de la zone scénique du temple de la famille du seigneur Guan ont été intégrés, pour former un projet de construction du parc industriel culturel seigneur Guan. Le 24 octobre 2022, afin de stimuler le développement du tourisme par la culture et la propagation de la culture par le tourisme dans l'apprentissage mutuel et l'intégration de l'industrie du tourisme culturel, l'Association chinoise de protection du patrimoine culturel immatériel a annoncé le premier lot du « répertoire des projets sélectionnés pour l'intégration du patrimoine culturel immatériel national et le développement du tourisme », et le « lieu panoramique du temple de Guan de Haizhou » a été sélectionné dans la liste des lieux touristiques du patrimoine culturel immatériel.

Aujourd'hui, le tourisme culturel de Guan Gong est devenu la carte de visite du tourisme de la ville de Yuncheng, voire de la province de Shanxi. La croyance de Guan Gong est devenue, dans une certaine mesure, un symbole de l'identité culturelle à la fois locale et nationale. De nombreux titres ont été décernés dans le cadre de la protection du patrimoine et de l'utilisation adaptée de la culture Guan Gong, faisant partie des témoignages du développement de l'industrie touristique du Shanxi, voire celle de la

Chine.

Yan Aiping, professeur associé et directrice de département, École d'histoire et de culture, Université de Shanxi.

Note de l'éditeur: Ferdinand von Richthofen (1833-1905) dont le travail est cité ici a grandement contribué à la connaissance de la géographie de la Chine. Le lecteur intéressé peut accéder directement aux lettres de Richthofen dans lesquelles il décrit le Shanxi et son potentiel pour développer les mines de charbon: https://archive.org/details/baron-richthofens-letters-1870-1872/page/nundefined/mode/1up

L'expression « Route de la Soie » a également été introduit au monde par Richthofen, le professeur de l'explorateur Sven Hedin (1865-1952).

Une réflexion vénitienne pour le développement du tourisme durable dans la province du Shanxi

Emilio Quintè

Le Shanxi est une province relativement grande, à l'histoire ancienne. Située dans la partie nord de la République populaire de Chine, son nom signifie « Ouest des montagnes », où les montagnes font référence au Taihang, une imposante chaîne de montagnes qui s'étend du nord au sud sur environ 400 kilomètres.

L'économie du Shanxi repose essentiellement sur l'industrie minière (principalement le charbon) et sur l'agriculture (blé, maïs, millet, légumineuses et pommes de terre); mais c'est le tourisme qui représente le défi économique le plus intéressant pour le bien-être futur de la province.

Les grottes de Yungang, dans la ville de Datong, sont le site touristique le plus connu du Shanxi. Avec leurs 254 grottes et 59,000 statues, elles représentent l'accomplissement exceptionnel de l'art rupestre bouddhiste en Chine aux 5e siècles. Les 5 grottes créées par Tan Yao, avec leur stricte unité de disposition et de conception, constituent un chef-d'œuvre classique du premier sommet de l'art bouddhique chinois. Le site a été déclaré patrimoine mondial par l'UNESCO en 2001.

Le Shanxi est riche en attractions touristiques pour tous les goûts. Il suffit de penser au mont Wutai (Wutai Shan), la destination importante de pèlerinage avec de nombreux temples et de belles vues, ou la pagode Yingxian, datant de l'année 1056 qui, mesurant 67 mètres, est la plus haute pagode en bois du monde. Et encore l'ancienne ville de Pingyao, autrefois l'un des principaux centres financiers de la Chine, où sont préservés de nombreux aspects de la culture et de l'architecture Han et des modes de vie des dynasties Ming et Qing.

Des montagnes à la gastronomie (connue pour l'utilisation du vinaigre comme principal condiment), de la culture à la religion, il existe de nombreuses raisons de voyager et de visiter le Shanxi. Cet incroyable attrait représente une ressource inestimable qui doit néanmoins être valorisée avec prudence et sens de la mesure.

S'appuyant sur des expériences passées, la stratégie à adopter doit être celle du développement durable du tourisme. Aujourd'hui, avec un flux touristique encore modéré, les visiteurs du Shanxi peuvent vivre une expérience unique, se mettant en contact avec une dimension plus authentique de la vie et de la culture de la province. Dans une période de mondialisation et d'uniformisation extrêmes, la protection des différences et la préservation du geniusloci du Shanxi représentent des défis difficiles à relever. Une planification à long terme est nécessaire pour que le tourisme devienne une véritable opportunité de croissance et de bien-être pour l'ensemble de la société locale et de son territoire. Cette approche permettra d'éviter la dynamique spéculative des résultats immédiats et de l'enrichissement facile pour quelques-uns.

La richesse d'un territoire est produite par la qualité et la résilience de son tissu économique, social et culturel. L'imbrication continue des valeurs, des visions, des compétences, des traditions, des technologies, des rencontres et des innovations, comme la trame et la chaîne des précieux tissus chinois, dessine des motifs uniques et magnifiques. La gestion du territoire et le marketing touristique sont des arts qu'il faut comprendre et pratiquer, tout en étant conscient que toute véritable innovation s'appuie sur le terrain solide de la tradition.

Le développement du tourisme de masse, rapide et extrêmement rentable pour quelques privilégiés, représente une forte incitation pour chaque territoire. Céder à cette tentation peut conduire à une satisfaction immédiate, mais à long terme, les choix de l'exploitation touristique intensive conduisent à l'éviction économique, à la perte d'authenticité et d'unicité, au point que le tourisme, qui était une opportunité de croissance, de richesse et de développement, se transforme en son contraire, en un instrument d'exploitation et de dépossession des bénéfices publics, qui vide les communes de leur sang, les fait dépérir et les transforme en simulacres inanimés, en souvenir mélancolique des réalités fertiles qu'elles étaient autrefois. Prenons, par exemple, le cas des grandes destinations touristiques occidentales, notamment italiennes (Rome, Florence, Venise). Venise en particulier, tout en étant un emblème de beauté et de richesse artistique, est aussi, dans le même temps, le symbole du déclin brutal dû au développement incontrôlé du tourisme en tant qu'activité économique exclusive.

La preuve de cette dérive dramatique est l'évolution démographique de la ville. En 2022, Venise a franchi le seuil fatidique qui l'a conduite à passer sous la barre des 50 000 habitants. Passant de plus de 170 000 en 1951 à

49 997 citoyens enregistrés lors du dernier recensement disponible (août 2022). Pourtant, ceux qui visitent Venise aujourd'hui voient une ville ultra peuplée, surpeuplée, submergée par les visiteurs nationaux et internationaux qui, à l'instar des dangereux et de plus en plus récurrents «acque alte» (marées hautes) inondent sans cesse calli, campielli, églises et musées. Ce type de tourisme emporte (pour les dégradations qu'il laisse et l'usure qu'il provoque) jour après jour beaucoup plus qu'il ne laisse en termes d'argent et d'enrichissement culturel.

Venise, comme nous l'avons dit, est un symbole des dégâts produits par le tourisme de masse, mais le même phénomène peut être observé dans les centres-villes et dans les quartiers touristiques de toutes les villes européennes, où des boutiques de souvenirs identiques donnent l'impression que chaque lieu est indiscernable d'un autre, faisant de chaque ville la même ville.

Un grand écrivain italien, Italo Calvino (1923-1985), dans son magnifique livre « Les villes invisibles », décrit magistralement cette situation, lorsqu'il parle de Trude dont il écrit: « Si je n'avais pas lu le nom de la ville écrit en grosses lettres à l'atterrissage à Trude, j'aurais pensé que j'étais arrivé au même aéroport que celui d'où j'étais parti. Les banlieues qu'ils m'ont fait traverser n'étaient pas différentes des autres, avec les mêmes maisons jaunes et verdâtres. En suivant les mêmes flèches, on traversait les mêmes places avec les mêmes parterres de fleurs. Les rues du centre présentaient des marchandises, des emballages, des enseignes qui ne changeaient pas du tout. C'était la première fois que je venais à Trude, mais je connaissais déjà l'hôtel où je logeais; j'avais déjà entendu et parlé mes conversations avec les acheteurs et les vendeurs de ferraille; d'autres journées comme celle-ci s'étaient terminées en regardant à travers les mêmes lunettes les mêmes nombrils qui se balançaient. Pourquoi venir à Trude? Je me demandais. Et je voulais déjà partir. »

Y a-t-il un antidote à administrer contre cette dérive qui semble inarrêtable? Je le crois et il peut encore être extrait de la beauté de nos villes, compromise mais pas encore totalement perdue. En parlant de Venise et de sa crise, Vittore Branca (1913-2004), grand spécialiste de Dante et de Boccace, ainsi que secrétaire général historique de la Fondation Cini, aimait à répéter comme un signe d'espoir: « Aujourd'hui, Venise ne reste pas encore vivante et active dans le monde pour ses siècles et ses siècles de pouvoir politique et économique extraordinaire, mais pour l'extraordinaire floraison de ses arts qui fascinent et enseignent tant à notre civilisation encore aujourd'hui. Ils enseignent que l'art et la poésie veulent, aspirent et tendent vers l'infini. »

Pour conclure, on peut dire que c'est cette beauté qui doit être défendue et protégée. Je crois fermement que l'art et la culture doivent être placés au centre de tout projet de développement touristique à l'échelle locale, provinciale et nationale qui se veut de long terme et bénéfique. En un mot: durable.

Basé à Venise, en Italie, Emilio Quintè est consultant culturel pour Made in Heritage.

Shanxi – un héritage naturel, patrimonial, culturel et sociétal

Jean-Philippe Raynaud

Le Shanxi est peut-être moins connu internationalement que les provinces côtières qui ont porté l'ouverture économique de la Chine ou que celles qui représentent l'iconographie culturelle et ethnologique et sont les destinations privilégiées des touristes plus à l'intérieur des terres, telles le Shaanxi – quasi homonyme – ou le Tibet.

Pour autant, le Shanxi porte le double enjeu d'être une région dotée d'un patrimoine extraordinaire autant que d'être l'un des principaux réservoirs de charbon qui ont nourri l'exceptionnelle croissance de la Chine. Au moment où l'atteinte des objectifs des accords de Paris vient d'être questionnée par la COP 27 en Egypte – la Chine y était représentée par une délégation importante issue tant de la sphère institutionnelle que de la société civile – le Shanxi a l'occasion de mettre en avant la qualité de son patrimoine naturel et culturel pour illustrer ce que peut être la transition énergétique conjointement au respect de l'environnement et de son héritage éminent.

Par sa situation géographique comme sa topographie facilitant les échanges avec les provinces avoisinantes et Pékin, le Shanxi a été très tôt dans l'histoire un carrefour de commerce et de finance, en plus d'avoir été à l'un des principaux berceaux de la civilisation chinoise. On ne peut qu'avoir un sentiment d'émerveillement en listant les principaux sites du Shanxi, dont la vénération par ses habitants autant que la reconnaissance au niveau national leur a permis de rester dans un état remarquable au travers des vicissitudes de l'histoire. Mais il est aussi intéressant de regarder le rôle particulier de ces sites dans le développement de la société, de l'économie et de la civilisation chinoise dans le nord-est du pays et d'y rechercher l'inspiration que le Shanxi apporte à la Chine moderne.

En remontant dans l'histoire, non loin de Datong, le temple de Xuankong, accroché de façon magique aux parois de la vallée de Jinlong, est une rare merveille architecturale. Fondé pendant la dynastie des Wei du Nord (386-534), il y a plus de 480 ans, le monastère a été plusieurs fois reconstruit et restauré, notamment à la fin de la dynastie Qing. Cette construction audacieuse, rassemblant plus de 40 bâtiments reliés par d'étroites passerelles accrochées à la montagne, recèle des éléments de patrimoine uniques de statues en bronze, en terre cuite, en fer ou en pierre représentant Bouddha, Laozi et Confucius, dans une symbolique quasi-vernaculaire. Les religions taoïste, bouddhique et confucéenne se mêlent, probablement du fait de sa position unique et d'une survivance des influences religieuses et sociales au fil du temps. Protégé par son élévation des montées des eaux tumultueuses de la rivière en contrebas, il l'est aussi de l'érosion et des vents par son emplacement dans la falaise. Les moines, ingénieurs avant-gardistes, avaient déjà inventé la bio-architecture en étudiant l'emplacement pour éviter les intempéries comme les fortes chaleurs.

A Datong même, comme toutes les grandes villes chinoises en position de carrefour stratégique avec les provinces avoisinantes, l'industrialisation et le développement ont transformé la ville. Mais ceux qui la connaissent plus intimement évoquent la rémanence de sa culture artisanale et des traditions culturelles et folkloriques. C'est certainement pour une ville comme Datong un des ressorts essentiels dans ces années critiques en termes de responsabilité environnementale et de recherche de qualité de la vie urbaine, où le succès de la transition énergétique passe par le développement sociétal et la valorisation du patrimoine culturel, et où le Shanxi peut servir de modèle en Chine comme pour d'autres nations.

Wutaishan est un site merveilleux, emblématique du rôle sociétal des temples. Au sein d'un ensemble formé par les cinq montagnes qui constituent la couronne de Bouddha, la conjonction des constructions de l'homme et de la beauté des sites naturels y est exceptionnelle. Cinq est un chiffre sacré dans le bouddhisme: les cinq familles de Bouddha, les cinq éléments, les cinq principaux organes du corps humain, les cinq voies de la sagesse etc… Il y a une force signifiante puissante dans ce lieu, avec les des templeseux-mêmes, la symbolique des montagnes qui les entourent et le site jusqu'aux cimes lointaines, magnifique, qui capture et unit l'ensemble avec sa mystique.

On notera aussi l'intérêt du temple de Luohousi, un des grands temples influents du bouddhisme, construit sous la dynastie des Tang et bien préservé. Il s'agit d'un célèbre monastère du bouddhisme tibétain au Shanxi, qui témoigne de l'histoire et de l'influence du bouddhisme tibétain dans la province et qui y reflète, comme à Xuankongsi, un syncrétisme tout à fait particulier à cette région.

Parmi les contributions du Shanxi à l'émergence des modèles qui formeront la société chinoise moderne, on ne pourra omettre de citer la ville ancienne de Pingyao, plateforme du commerce et de la banque dans la Chine ancienne au gré des cycles historiques du développement des instruments de commerce, quand les fameux Marchands du Shanxi dominaient le marché intérieur. Pingyao a vu le premier système financier privé à l'échelle nationale, appelé « banques de traite » ou piaohao, créé par les marchands du Shanxi pendant la dynastie Qing. Avant que les banques de détail et d'épargne ne soient introduites par les banquiers européens à partir du milieu du 19e siècle, c'est à Pingyao qu'a été créée la Rishengchang, premier réseau commercial d'échange de traites à l'usage des commerçants qui circulaient jusqu'aux confins de l'empire.

C'est ainsi que le Pingyao et le Shanxi devenaient au cours du XIXe siècle, le centre financier de la Chine à la tête d'un réseau de succursales irrigant l'ensemble des centres économiques du territoire. Située à plus de 100 km de Taiyuan, la ville ancienne de Pingyao possède une histoire longue de plus de 2800 ans et un héritage architectural qui lui vaut d'avoir été classée au patrimoine mondial de l'UNESCO en 1997. Entourée de ses fameux remparts longs de plus de 6000 mètres reconstruits sous les Dynasites de Ming vers 1370 sur la base de la ville ancienne, elle est la mémoire de la Chine antique, avec de multiples légendes attachées à sa construction et à son gouvernement. A l'intérieur des remparts, le plan quadrillé reprend les codes urbanistiques de la Chine antique comme dans les villes du nouveau monde d'aujourd'hui. De forme carrée, la ville est quadrillée par des rues se croisant horizontalement et verticalement, telles les villes du continent américain. Pingyao est également appelée la ville de la tortue, beau symbole de longévité, de paix et de prospérité pour les

Chinois, du fait de sa forme avec ses remparts, les portes qui en représentent la tête, la queue et les quatre pattes, les ruelles en dessinant les écailles.

Les grottes de Yungang, inscrites au patrimoine mondial de l'UNESCO depuis 2001, sont connues dans le monde entier et constituent une référence exceptionnelle de l'héritage patrimonial bouddhique. L'ensemble de 254 grottes forme un véritable système complexe autour de 45 grottes principales dont chacune illustre une thématique qui lui est particulière. Construit à partir du 5e siècle par le moine Tan Yao, des techniques appliquées sont venues de différentes origines, véhiculées par les routes de la soie et l'admiration suscitée par le site. Celui-ci a subi des dommages importants par manque de conservation mais a été rapidement élevé au rang d'héritage national dès la création de la République Populaire de Chine. On y trouve plus de 59,000 statues de bouddhas et de bodhisattvas directement sculptés dans la pierre, dans une influence conjuguant l'art traditionnel chinois et les influences amenées par la route de la soie et les échanges avec les civilisations Occidentaleset d'Asie Centrale.

Ces grottes sont aussi un symbole de la relation particulière qui attache la Chine et la France. Presque dix ans après la reconnaissance de la République Populaire de Chine par la France alors qu'un profond mouvement intellectuel et littéraire s'amplifiait autour des œuvres d'André Malraux ou d'Alain Peyrefitte (qui publia son ouvrage « Quand la Chine s'éveillera » en juillet après avoir visité le pays en tant que président de la commission des affaires culturelles et sociales de l'assemblée nationale deux ans auparavant), Georges Pompidou venait en visite officielle en Chine du 11 au 17 septembre 1973 à l'invitation de Zhou Enlai. Les deux hommes, dont la santé était déjà profondément affaiblie, échangeaient leur passion pour le patrimoine et l'art et ils visitaient ensemble Datong et les grottes de Yungang. On rapporte que leur discussion a porté sur la symbolique ethnique des grottes. Comme à Xuankongsi, les grottes de Yungang sont porteuses d'un syncrétisme transcendant les civilisations et l'histoire, et il n'est pas étonnant qu'elles soient à ce titre devenues le symbole de la proximité intellectuelle et émotionnelle entre la Chine et la France.

On l'a dit, le Shanxi, au-delà de son patrimoine naturel et social inestimable, si représentatif des racines profondes de la Chine et de son évolution jusqu'à l'ère moderne, est aussi le principal réservoir de charbon du pays. C'est ainsi que le développement industriel du pays a été alimenté en énergie, et que des millions de personnes ont pu travailler. On se souvient du temps, il y a encore peu, où les trains qui convoyaient le charbon depuis le Shanxi à travers tout le pays étaient prioritaires sur les trains de voyageurs. Le Shanxi est certainement l'une des provinces chinoises les plus concernées par la transition énergétique et, plus largement, la responsabilité environnementale et sociétale liée à ses activités minières et industrielles. L'héritage patrimonial et sociétal que constituent les merveilleux sites cités dans ces lignes, qui ont accompagné l'histoire mouvementée de la Chine comme témoignage de résilience, doit aussi être le symbole de la capacité du Shanxi à s'engager résolument dans la transition énergétique et la préservation de l'héritage le plus fondamental : promouvoir l'amélioration de l'environnement et le progrès social.

Jean-Philippe Raynaud est un spécialiste français de stratégie pour les entreprises.

La sagesse du Shanxi au service de la transition énergétique mondiale

Wu Dongsheng

Le changement climatique est un défi commun à toute l'humanité, et le développement de l'énergie à faible émission carbone est fondamental pour notre avenir.

La neutralité carbone représente la direction de la transition énergétique

L'Accord de Paris nous a fixé pour objectif de limiter le réchauffement de la planète à 2°C et de nous efforcer à le maintenir à 1,5°C. Le président chinois Xi Jinping a annoncé solennellement l'engagement de la Chine en faveur du pic carbone et de la neutralité carbone. L'objectif de neutralité carbone est la bannière et la direction qui mèneront à une transformation complète et profonde de la Chine et du monde dans les domaines de l'énergie, de l'économie, de la technologie, de la société et d'autres domaines encore au cours des prochaines décennies.

La révolution énergétique est la version chinoise de la transformation de l'énergie

L'énergie est l'élément vital de la société moderne, elle est à la base de la force et de la prospérité d'un pays. Le double objectif relatif au carbone – pic et neutralité – est essentiellement une révolution énergétique, et la révolution énergétique dans le contexte chinois constitue aussi une partie la transformation énergétique dans le contexte mondial. Une telle ambition constitue un défi, et une transformation inefficace entraînerait un retard dans notre système et notre technologie énergétiques; or, il s'agit en fait d'une opportunité, qui apportera de nouvelles industries, de nouvelles possibilités de croissance et de nouveaux investissements, pour réaliser le développement durable de l'économie, de l'énergie, de l'environnement et du climat.

Sur la base des conditions nationales de base des ressources énergétiques chinoises « basées sur le charbon », nous allons adopter la séquence « construire d'abord et détruire ensuite », en mettant en œuvre nos actions de manière planifiée et progressive en promouvant davantage la révolution énergétique, en renforçant l'utilisation propre et efficace du charbon, en accélérant la planification et la construction d'un nouveau système énergétique, et en participant activement à la gouvernance mondiale sur le changement climatique.

L'énergie est un sujet central pour la province du Shanxi. Le projet pilote de réforme globale de la révolution énergétique du Shanxi est un effort national et un exemple pour le monde.

Les ressources énergétiques du Shanxi occupent une place importante dans le monde. En ce sens, le Shanxi peut devenir un pionnier. En tant que grand producteur et consommateur d'énergie et émetteur de carbone dans le monde, la Chine est confrontée à une route sinueuse vers le pic de carbone dans le cadre du système énergétique et de la structure économique actuels. Il est urgent et vital de trouver un modèle adapté de développement économique, à faible émission carbone.

La transition énergétique mondiale dépend largement de la Chine, et celle de la Chine dépend largement du Shanxi. Le gouvernement central a confié au Shanxi la mission nationale de piloter la réforme globale de la révolution énergétique, ce qui apportera une opportunité historique pour le Shanxi. Le Shanxi doit explorer son expérience en matière de transformation énergétique qui peut être reproduite et diffusée dans tout le pays, et offrir au monde la sagesse chinoise en matière de transformation énergétique.

La stratégie de développement énergétique dite « quatre révolutions et une coopération » est le moyen de réaliser la transformation énergétique du Shanxi.

« La route à parcourir est longue, et je chercherai dans toutes les directions. » La transformation des régions basées sur les ressources carbones est un problème mondial et une ingénierie de système complexe. Il ne s'agit ni d'un éclair d'inspiration ni d'une réalisation d'un jour pour pousser les régions basées sur ces ressources à se débarrasser progressivement des problèmes de dépendances aux énergies fossiles.

Si le Shanxi a pour but de parvenir à un développement économique de qualité, il est impossible de repartir à zéro et de perdre les avantages traditionnels du charbon. La transformation énergétique est un processus à long terme. En se concentrant sur l'objectif du pic de carbone et de la neutralité carbone, le Shanxi met en œuvre la stratégie de révolution énergétique de « quatre révolutions et une coopération », en promouvant simultanément la transformation industrielle et la transformation numérique, en favorisant le développement intégré de la production de charbon et de l'électricité au charbon, de l'électricité au charbon et des nouvelles énergies, de la production de charbon et de l'industrie chimique du charbon, de l'industrie du charbon et de la technologie numérique, de l'industrie du charbon et de la technologie de réduction du carbone.

Premièrement, la révolution de la consommation est la clé. Il est nécessaire de contrôler la consommation totale d'énergie, d'ajuster la structure industrielle et d'accélérer la formation d'une société économe en énergie.

Deuxièmement, la révolution de l'offre est au cœur du problème. Il est nécessaire de coordonner le développement propre et à faible teneur en carbone du charbon et de réaliser la transformation du charbon, du combustible aux matières premières, aux matériaux et aux produits finis; d'achever la transformation de l'économie d'énergie et de la réduction de la consommation, la transformation de l'approvisionnement en chaleur et la transformation de la flexibilité des unités de production d'électricité au charbon.

Nous devons augmenter vigoureusement la proportion de nouvelles énergies et d'énergies renouvelables comme l'éolien, le photovoltaïque et l'hydraulique, la géothermie, la biomasse et le méthane de houille, accélérer le développement de la technologie de stockage de l'énergie et son augmentation d'échelle, et stimuler le développement intégré de la source d'énergie, du réseau électrique, de la charge électrique et du stockage de l'énergie.

En particulier, il est nécessaire d'augmenter la capacité d'ajustement de l'énergie verte de l'hydrogène et du stockage par pompage afin de former un système moderne d'approvisionnement en énergie alimenté par le charbon, le pétrole, le gaz, les nouvelles énergies et les énergies renouvelables.

Troisièmement, la révolution technologique est le support. Il est nécessaire de promouvoir séparément l'innovation technologique, l'innovation des modèles commerciaux et l'innovation industrielle, et de transformer nos avantages technologiques en avantages économiques.

Quatrièmement, la révolution institutionnelle est la garantie. Il est nécessaire de mettre en place un mécanisme par lequel les prix de l'énergie sont principalement déterminés par le marché. Enfin, il est nécessaire d'intégrer et d'améliorer le mécanisme de gouvernance énergétique mondiale existant, de développer la coopération énergétique dans le cadre de l'initiative « la Ceinture et la Route », et de renforcer la coopération internationale dans tous les domaines, afin de parvenir à la sécurité énergétique dans des conditions ouvertes.

Le changement climatique, la transformation de l'énergie et la finance verte sont autant de préoccupations internationales, et le Shanxi dispose des bases et des conditions nécessaires à ce développement mondial.

Par le passé, les marchands du Shanxi se caractérisaient par l'honnêteté et la fiabilité, reliant le monde avec des ébauches de banques, et ils ont parcouru trois mille kilomètres à travers l'Europe et l'Asie pendant des centaines d'années animés d'un esprit entrepreneurial.

La terre du Shanxi et le sang des habitants du Shanxi sont naturellement imprégnés des gènes de la finance et du capital. Dans l'ensemble, le Shanxi est un vaste laboratoire. Il constitue la seule zone de démonstration approuvée par le Conseil d'État pour la transformation économique basée sur les ressources naturelles à l'échelle nationale et provinciale.

Le forum sur l'énergie à faible émission de carbone de Taiyuan peut être comparé au forum de Davos ou au forum de Boao pour l'Asie. On peut facilement imaginer qu'à l'avenir, le Shanxi deviendra un centre national, voire mondial, de la transition énergétique et de la finance verte.

La sagesse du Shanxi en matière de transition énergétique contribuera à promouvoir la modernisation à la chinoise et le développement durable des sociétés humaines.

Soyons-en ensemble les témoins!

> *Wu Dongsheng, économiste principal et professeur adjoint, inspecteur de deuxième classe de la Commission du développement et de la réforme du Shanxi, expert de la China Macroeconomic Think Tank Alliance, chercheur invité principal à la Kennedy School of Government de l'université de Harvard. Sa monographie «Carbon Road» a été publiée par Tsinghua University Press (2021). Son article «China's Low-Carbon Revolution» a été publié sur le site officiel de la Kennedy School of Government de l'Université de Harvard (2017). Son cours «Energy Revolution and Green Finance from an International Perspective» a été identifié comme l'un des «Dix cours exceptionnels des bons cours nationaux» en Chine (2021).*

Du gris au vert: le dégradé de couleurs de ma ville natale

Han Qian

Dans un hiver de la fin des années 1980, je suis née à Taiyuan, dans le Shanxi. À l'âge de 19 ans, je suis partie pour Pékin afin d'y étudier. Au cours des douze années qui ont suivi, j'ai travaillé et vécu à Pékin, Nairobi et Paris. Journaliste internationale définit mon identité professionnelle depuis de nombreuses années. On peut aussi dire que je suis comme un vagabond en terre étrangère. La ville dans laquelle je suis née représente comme une ombre au fond de ma mémoire, parfois claire et parfois floue.

Lorsque je marche dans les couloirs de ma mémoire et que je cherche des traces de ma maison, je vois toujours une image: je m'appuyais sur le rebord de la fenêtre et je regardais le ciel. Le ciel de Taiyuan était toujours gris, mais il soutenait toujours mon désir de jeunesse de parcourir des milliers de rivières et de montagnes et de décrypter les grands événements du monde alors que j'atteindrai l'âge adulte.

Lorsque je baissais la tête et revenais à la réalité, en touchant le rebord de la fenêtre, un peu de fine cendre de charbon recouvrait le bout de mes doigts. Le grain clair me faisait comprendre qu'il restait encore une longue distance entre mes rêves et la réalité. La route serait bien longue.

La petite pincée de cendres de charbon provenait d'un dépôt de charbonà ciel ouvert près de chez moi. Pendant longtemps, la plupart des habitants du Shanxi avaient une petite quantité de poudre noire sur le bout de leurs doigts, le bout de leur nez et la pointe de leurs cheveux, elle marquait alors leur mémoire collective.

Le Shanxi est connu comme une « mer de charbon », et sa zone houillère représente presque 40 % de sa superficie totale. La province possède un large éventail de types de charbon de très grande qualité. Le charbon à coke et l'anthracite sont rares en Chine et même dans le monde. C'est pourquoi la région est également connue comme le foyer de « l'or noir et du jade noir ». En 1980, le gouvernement central a soutenu le Shanxi pour construire une base nationale d'énergie houillère. Depuis lors, son industrie du charbon a connu un développement rapide. De 1981 à 1986, le PIB de la province du Shanxi s'est classé au 15e rang dans le pays.

L'économie du Shanxi à cette époque a été en plein essor grâce au charbon. Abritant tant d'or noir et de jade noir, le Shanxi pouvait rendre la vie prospère simplement en s'appuyant sur ses ressources naturelles. Pendant mon enfance, des briquettes en forme de nid d'abeille étaient utilisées pour cuisiner et se chauffer à la maison, et la vie quotidienne se déroulait jour après jour autour des actions des adultes ramassant des briquettes avec des pinces en fer et les mettant dans le poêle.

À chaque fête du printemps, mon grand-père construisait un feu de joie avec des charbons dans la cour, et les flammes brillantes allumaient la vitalité et la prospérité d'une nouvelle année. Le feu de joie est une coutume populaire d'une longue histoiredans le Shanxi. On dit qu'elle remonte à la dynastie Han. Aujourd'hui, avec le renforcement de la lutte contre la pollution atmosphérique, cette coutume populaire a disparu de la vie de la population.

C'était le Shanxid'hier. On était prospère grâce au charbon, mais cette terre était également privée de ciel bleu et de couleurs vives en raison du développement rapide de cette industrie. Au 21ᵉ siècle, l'économie chinoise a de nouvelles possibilités de croissance, et la demande de ressources en charbon augmente de jour en jour. Le Shanxi a inauguré un nouvel âge d'or pour son industrie du charbon.

Je me souviens qu'en 2005, j'ai quitté Taiyuan pour aller à l'université à Pékin. Chaque fois que je rencontrais un nouvel ami, il me disait: « Eh bien, tu es fille d'un patron du charbon? » quand il apprenait que je venais du Shanxi. « Patrons du charbon » est devenu synonyme de gens du Shanxi.

Ceci était l'impression que j'avais dans mon esprit avant de partir travailler à l'étranger. Dans mon enfance et mon adolescence, j'ai toujours voulu partir, m'échapper de ce ciel gris pour aller vers les couleurs vives du monde extérieur. Dans mon poste à l'étranger, j'étais à des milliers de kilomètres, et mon impression était scellée au fond de ma mémoire. Mais à ma grande surprise, chaque fois que je suis retournée voir mes proches, les changements qui secouaient la terre donnaient une touche de couleurs vives à mon impression.

À la fin de l'été 2016, j'ai terminé mon poste à Nairobi, au Kenya, et je suis retournée à Taiyuan pour les vacances. Je me suis encore penché à la fenêtre et j'ai regardé le ciel comme lorsque j'étais enfant. Au tournant des saisons, le temps à Taiyuan était rafraîchissant et agréable. Le soleil brillait à travers le ciel bleu, et la lumière cristalline tombait sur le rebord de la fenêtre. Je l'ai touché du bout des doigts, essayant de laisser la température de ma ville natale s'infiltrer dans mon corps. Le bout de mes doigts n'était plus recouvert d'une fine poudre noire, mais d'une lumière solaire fragmentée.

Ces changements sont le fruit d'une série de réformes globales depuis 2010, lorsque le Shanxi est devenu la « Zone pilote de réforme globale de soutien à la transformation économique nationale basée sur les ressources », qui est la première zone de réforme nationale globale, systématique et à l'échelle de la province. Après la transformation, pour la première fois, la proportion de la valeur ajoutée de l'industrie du charbon du Shanxi dans celle de la province est passée sous la barre des 50% en 2015, et la« dominance du charbon » dans la structure industrielle du Shanxi s'est améliorée. Dans les années suivantes, des concepts tels que la construction de mines intelligentes 5G et la technologie numérique stimulant la transformation de l'industrie énergétique ont souvent été presents dans les journaux, ce qui indique que l'innovation technologique a commencé à jouer un rôle important dans la mise à niveau industrielle du Shanxi.

Avant de quitter Taiyuan à la fin des vacances, la nourriture avec laquelle ma famille m'a vu partir était mes nouilles préférées, roulées à la main et accompagnées du vinaigre aromatique. Le goût moelleux était plein d'affection familiale et de nostalgie, et j'ai ressenti une sorte de joie car le ciel de mon pays natal est devenu bleu et l'air frais. Cela me donnait à moi, le vagabond, un nouvel espoir.

À l'automne 2016, je suis arrivée à Paris pour poursuivre mon travail de correspondante internationale. Au cours des quatre années de reportage de nouvelles qui ont suivi, les sujets liés au changement climatique, à la transformation énergétique et au développement vert sont souvent revenus dans mes écrits. D'une part, la signature de l'Accord de Paris sur le climat a placé les sujets susmentionnés au centre de l'attention mondiale. D'autre part, la société française a toujours été très préoccupée par les questions environnementales. Je me souviens que dans mes premiers reportages à Paris, il y avait un sujet reflétant le recyclage des sapins de Noël. Pendant mon séjour à Paris, j'ai observé des questions environnementales en Europe tout en suivant celles de la Chine. J'ai ainsi naturellement prêté attention à la transformation de l'énergie dans ma ville natale.

J'ai constaté qu'alors que l'Europe discutait abondamment et faisait la promotion des nouvelles technologies énergétiques telles que l'énergie photovoltaïque, l'énergie éolienne et l'énergie hydrogène, une révolution énergétique s'était tranquillement déroulée chez nous. J'ai appris que Datong, connue comme la capitale chinoise du charbon, s'était engagée à promouvoir largement les énergies nouvelles et renouvelables telles que l'énergie photovoltaïque et éolienne. On estimait qu'à la fin de 2022, la capacité installée de ses énergies nouvelles et renouvelables représenterait plus de la moitié de la capacité installée totale de la ville. L'ancienne capitale du charbon a désormais la réputation de « Cité nationale de démonstration des énergies nouvelles ». Cela m'a fait bondir de joie. Je me souviens d'avoir visité les grottes de Yungang à Datong quand j'étais enfant. Dans le bus, je pouvais voir une couche de cendres flottant sur les fenêtres. Aujourd'hui, il s'agit d'une vieille photo qui doit être effacée de ma mémoire.

En 2018, j'avais l'habitude de me promener sur le pont Alexandre III sur la Seine après mon travail. Je me revoyais comme la petite fille appuyée sur le rebord de la fenêtre et regardant le ciel, avec le sentiment que l'avenir et la réalité étaient séparés par une grande distance. Mais lorsque je regardais la tour Eiffel au loin, j'avais l'impression que l'avenir était déjà arrivé, juste devant mes yeux.

Au cours de l'hiver 2018, je suis retournée une nouvelle fois rendre visite à mes proches. Ma famille vit sur la rive ouest de la rivière Fen, avec de nombreux ponts sur le chemin entre la gare et ma maison. Lorsque j'étais enfant, je n'ai pas observé attentivement ces ponts. Adulte, je réalise qu'ils possèdent en fait des styles différents, et sont particulièrement beaux sous les lumières de la nuit. La rivière Fen est la rivière matrice du Shanxi et le deuxième plus grand affluent du Fleuve Jaune. Il y a 25 ponts construits le long de la rivière à Taiyuan. La conception et la forme de chaque pont sont différentes, offrant des perspectives très variées.

J'ai conduit pour voir les ponts un soir. En passant sur des ponts au design varié, je n'ai pu m'empêcher de penser aux ponts de Paris, 37 ponts sur la Seine, tous de formes différentes, racontant l'histoire d'une ville reliant sa gloire passée et présente. Ces scènes semblaient être entrelacées dans le temps et l'espace, et le dégradé de couleurs où l'avenir et la réalité se chevauchaient était la couleur de la ville natale qui se trouvait devant moi.

Parmi les toutes nouvelles impressions de ma ville natale, il y a une image qui m'attire le plus : le parc de la rivière Fen. Quand j'étais jeune, la rivière Fen s'était asséchée, et les traces du surdéveloppement et de la destruction de la végétation étaient visibles au premier coup d'œil. Les eaux usées des entreprises charbonnières environnantes se déversaient aussi de temps en temps dans notre rivière mère.

À cette époque, j'étais réticente à passer devant la rivière, la voyant meurtrie de toute part. J'ai toujours rêvé qu'un jour je pourrais vivre dans une ville avec des montagnes vertes et une eau translucide. Petit à petit, des changements se sont produits. De mes jours à l'université à ma carrière à l'interieur du pays, puis à mes parcours à l'étranger, chaque fois que je revenais à Taiyuan, je constatais des changements dans la rivière Fen, d'une rivière asséchée à une rivière abondante qui verdissait ses rives. Le parc de la rivière Fen est constamment rénové et amélioré, et il y a des pistes de course et de cyclisme sur les deux rives.

La ville aux montagnes vertes et à l'eau limpide dont je rêvais dans mon enfance est maintenant une réalité. Depuis 1998, la rivière Fen est passée par quatre phases d'exploitation et de restauration. Sa surface d'eau a atteint 1,58 million de mètres carrés, et la zone verte couvre 1,9 million de mètres carrés. L'environnement le long des berges s'est largement amélioré, attirant plus de 160 espèces d'oiseaux. La rivière mère du Shanxi a enfin cessé de s'assécher et a commencé à prendre un nouveau visage. Vu en altitude, c'est un paysage devenu verdoyant.

En me promenant dans le parc de la rivière Fen, je n'ai pu m'empêcher de soupirer d'émotion. Enfant, je voulais partir d'ici et j'aspirais au monde extérieur. Je n'étais pas fière d'être originaire du Shanxi. En grandissant, j'ai vu le monde extérieur et je suis retournée dans ma ville natale, pour en revoir le charme. Après une surexploitation et une forte dépendance à l'égard de ses ressources, le Shanxi a connu ses douleurs et ses blessures, mais la douleur engendre une nouvelle vie, et il renaîtra sûrement lors de la transformation. Il y a ici des personnes exceptionnelles, des littéraires et des poètes, qui aussi brillants que des étoiles, ont interprété des histoires héroïques. Les anciennes ruines et les anciens bâtiments racontent l'histoire de la civilisation chinoise, vieille de 5 000 ans.

Après des départs et des retours, j'ai soudain pris conscience qu'être originaire du Shanxi, c'est ma plus grande fierté. D'un ciel gris à un paysage vert, le futur de ma ville natale prendra sûrement d'autres belles couleurs.

Courte bibliographie

« Derrière l'explosion du PIB du Shanxi », Xinhua, 2022-03-28.

« Avec une eau claire, des berges vertes et un beau paysage, la quatrième phase du site touristique de Taiyuan Fenhe est pittoresque », The Gouverment Affairs Paper: Conservation de l'eau dans le Shanxi, 2022-09-30.

« Le développement de haute qualité de la grande industrie énergétique est sonore », Datong Daily, 2022-09-15.

Han Qian, correspondante internationale et experte des médias

CHAPITRE IV

Culture et art du Shanxi: les lumières de la civilisation chinoise éclairant le patrimoine culturel mondial

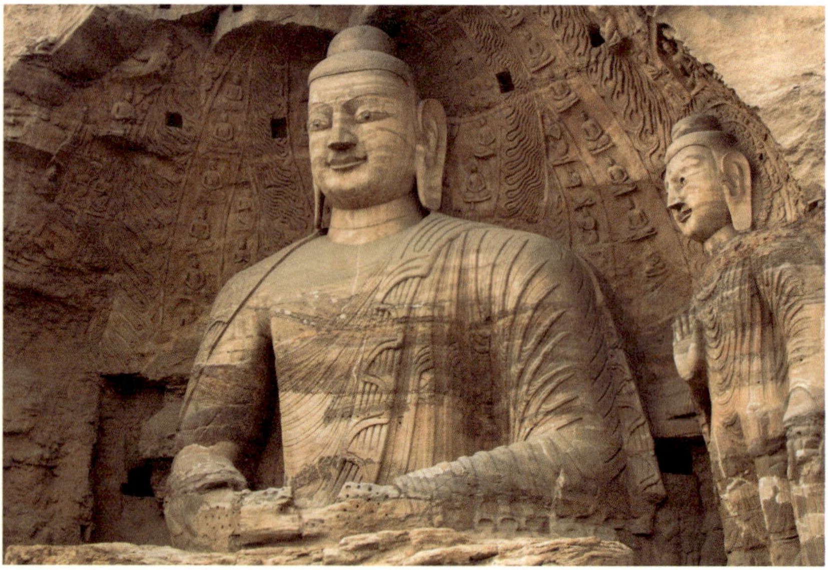

Aux origines de la civilisation chinoise——Les riches reliques culturelles du Shanxi

Xu Gaozhe

Les montagnes Taihang se dressent majestueusement et le Fleuve Jaune couleimpétueusement enserrant un plateau en forme de « feuille » rempli des codes d'une civilisation qui s'élève dans l'arrière-pays de la Chine ; cette terre magnifique, majestueuse, ancienne et magique est celle du Shanxi.

S'écoulant sans cesse, le temps a eu des hauts et des bas. Dans le Shanxi, non seulement berceau de la civilisation humaine mais aussi de la civilisation chinoise, les lointains ancêtres ont prospéré. Yao, Shun et Yu y ont construit leur capitale, le duc Wen de Jin y est devenu l'hégémon des plaines centrales, l'empereur Xiaoweny a réformé la dynastie Han, Li Shimin s'est élevé à Jingyang, Yang Jiajuny a versé son sang sur la frontière et les grands marchands Jin ont essaimé vers le monde.

Cette terre porte en elle les gènes de la nation chinoise: 53 875 vestiges culturels, dont 531 sont des unités « préservées par l'État », soit le plus grand nombre du pays. Ces traces du passé gardent leur forme originale, veillant sur un territoire secret. En se penchant vers elles, l'on devient familier du passé le plus lointain.

Uniques et riches, les vestiges culturels souterrains témoignent de l'origine de la civilisation. Plus de 700 sites paléolithiques ont été découverts dans le Shanxi, soit environ 70 % du nombre total du pays. Le site de Xihoudu a allumé le premier feu sacré de l'humanité il y a 2,43 million d'années, et le site de Dingcun, il y a environ 200 000 ans, a fourni un « échantillon chinois » qui permet de mieux comprendre l'évolution de l'homme.

Pivot de la civilisation, le Shanxi renferme également un chapitre merveilleux du développement de l'histoire chinoise. Ainsi, le site du temple Tao, établi il y a environ 4 300 ans, brosse un tableau fidèle des origines; la découverte du cimetière du marquis de Jin et des ruines de l'État de Jin, vieux de environ 3 000 ans, nous étonne en illustrant la gloire séculaire de l'hégémon des Printemps et Automnes.

Le large éventail de sites culturels, ainsi que des séquences culturelles continues, dévoilent la ligne de succession des événements et fournissent une interprétation complète et vivante du processus historique qui a fait la Chine.

Le Shanxi compte le plus grand nombre de bâtiments anciens du pays. Avec plus de 28 027 bâtiments anciens, dont environ 86.95 % des bâtiments en bois construits pendant la dynastie Song, Liao et Jin et avant, la province estconnue comme le « musée de l'architecture chinoise ancienne ». Le sanctuaire bouddhiste de la montagne Wutai, la grandeur des grottes de Yungang et l'héritage des dynasties Ming et Qing de l'ancienne ville de Pingyao, constituent les trois patrimoines culturels mondiaux qui sont célèbres dans le monde entier. La Grande Muraille, avec ses 1 400 kilomètres d'histoire sinueuse, apparaît comme l'épine dorsale du dragon chinois. Le temple de la Sainte Mère de la Miséricorde, modèle d'architecture de la dynastie Song, reste encore et toujours debout aujourd'hui. La pagode bouddhiste en bois la plus haute et la plus ancienne du monde, à Yingxian, existe depuis mille ans. La scène Jin Yuan a un rythme unique. Le temple Guandi à Xiezhou montre la révérence du peuple chinois envers le Seigneur Guan. Enfin, les grandes demeurent des marchands du Shanxi –Jin Shang –montrent leurs formes devenues légendaires.

Tandis que les sculptures et les peintures murales colorées abondent, les statues et les sculptures en pierre constituent une merveilleuse collection. Le Shanxi compte plus de 12 000 sculptures peintes anciennes, se classant au premier rang en Chine. Il y a les sculptures peintes de la dynastie Tang au temple du Bouddha de la montagne Wutai et celle de la cinquième dynastie au temple Zhenguo de Pingyao. Celles de la dynastie Song au temple Jin de Taiyuan, de la dynastie Liao au temple Huayan de Datong, de la dynastie Yuan au temple Yuhuang à Jincheng et de la dynastie Ming au temple Shuanglin de Pingyao.

Les peintures murales de la dynastie Yuan au palais Yongle constituent le sommet du genre, tandis que celles de la tombe de Lou Rui de la dynastie Qi du Nord à Wangguocun à Taiyuan et celles de la tombe de Xu Xianxiu de la dynastie Qi du Nord à Wangjiafeng à Taiyuan ont comblé les lacunes de l'histoire de l'art chinois.

Il existe 485 grottes, dont celles de Yungang et celles de la montagne Tianlong de Taiyuan qui sont les plus célèbres. Plus de 20 000 inscriptions, dont les pierres à portrait Han de Luliang, les statues en pierre des dynasties du Nord de Nanyeshui, dans le comté de Qin, et la stèle Tang du temple Jinzi, offrent une palette merveilleusement diversifiée.

L'on peut dire des collections de reliques culturelles du Shanxi qu'elles sont aussi brillantes que les étoiles. La province compte 197 musées de toutes sortes à tous les niveaux, avec une collection de plus de 3,2 millions de reliques culturelles, dont plus de 50 000 reliques précieuses, riches en types et en caractéristiques distinctives, comme l'« Oiseau Zun du Marquis de Jin » du musée du Shanxi, dont le propriétaire était le premier Marquis de Jin.

Cet oiseau Zun est une œuvre classique de la civilisation du bronze, considérée comme un trésor national. La collection de jade du Shanxi est également riche en chefs-d'œuvre, tels que le jade de la tombe du marquis de Jin, notamment le groupe de pendentifs à base de juan, qui représente le plus haut niveau de jade de la période Zhou occidental, tant par sa forme que par ses caractéristiques artistiques.

Le Shanxi est un lieu où se cachent d'innombrables légendes, et où les racines du grand arbre de la nation chinoise sont profondément enracinées. L'expression « retrouver les sources de la civilisation chinoise dans le Shanxi » n'est pas un effet rhétorique. Il s'agit d'un lieu qui marque véritablement les esprits, un lieu qui demeure dans leurs rêves, et active les éléments spirituels au plus profond de l'être.

Xu Gaozhe a longtemps travaillé au Bureau provincial des reliques culturelles du Shanxi. Il a principalement engagé dans la diffusion de la culture historique et du patrimoine culturel du Shanxi.

Les grottes de Yungang: la quintessence d'une dynastie

Zhao Kunyu

La montagne de Wuzhou incarne sans doute des caractéristiques inhabituelles. Sinon, pourquoi le souverain de la dynastie des Wei du Nord et l'éminent moine Tanyao, qui préconisait l'ouverture des grottes, ont-ils choisi de les construire là?

À la septième lune de la première année de Tianxing (398 après J.-C.), Tuoba Gui, ou l'empereur Daowu des Wei du Nord, a établi sa capitale à Pingcheng (aujourd'hui Datong, province du Shanxi), qui a duré 97 ans. Après avoir connu l'époque turbulente des Seize Royaumes construits au milieu des Cinq Huns, les blessures encore à cicatriser sur l'immense corps de la dynastie des Wei du Nord suintaient encore le sang. La gouvernance du pays par le bouddhisme était devenue la stratégie politique de premier choix pour les dirigeants afin de stabiliser le royaume et de gagner le cœur de la population; et le monde spirituel endommagé du peuple avait également besoin d'être réparé et réconforté. Le bouddhisme était un analgésique opportun, comme une rivière apaisante qui coule, afin que les personnes en quête de soulagement puissent se voir réincarnées en creusant les grottes et en cultivant les fleurs de la vie dans leurs cœurs depuis fort longtemps desséchés.

Bien sûr, sans l'histoire de Pingcheng en tant que capitale de la dynastie des Wei du Nord, il n'y aurait pas eu de patrimoine culturel mondial aussi brillant que les grottes de Yungang, car plus de la moitié des 148 années du régime des Wei du Nord appartiennent à l'ère Pingcheng.

En 460 de notre ère, en un jour que tous les temps printaniers n'oublieront jamais, le ciel bleu tout entier a été saisi par la foi en une hache et un ciseau qui ont forgé l'aura de la dynastie des Wei du Nord. Le tonnerre et les pierres tombèrent dans la montagne de Wuzhou, où chaque pierre ciselée était une chanson, et même lorsqu'elle était brisée, elle était d'une beauté indescriptible. Les grottes de Yungang, le plus ancien groupe de grottes à grande échelle à l'est du Xinjiang, en Chine, étaient nées!

À la différence des grottes de Mogao à Dunhuang ou des grottes de Longmen - qui ont toutes été achevées par des dynasties successives - plus de 59 000 statues, 45 grottes principales et 209 grottes secondaires de Yungang ont été ciselées pendant la seule dynastie des Wei du Nord, en une soixantaine d'années. Les cinq grottes Tanyao (grottes 16 à 20) qui ont été ouvertes en premier étaient censées symboliser les cinq empereurs de la dynastie des Wei du Nord. L'adoration du Bouddha équivalait à la soumission à l'empereur, de sorte que l'autorité impériale et le bouddhisme coexistaient, et que les grottes étaient aussi solides que le pouvoir de l'État. Entre le ciel et la terre, le Xianbei des Tuoba était majestueusement sculpté en une Personne majuscule.

En fait, Yungang était voué à être multi-ethniques, multi-éléments et multi-lignées depuis le premier ciselage des grottes. Des artisans et des concepteurs de différentes nationalités et régions ont sculpté la caravane de chameaux des marchands sogdiens, les raisins et les chapeaux pointus iraniens, les colonnes grecques ioniennes et corinthiennes, les arcs persans à tête d'animal, les protecteurs indiens du dharma à plusieurs têtes et à plusieurs bras, et la lune sassanide, qui était le culte du dieu de la lumière par Mithra. Il y avait non seulement des statues bouddhistes de la vallée de Swat et de la rivière Kaboul, du style noble et solennel du Gandhara avec de lourds plis, mais aussi des vêtements provenant de Mathura, en Inde, qui étaient légers et près du corps dans le style des plis de Cao. Les sculptures de musique et de danse étaient une collection de musique chinoise ancienne, de musique Hun des régions occidentales, de musique bouddhiste indienne et de musique Xianbei. Le style Han remplissait les salles de la grotte et l'on pouvait voir les éléments architecturaux traditionnels chinois tels que les plafonds plats, les toits en tuiles, les systèmes de supports et les sculptures de dragons et d'oiseaux en vol. L'éclectisme solennel et magnifique reflétait les caractéristiques de l'époque de la grande intégration des diverses cultures ethniques dans la société de l'époque.

Grande entreprise royale, les grottes de Yungang soulignaient l'autorité de la maison royale, qui y déversait toutes les richesses, le travail et les matériaux du pays pour satisfaire et réaliser les besoins politiques de l'État. Par conséquent, à Yungang, vous ne trouverez pas de scènes de vie banales telles que des mariages et des funérailles, l'agriculture et le pâturage, le brossage des dents et le peignage des cheveux, comme c'est le cas dans sur d'autres fresques, ni d'histoires de gens ordinaires qui bavardent et discutent. Quelqu'un l'a comparé à juste titre à « la dynastie gravée sur la pierre ». Les statues de Bouddha, avec l'air à la fois d'empereur et de Bouddha, rayonnent la beauté de la divinité, reflétant l'autorité suprême des empereurs du Wei du Nord et leur haute stature qui a traversé les âges, mais derrière elles, on peut aussi voir l'éclair des épées dans les affrontements politiques; et sous ces superbes et magnifiques reflets et ces sculptures pieuses, il y a une certaine tristesse au milieu des solennités. Yungang n'est qu'un exemple de la gloire de la dynastie des Wei du Nord, bien qu'avec un peu de tristesse.

Mais après tout, Yungang était une branche majeure de l'art mondial dominant au Ve siècle de notre ère. Sa plus grande réussite a été d'absorber l'essence de diverses écoles d'art dans le monde et d'intégrer les diverses branches culturelles qui se trouvaient à Pingcheng pour créer le nouveau modèle de « physionomie de Bouddha à visage Hun », rassemblant les caractéristiques de la culture Xianbei de Tuoba et celles des statues bouddhistes d'Inde et d'Asie centrale. Ce modèle a eu un impact profond sur les grottes-temples chinois et constitue un exemple typique de diffusion culturelle à l'échelle mondiale.

Zhao Kunyu, conservateur du musée des grottes de Yungang de l'Institut de recherche de Yungang et chercheur en littérature et culture, se consacre à l'étude de l'art bouddhiste et se spécialise dans l'iconographie musicale. Il est directeur de la Société chinoise de l'imagerie musicale et expert au Centre de création et de recherche sur la danse de Yungang.

Le creuset des nations: l'archéologie de l'art des dynasties du Nord au Shanxi

Wu Xia

Au pied de la chaîne de Yinshan

S'étend la plaine du Chile.

Le ciel est comme une yourte

Couvrant toute la terre.

Sous le ciel d'azur,

Le vent l'emporte sur

La prairie sans limites, pour révéler

Des troupeaux de bovins et de moutons.

Cette « Chanson de Chile », chanson folklorique populaire de Yuefu des régions du nord du Fleuve Jaune pendant les dynasties du Nord, montre la vraie vie des nomades vivant d'eau et d'herbe. Durant les dynasties Wei, Jin, du Sud et du Nord (220-589 après J.-C.), c'est sur cette terre que les ethnies du Nord qui avaient immigré au Shanxi se sont succédées sur le trône. Le régime de la minorité ethnique Tuoba de la tribu Xianbei, originaire des montagnes du Grand Xing'an, a finalement unifié le bassin du Fleuve Jaune grâce aux efforts de plusieurs générations, mettant fin à la division chaotique du nord de la Chine depuis les « Cinq Huns et Seize Royaumes ». La culture matérielle créée au cours de cette époque est sans doute la plus distinctive du Shanxi.

L'archéologue Zhang Qingjie a souligné que pendant les dynasties du Nord, il y avait deux villes importantes dans le Shanxi; l'une était Pingcheng (aujourd'hui la ville de Datong), la capitale de la période précoce et moyenne de la dynastie des Wei du Nord, et l'autre Jinyang (aujourd'hui la ville de Taiyuan), l'une des bases militaires et des centres politiques des dynasties des Wei de l'Est et des Qi du Nord. En tant que villes importantes au début et à la fin des dynasties du Nord, elles ont réuni la culture et l'art les plus avancés à cette époque, nous laissant de nombreuses reliques culturelles extrêmement remarquables.

La dynastie des Wei du Nord à l'époque de Pingcheng a connu une transition politique d'un régime nomade sur les prairies à l'extérieur de la Grande Muraille à un État impérial. Une série de découvertes archéologiques a confirmé la position importante de Pingcheng.

La plus ancienne tombe murale de Pingcheng est la tombe murale de Shaling dans la première année de Taiyan (435)[1]. Selon le texte en cuir peint déterré dans la tombe, on suppose que le propriétaire est Paodoro Ta, le grand général de Pingxi. Sur le mur principal du tombeau sont peints le propriétaire du tombeau et sa femme qui sont en train de festoyer, et sur les deux murs latéraux sont peints des processions de cuisiniers, de chasseurs et de gardes d'honneur. Celles-ci remontent aux tombes murales Wei et Jin

---

1 Institut d'archéologie de Datong :"Report on the Excavation of the Northern Wei Mural Tombs in Shaling, Datong, Shanxi", *Cultural Relics*, n° 10, 2006.

des Seize Royaumes à Hexi et aux tombes murales des dynasties Han, Wei et Jin à Liaodong. Après que la dynastie Wei du Nord a conquis les trois royaumes Yan à l'est et Hexi à l'ouest, les habitants des régions conquises ont migré vers les environs de Pingcheng l'un après l'autre. Des immigrants multiethniques de diverses régions ont apporté ici la culture matérielle et spirituelle la plus avancée de l'époque. Les Xianbei de Tuoba ont activement absorbé et intégré ces éléments culturels, créant ainsi un nouveau visage culturel de la période de Pingcheng.

À la fin de la période Pingcheng, nous en avons trouvé un typique dans la tombe de Sima Jinlong[1] dans la huitième année de Taihe (484). Le clan Sima Jinlong était les descendants du clan impérial des Jin de l'Est qui s'étaient rendus à la dynastie des Wei du Nord, ayant la confiance et placés à des postes très élevés par les nouveaux empereurs. La tombe a été construite avec des « briques dédiées à la tombe du roi de Langya Sima Jinlong ». Bien que la tombe ait été pillée dans les premières années, les fouilles archéologiques ont encore livré de nombreux objets funéraires importants, dont quelque 400 figurines en poterie et modèles d'animaux, ainsi que des pierres à encre, des pots en poterie, des crachoirs en céladon, des ciseaux et des étriers en fer, et autres.

Sur le côté ouest de l'arrière-salle de la tombe de Sima Jinlong se trouve un lit de sarcophage magnifiquement sculpté. Les pieds du lit sont chacun sculptés d'un guerrier en forme de contrefort, une porte à linteau est sculptée entre les jambes et le motif de chèvrefeuilles avec des images de

---

1 Musée de la ville de Datong, province du Shanxi, Comité de travail sur les reliques culturelles de la province du Shanxi : « La tombe de Sima Jinlong de la dynastie des Wei du Nord à Shijiazhai, Datong, province du Shanxi », *Cultural Relics*, n° 3, 1972.

Un paravent en laque découvert dans la tombe de Sima Jinlong sous la dynastie des Wei du Nord

Base de pilier en pierre de la tombe de Sima Jinlong dans la dynastie des Wei du Nord

danseur, de guerrier, de phénix et de verdier est sculpté au-dessus du linteau. À côté du lit du cercueil se trouvent également des bases de piliers sculptées avec des chèvrefeuilles enchevêtrés et des motifs de danseurs. Le célèbre archéologue Su Bai, a remarqué que les motifs décoratifs de ces sculptures en pierre sont similaires à ceux des grottes de Yungang 9 et 10. Il y a donc des chercheurs qui pensent que la production de ces objets funéraires en pierre et les sculptures des grottes de Yungang provenaient également

Le cercueil en forme de maison en pierre déterré de la tombe de Song Shaozu

d'ateliers officiels[1].

Un ensemble de paravents en laque peintes a également été déterré de la tombe de Sima Jinlong, dont cinq pièces étaient relativement complètes. Les histoires de fils dévoués, de filles droites, de personnes capables et de reclus sont dessinées sur quatre couches. La méthode de peinture de ces images ne se trouve pas à Pingcheng, mais le style de peinture se ressemblent beaucoup à celui des dynasties du sud, probablement parce que le clan Sima Jinlong s'est rendu des dynasties du sud et avait apporté les croquis du sud plus tôt.

En plus des deux tombes ci-dessus, d'importantes découvertes archéologiques dans la région de Pingcheng comprennent le mausolée de Yonggu à Fangshan de la reine Wenming Feng du nord de Wei, la tombe de Song Shaozu, duc de Dunhuang et gouverneur de Youzhou, et un

---

[1] Lin Shengzhi :"Tombes, religions et ateliers régionaux: On Buddhist Images in Northern Wei Dynasty Tombs", Institut d'histoire de l'art, Université nationale de Taïwan, *Art History Research Collection*, Vol. 24, 2008.

grand nombre d'autres tombes de nobles et de personnes de divers groupes ethniques du nord. Certains produits en or, en argent et en verre des régions occidentales se trouvent également couramment dans ces tombes, reflétant le lien étroit entre Pingcheng et les pays des régions occidentales pendant la dynastie des Wei du Nord.

Taiyuan, Shanxi était le centre politique et militaire de la dynastie des Wei de l'Est et de la dynastie des Qi du Nord. La dynastie Wei du Nord y établit le comté de Taiyuan, avec Jinyang comme siège du gouvernement. Pendant le Wei de l'Est, Gao Huan a installé le manoir du Premier ministre à Jinyang, et toutes les affaires militaires et étatiques étaient administrées ici. Pendant la dynastie Qi du Nord, Jinyang était encore le centre politique et militaire. Les découvertes archéologiques les plus importantes à Taiyuan pour cette période sont deux tombes murales de haut niveau de la période Qi du Nord. Le premier est le tombeau du roi Lou Rui, de Dong'an dans la première année de Wuping (570),[1] situé près de l'ancienne ville de Jinyang au sud-ouest de Taiyuan. Puisque Lou Rui était le neveu de l'impératrice Lou Zhaojun de Wuming, la tombe est de grande taille et une grande procession de gardes d'honneur est dessinée dans la salle funéraire d'environ 21,3 mètres de long. La peinture murale est divisée en trois couches: les deux premières une image de voyage à cheval, et la troisième couche est celle des gardes d'honneur claironnant, montrant la carrière militaire du propriétaire de la tombe et sa position de premier plan de son vivant. La peinture murale est riche en contenu, bien peinte et bien conservée. Les

---

[1] Institut provincial d'archéologie du Shanxi, Institut municipal des vestiges culturels et de l'archéologie de Taiyuan: « La tombe du roi Lou Rui de Dong'an, Dynastie Qi du Nord », *Cultural RelicsPress*, 2006.

historiens de l'art pensent que ce style est exactement ce que le peintre de la cour des Qi du Nord, Yang Zihua, a enregistré dans *Peintures célèbres des dynasties passées*. Puisqu'il n'y a pas de peintures existantes de cette période dans les peintures traditionnelles sur rouleau, cette découverte archéologique nous fournit des matériaux de référence importants pour comprendre le style de peinture du Qi du Nord.

Le second tombeau est celui de Xu Xianxiu[1], le roi de Wu'an de la deuxième année de Wuping (571 après J.-C.), situé à 10 miles au nord-est de la ville de Jinyang (maintenant le village de Wangjiafeng à Taiyuan). Le grand-père et le père de Xu Xianxiu étaient des fonctionnaires de la ville frontalière de la dynastie des Wei du Nord, et avant la disparition de cette dynastie, Xianxiu a d'abord rejoint ErzhuRong, puis a suivi Gao Huan et a progressivement atteint le sommet. Après être entré dans la dynastie Qi du Nord, il a été gouverneur de Xuzhou, deuxième vice-directeur du Département des affaires d'État et ministre des Travaux publics avant d'être promu défenseur en chef. En raison de sa bravoure au combat et de ses exploits répétés, il fut inféodé au roi de Wu'an. La tombe est la tombe murale la mieux conservée de la dynastie Qi du Nord. La salle funéraire de 15,2 mètres de long est peinte avec une procession cérémonielle. Le mur principal présente le propriétaire de la tombe et sa femme en train de festoyer, avec des musiciens de chaque côté. Les murs latéraux sont des images itinérantes des propriétaires masculins et féminins

---

1 Institut provincial d'archéologie du Shanxi, Institut municipal des reliques culturelles et de l'archéologie de Taiyuan: « Report on the Excavation of Xu Xianxiu's Tomb of Northern Qi Dynasty in Taiyuan », *Cultural Relics*, n° 10, 2003.

de la tombe. Toutes ces images nous fournissent une référence importante pour comprendre les perspectives culturelles de Jinyang à cette époque. Par exemple, le brocart porté sur la servante avec le motif du bodhisattva dans la cocarde de perles, le tabouret de camp porté sur l'épaule de la servante et la bague en or incrustée de tourmalines portée par le propriétaire de la tombe, reflètent tous les échanges étroits entre Jinyang et les régions occidentales durant cette période, ce qui révèlent en même temps le paysage social du multiculturalisme de l'époque.

De ces deux tombes ont également été trouvés un grand nombre de figurines en poterie, ainsi que de grands pots à tête de poulet vernissés, des lanternes de lotus et d'autres artefacts à la décoration complexe, c'est-à-dire des matériaux importants pour nous permettre de comprendre l'industrie artisanale et les rites funéraires de cette période.

D'ailleurs, dans la ville de Xinzhou, au nord de Taiyuan, où le comté de Xiurong était situé pendant les dynasties du Nord, les archéologues ont découvert une plus grande tombe murale[1] des dynasties du Nord. Malheureusement, l'épitaphe a été volée et le propriétaire de la tombe est donc inconnu. La salle funéraire de 30 mètres de long est entièrement recouverte de peintures murales, qui sont divisées en quatre couches de haut en bas: la couche supérieure est peinte avec divers animaux mythiques et des motifs de nuages enregistrés dans le *Classique des montagnes et des rivières*; le second plan est une scène de chasse grand format dans une forêt de montagne, et sur les troisième et quatrième plans, un cortège de

---

1 Institut provincial d'archéologie du Shanxi, bureau de gestion des reliques culturelles de la ville de Xinzhou: « Tombes murales des dynasties du Nord à Jiuyuangang, Xinzhou, Shanxi », *Archéologie*, 2015, numéro 7.

gardes d'honneur. Au-dessus de la porte de la tombe, il y a une arche vive à grande échelle. Les peintres ont soigneusement dessiné des clous de tuiles protubérants, des seaux à structure compliquée, des architraves et des balustrades qui se chevauchent et d'autres éléments de construction.

Après que la dynastie Sui ait remplacé les Zhou du Nord, Jinyang était toujours une ville importante. Une découverte archéologique majeure à Taiyuan de la dynastie Sui fut la tombe de Yu Hong, un Sogdien qui rejoignit la Chine la treizième année de Kaihuang (592)[1]. A en juger par les archives épitaphes, Yu Hong venait du pays Ouigour dans les Régions de l'Ouest. Après être entré dans les plaines centrales, il a occupé d'importants postes officiels dans les Qi du Nord, les Zhou du Nord et la dynastie Sui. Sous la dynastie des Zhou du Nord, il était en charge des affaires concernant les étrangers en Chine. Le cercueil en forme de maison mis au jour dans la tombe est en marbre blanc, imitant un édifice chinois en bois. Son mur extérieur est gravé des scènes des sacrifices zoroastriens. Les costumes, les ustensiles, les instruments de musique, la danse, les fleurs et les arbres de l'image proviennent d'Asie centrale, tous des éléments populaires de ces pays.

Ces reliques culturelles exquises décrites ci-dessus sont principalement collectées au musée du Shanxi, au musée de la ville de Datong et au musée des murales de Beiqi de la ville de Taiyuan.

Wu Xia, professeur associé de l'école d'archéologie et de muséologie, Université du Shanxi

---

1 Institut provincial d'archéologie du Shanxi, Institut des reliques culturelles et d'archéologie de Taiyuan, Bureau des reliques culturelles et du tourisme du district de Jinyuan: *Tombe Yu Hong des Sui à Taiyuan*, Cultural Relics Press, 2005.

Foguang: Le temple de mille ans

Peng Ke'er

En tant que dojo de Manjusri Bodhisattva et connu sous le nom de « Wutai doré », le mont Wutai se classe au premier rang des quatre célèbres montagnes bouddhistes de Chine. Taihuai est le centre de Wutai, il y a de nombreux temples et temples à proximité, et l'encens y flotte abondamment. Cependant, le soir du 26 juin 1937, un groupe de « pèlerins » venus de loin tournaient le dos sur Taihuai pour marcher à Taiwai (extérieur de Taihuai) isolé. Ils ont entendu dire qu'il y avait peut-être un bâtiment en bois de la dynastie Tang construit il y a mille ans qui avait survécu seul, et le prélude légendaire à la découverte du temple Foguang fut lancé.

Le hall de l'est du temple Foguang est la plus grande architecture en bois existante de la dynastie Tang en Chine, et c'est aussi la seule structure Tang existante avec un toit de style hall. Surnommé « le premier trésor de l'architecture chinoise ancienne » par le maître architecte Liang Sicheng, il a été aussi appelé « le spécimen vivant de l'architecture chinoise en bois » par les générations suivantes.

Entre les doubles pétales des montagnes Wutai en forme de lotus dans la ville de Xinzhou, cet ancien temple en bois possède un dougong majestueux et des avant-toits de grande envergure, soutenant la gloire magnifique de la dynastie Tang il y a des milliers d'années.

« À 40 miles au sud-ouest de Tai, il a été construit par l'empereur Xiaowen de la dynastie Yuan Wei. L'empereur a vu la lumière du Bouddha, d'où son nom ». Le livre « Chroniques de la Montagne Qingliang » retrace la vie du temple Foguang. Après plus de trois cents ans de culte, le temple a été détruit lors du mouvement anti-bouddhiste de Huichang. Seulement douze ans plus tard (la onzième année de Dazhong sous la dynastie Tang), le hall d'est du hall principal a été reconstruit. Après, avec le déclin du bouddhisme, il est devenu silencieux dans l'histoire, l'encens a été négligé et les moines menaient une vie misérable. C'est sans doute pour cette raison que le temple est resté à l'écart des catastrophes militaires depuis des milliers d'années. Aujourd'hui, il est érigé au sein de montagnes reculées.

La découverte du temple Foguang révèle non seulement le statut fondateur de l'ancienne architecture chinoise en bois, mais reflète également la détermination du peuple chinois à préserver leur patrimoine culturel. A cette époque, des érudits japonais avaient mené des enquêtes à grande échelle sur les bâtiments anciens en Chine. Tadatasu Ito, le père de l'architecture japonaise, affirmait dans son livre « Histoire de l'architecture chinoise » que « la Chine n'a plus de bâtiments en bois avant la dynastie Tang. Pour voir les bâtiments en bois de la dynastie Tang, et pour voir les bâtiments en bois de la dynastie Tang, il faut aller à Kyoto et à Nara au Japon. »

À cette époque, afin de réfuter cette affirmation inventée de toutes pièces, la Construction Society s'est rendue dans 15 provinces en cinq ans, a fouillé 137 villes à travers le pays et a vérifié 1 823 bâtiments anciens.

L'architecture en bois de la dynastie Tang restait introuvable, mais ils l'ont toujours poursuivie avec la conviction qu'il devait y en avoir.

La « vocation » du temple de Foguang vient des fresques des grottes de Dunhuang. En juin 1937, Liang Sicheng, Lin Huiyin, Mo Zongjiang et Ji Yutang se sont lancés dans un voyage pour retrouver l'architecture de la dynastie Tang sous la direction des peintures murales « Wutai Mountain » et « Grand Temple des lumières de Buddha » dans la grotte 61 de Dunhuang. A deux mille kilomètres de là, cet « envoyé » de la dynastie Tang attendait silencieusement dans les montagnes.

Avec de vagues indices, un groupe de personnes est « entré dans la montagne sur des mules de bât, s'attardant sur la route escarpée, le long du bord de la falaise, accidentée et dangereuse », et ils ont finalement vu le temple FoguangZhenrong dans le village de Dou, à 32 kilomètres au nord-est de ville de Wutaï. Un vieux moine qui gardait le temple et un disciple muet les ont reçus. Dans la rémanence du soleil couchant, le bâtiment en bois bien conservé de la dynastie Tang construit en 857 se dresse tout seul. La précieuse histoire recouverte de poussière de 1080 ans a été révélée de manière légendaire.

La montagne Foguang est entourée d'anciens temples sur trois côtés, et devant elle se trouvent les montagnes, les rivières et les vallées soudainement claires. Les bâtiments du temple sont empilés haut et bas et sont répartis sur des plateformes hautes à trois niveaux. Au nord côté de la plateforme se trouve le bâtiment du vent parfumé et de la pluie de fleurs; les deuxième et troisième plateformes sont reliées par des marches abruptes; le hall de l'est se dresse sur la troisième plateforme, « le hall est immense, la pente du toit est douce, et les larges avant-toits et ailes saillantes. Toutes les images énormes et héroïques sont très similaires aux salles des fresques de Dunhuang dans la Terre Pure déguisées. En un coup d'œil, elles peuvent être considérées comme des objets de la fin des Tang et des Cinq Dynasties. En levant les yeux vers la salle, on est tous émerveillé et en admiration. » En un coup d'œil saisissant la forme architecturale, Liang etLin savaient que la dynastie Tang approchait.

Poussant la lourde porte en bois, le soleil couchant se déversa dans la salle principale tout comme il y a des milliers d'années. Lin Huiyin leva les yeux et vit les légères marques d'encre sur les quatre chevrons –« Le Seigneur de la salle du Bouddha a envoyé des offrandes à la disciple féminine NingGongyu ». Les quelques mots font écho aux gravures sur les écritures à l'extérieur du hall principal. C'est la preuve concluante de la dynastie Tang laissée par le temple Foguang aux générations futures. L'affirmation selon laquelle la Chine n'avait pas de bâtiments en bois sous la dynastie Tang a été complètement brisée.

« La grande porte de la salle s'est immédiatement ouverte pour nous. Il y a sept travées dedans, et elle semble encore plus brillante dans l'obscurité. Sur une grande plateforme, il y a une statue assise d'un Bodhisattva, et ses serviteurs se tiennent autour de lui. C'est comme une forêt de fées. » Près de cent ans plus tard, le journal de Liang Sicheng nous ramène à ce moment sacré.

Selon la perspective de Liang Sicheng, nous pouvons voir les 34 sculptures peintes de la dynastie Tang conservées dans le hall de l'est, qui sont les sculptures peintes de la dynastie Tang les plus complètes et les plus spectaculaires au monde, représentant près de la moitié des 80 sculptures peinte de la dynastie Tang en Chine. En regardant vers le haut, les plafonds sont constitués de très petits carrés. La « boîte dorée et l'auge à fond de seau » construite par le plan en filet de colonne en forme du caractère « 回 (huí) » est l'une des preuvesque la salle est construite pendant la dynastie Tang; les mains de fourche en bois énormes et concises sur les poutres plates se trouvent également des éléments architecturaux de la dynastie Tang.

Comme l'a dit le célèbre expert en architecture ancienne, Guo Daiheng, les bâtiments anciens ne sont pas seulement des objets matériels, mais reflètent également la culture économique de la société à cette époque. Le hall de l'est du temple Foguang possède les gènes des bâtiments les plus élevés de la dynastie Tang, comme s'il s'agissait d'une cellule de la dynastie Tang, à partir de laquelle les générations futures peuvent ressusciter une époque. Lorsque vous regardez l'ensemble du temple, vous voyez des reliques culturelles architecturales de 9 dynasties, dont les Wei du Nord, les Qi du Nord, les Tang, les Song, les Jin, les Yuan, les Ming, les Qing et la République de Chine réunies. Dans ce coin de montagne, le magnifique art architectural chinois est rassemblé de manière inattendue.

Le temple Foguang est venu vers nous de la dynastie Tang. La mémoire millénaire de cet ancien temple dans les montagnes contient non seulement l'ascension et la chute du bouddhisme et le changement de dynasties, mais également la victoire de la dispute académique sino-japonaise sur architecture historique. Aujourd'hui, 1 165 ans se sont écoulés depuis la naissance de la salle de l'est du temple Foguang. Elle vit toujours dans la montagne Wutai et marche à nouveau silencieusement vers le futur avec gloire.

Peng Ke'er, née en août 1998, à Yuanping, Shanxi, travaille pour le quotidien China Daily. Elle a été diplômé een 2019 de l'École des langues étrangères de l'Université du Shanxi, avec une spécialisation en langue française.

Les trois merveilles et les trois trésors du temple Jinci

Guo Jinyuan

On a de nombreuses raisons pour tomber amoureux d'une ville. Si vous voulez comprendre pleinement Taiyuan, la capitale provinciale du Shanxi avec une histoire de plus de 2 500 ans, et en tomber amoureux, vous devez d'abord vous rendre au temple Jinci, à 25 kilomètres au sud-ouest de la ville, pour trouver le mot de passe permettant de déverrouiller la mémoire historique.

Le temple a été construit pour commémorer Tang Shuyu, le premier prince de l'État de Jin au 11e siècle environ avant notre ère. Initialement nommé « temple Tang Shuyu » mais également connu sous le nom de « temple du roi de Jin », il jouit d'une réputation qui lui vaut le titre de « première merveille scénique du Shanxi ».

Le temple Jinci est le plus ancien jardin sacrificiel royal existant en Chine. Il compte plus de 100 sculptures datant des dynasties Song et Yuan, plus de 30 œuvres d'art moulées, plus de 400 inscriptions des dynasties passées, plus de 200 poèmes et plaques, et 40 arbres millénaires. Il s'agit d'un précieux patrimoine historique et culturel qui combine architecture sacrificielle, jardins, sculptures, peintures murales et inscriptions sur stèles.

En 1961, le Conseil d'État a classé Jinci parmi le premier groupe d'unités de protection des reliques culturelles clés nationales. En 2001, il a été classé parmi le premier groupe d'attractions touristiques nationales de niveau AAAA par l'Administration nationale du tourisme. Étant le grand atout parmi les lieux d'intérêt de Taiyuan, Jinci a reçu de nombreux dignitaires et amis du pays et de l'étranger, tels que le poète indien RabindranathTagore, le prince héritier suédois Gustav VI (qui est devenu roi par la suite), le Premier ministre australien Fraser, le président de la République du Tchad Félix Malloum N'Gakoutou. Chaque année, des descendants de la famille Wang de Thaïlande, de Singapour, de Myanmar et des régions de Taiwan et de Hong Kong, viennent rendre visite à leurs proches et rendre hommage à la salle ancestrale.

Ce qui fait la renommée internationale de Jinci, ce sont les « trois merveilles » et les « trois trésors ». Les trois merveilles sont les cyprès des Zhou, la source Nanlao et les statues peintes de servantes des Song. Le cyprès des Zhou, situé devant la salle de la reine douairière, a été planté dans les premières années de la dynastie des Zhou occidentaux et a une histoire de plus de 3 000 ans. Représentant tous les arbres millénaires du temple Jinci, il mesure 18 mètres de haut et 5,6 mètres de large. Il est tordu et courbé, incliné à 45° vers le sud, en forme de dragon prostré (Wolong), d'où son nom de « cyprès de Wolong ». Nanlao Spring signifie « eau de source sans fin » en chinois. Outre les légendes classiques racontées par les aînés de la région, elle est également célèbre pour son eau de source, dont la température est constante tout au long de l'année, et qui est de grande qualité et riche en minéraux, offrant une irrigation pérenne d'immenses étendues de terres agricoles à proximité. Les statues des servantes sont 43 statues peintes qui existent toujours dans la salle de la reine douairière. À l'exception des petites statues situées de part et d'autre de la douairière, qui ont été complétées ultérieurement, les autres sont des sculptures originales datant du début de la dynastie Song. La taille de 33 statues est similaire à celle de personnes réelles, avec des postures et des comportements divers, et des expressions faciales réalistes. Devant ces œuvres réalistes, libérées du carcan des techniques de sculpture des statues bouddhistes, nous pouvons en quelque sorte percevoir leurs émotions, et nous demander comment ils passaient chaque jour à cette époque.

Les « trois trésors du temple Jinci » sont la salle des sacrifices, la poutre volante au-dessus de l'étang à poissons et la salle de la reine douairière, qui sont tous des bâtiments classés trésor national. Construite sous le règne de Dading de la dynastie Jin (1168), la Salle des Sacrifices était autrefois un lieu d'exposition des offrandes sacrificielles. Ce qui pourra étonner, c'est que l'ensemble du bâtiment est dépourvu de murs, uniquement entouré de clôtures à meneaux. La structure de la poutre est entièrement composée de tenons et de mortaises, sans un seul clou, ce qui la rend à la fois légère et solide. Sous l'avant-toit de ce pavillon en forme de hall, l'effet de ventilation est excellent, et je ne peux m'empêcher de ressentir la sagesse des anciens architectes. La poutre volante est le premier prototype de viaduc en forme de croix en Chine, la date de sa construction initiale est inconnue, mais on estime que c'est probablement sous la dynastie des Wei du Nord. L'étang à poissons est un bassin carré, sur lequel un pont en croix est soutenu par 34 piliers octogonaux en pierre. Le pont est large d'est en ouest, et ses ailes nord et sud sont repliées vers le bas comme un grand oiseau aux ailes ouvertes, d'où le nom de « poutre volante ». Le hall de la reine douairière, construit en mémoire de Yijiang, la mère de Tang Shuyu, à la première année de Yongxi de la dynastie des Song du Nord (984), est le hall principal du temple Jinci. Le hall mesure 19 mètres de haut, 7 colonnes de large et 6 colonnes de profondeur. Les couloirs qui l'entourent sont le premier exemple de « couloirs autour du hall » dans les bâtiments anciens existants en Chine. Les huit dragons en bois sculptés sur les colonnes du porche d'entrée sont les plus remarquables. Les écailles, la barbe et les poils des dragons sont encore clairement visibles, et le talent exquis des sculpteurs est à couper le souffle. Dans le hall, la statue de Yijiang trône au centre avec une apparence digne et sereine. Des deux côtés, il y a les statues de 4 femmes fonctionnaires en habits d'homme, de 5 eunuques et de ses 33 dames d'honneur, qui restituent véritablement l'aspect original de la vie de cour de la dynastie des Song du Nord.

La valeur du patrimoine culturel de Jinci réside également dans l'art exquis de la calligraphie sur les inscriptions de ses plaques et stèles. Par exemple, les trois caractères « Shui-jing-tai » de la scène Shuijing ont été écrits par Yang Eryou, le professeur de calligraphie de l'empereur Qianlong, et « Dui-yue » de l'arc commémoratif de Duiyue a été écrit en 1576 par Gao Yingyuan, un artiste calligraphe. « Nanlao » a été inscrit par un grand érudit nommé Fu Shan (1607-1684). Ces trois plaques sont connues comme les « trois célèbres plaques » du temple Jinci. En ce qui concerne les inscriptions, la stèle La préface de l'inscription de Jinci écrite par l'empereur Taizong de la dynastie Tang est la plus populaire, avec ses 1 203 caractères, dont 39 caractères « 之 », écrits de manières toutes différentes, constituant ainsi un précédent pour les inscriptions en écriture courante chinoise.

Le temple Jinci est comme un vieil homme, se tenant tranquillement à travers la poussière et la fumée dans le coin sud-ouest de la ville, observant en silence les vicissitudes de la planète et veillant aux expressions culturelles de cette terre ancienne. Aujourd'hui, il est considéré par la population locale comme une coordonnée culturelle pour exprimer son identité émotionnelle. Le festival des lanternes de Jinci, la foire du temple Jinci, entre autres, sont également devenus des symboles de son enracinement dans la vie locale.

Guo Jinyuan, doctorante et maître de conférences du département de gestion du tourisme au Collège d'histoire et de culture, Université de Shanxi, avec un intérêt de recherche sur le Tourisme du patrimoine culturel et le Tourisme folklorique.

Commémoration du 50ᵉ anniversaire de la visite du Président français Georges Pompidou aux grottes de Yungang dans la province du Shanxi

David Gosset

Les relations entre la France et la Chine font l'objet d'une abondante littérature. Les deux pays, situés aux deux côtés opposés de l'Eurasie, partagent une longue histoire d'interactions, et leurs relations actuelles sont d'une importance qui va bien au-delà des échanges bilatéraux.

Après la proclamation de la République populaire de Chine en 1949, la France a été le premier pays occidental à reconnaître la jeune république dirigée par Mao Zedong (1893-1976). C'était le 27 janvier 1964, dans un monde divisé par la guerre froide. Une telle percée diplomatique démontre encore une fois l'esprit d'indépendance du plus grand homme d'État français du XXᵉ siècle, Charles de Gaulle (1890-1970).

Après la démission de ce dernier en 1969, Georges Pompidou (1911-1974) est élu sans difficulté deuxième président de la Ve République française. Il avait été le Premier ministre de de Gaulle de 1962 à 1968. Personnalité politique soucieuse de la modernisation de son pays, Pompidou est aussi un homme de culture qui a largement bénéficié de l'enseignement qu'il a reçu dans le domaine des humanités. À 50 ans exactement, il fit publier son *Anthologie de la poésie française*. Son esprit est aussi profondément attiré par la création artistique contemporaine. Avec son épouse Claude Pompidou (1912-2007), il a su apprécier Yves Klein (1928-1962), Pierre Soulages ou Pierre Boulez (1925-2016).

La passion de Claude et Georges Pompidou pour l'art moderne a culminé dans la conception et la réalisation du Centre national d'art et de culture Georges-Pompidou, connu sous le nom de « centre Pompidou ». Sa célèbre architecture « inside-out » a suscité d'interminables controverses, un célèbre journal français écrivant sans ambages: « Paris a son propre monstre, tout comme celui du Loch Ness ». Le jury du Pritzker exprima son désaccord et fit l'éloge de cette construction qui a « révolutionné les musées ». Aujourd'hui, il est devenu l'un des lieux incontournables de Paris. En outre, le musée, la bibliothèque publique et l'Institut de Recherche et de Coordination en Acoustique/Musique – IRCAM – qu'il abrite ont certainement enrichi la vie culturelle française.

Profondément influencé par de Gaulle qu'il a servi avec loyauté depuis 1944 dans différentes fonctions, Pompidou s'est naturellement attaché à développer les relations entre la France et la Chine. Avec la reconnaissance diplomatique de 1964 et la visite d'André Malraux (1901-1976) à Pékin en 1965, de Gaulle a indiqué une direction; Pompidou, lui, s'est mis en marche vers le but.

C'est dans ce contexte qu'il effectue, du 11 au 17 septembre 1973, une visite véritablement historique en Chine. Etienne Manac'h (1910-1992), ambassadeur de France à Pékin (1969-1975), a joué un rôle clé dans l'organisation complexe de ce moment politique majeur. Outre les échanges de haut niveau avec Mao Zedong (1893-1976), Dong Biwu (1886-1975) et Zhou Enlai (1898-1976) qui ont eu lieu dans la capitale chinoise, la délégation française s'est rendue à Hangzhou et à Shanghai.

Cependant, avant que l'avion ne s'envole vers le delta du fleuve Yangtze, Pompidou est monté, le 15 septembre, dans un train pour Datong, une ville située au nord de la province du Shanxi. La délégation française était alors en route pour découvrir les merveilles des grottes de Yungang. La promenade d'une heure sous la protection des visages souriants des bouddhas taillés dans la roche deviendra l'un des temps forts de la visite.

Depuis la publication de la *Mission archéologique dans la Chine septentrionale* (1913) du grand sinologue français Edouard Chavannes (1865-1918), les grottes bouddhiques du Shanxi avaient gagné en visibilité dans certains cercles intellectuels européens. S'il était intellectuellement stimulant d'être conscient de leur existence à travers le rendu d'un érudit, sentir leur beauté dans leur environnement était une expérience plus profonde.

La demande du côté français de visiter Yungang pouvait être interprétée comme un symbole de l'intérêt du Président pour l'art et la culture. L'approbation par la Chine d'une telle demande signalait l'importance que la Chine attache aux échanges culturels entre la Chine et le reste du monde.

Après la découverte des guerriers en terre cuite en 1974, Xi'an est devenue une étape sur l'itinéraire des dignitaires étrangers visitant la Chine. Le président français Jacques Chirac (1932-2019), qui considérait Pompidou comme un second père, comme il l'a écrit dans ses *Mémoires*, a largement contribué à la promotion de ceux-ci. Après son excursion à Xi'an en 1978, il a déclaré que les armées enterrées de Qin Shi Huang constituaient la huitième merveille du monde.

Cependant, les grottes bouddhistes du Shanxi conservent une valeur culturelle de premier ordre au-delà du passage du temps. Classées par le Conseil d'État chinois parmi le premier groupe de Sites Protégés Prioritaires de l'État en 1961, elles sont devenues en 2001 un site du patrimoine culturel mondial de l'UNESCO.

Marchant côte à côte auprès des gigantesques bouddhas dans le nord du Shanxi, le Premier ministre Zhou Enlai et le Président Georges Pompidou ont incarné l'effort de compréhension mutuelle. La présence du Premier ministre chinois était certainement une expression de respect pour l'invité de la Chine. Les deux hommes ont poursuivi leur dialogue à Hangzhou et à Shanghai où les pluies persistantes n'ont pu altérer la chaleur qui s'était établie entre eux.

L'événement diplomatique étant couvert par 90 journalistes étrangers, de nombreuses photos ont capturé les moments précieux. Les films réalisés par les équipes de télévision sont également bien conservés. Ils révèlent une atmosphère dominée par l'amitié et le respect mutuel, le sens de l'humour de deux hommes d'État, et même les compétences linguistiques du Premier ministre chinois. Dans l'un des reportages télévisés, on peut entendre Zhou Enlai, qui avait passé quatre ans en France au début des années 20, prononcer des mots français avec un accent impeccable.

Avec le recul, ces images ont un effet touchant. En 1973, Georges Pompidou devait subir les grandes douleurs et la fatigue que provoque le cancer. Il s'éteint le 2 avril 1974, seulement 6 mois après la visite à Yungang.

Une condition physique aussi triste explique pourquoi la partie française n'a pas choisi de faire le voyage jusqu'à la Grande Muraille. L'entourage du Président craignait que les marches n'épuisent un homme qui devait combattre en secret une terrible maladie. Comme les responsables français ne voulaient pas partager avec la partie chinoise l'état de santé de Pompidou, la préparation de la visite d'État a été particulièrement compliquée. Le premier ministre Zhou Enlai s'éteint le 8 janvier 1976.

De tous les successeurs de Georges Pompidou, c'est bien sûr Jacques Chirac, vieil et véritable ami de la Chine, qui a le plus influencé les relations franco-chinoises. Cependant, les liens entre le nom de Pompidou et la Chine restent bien vivants. En 2019, le président français Emmanuel Macron a inauguré à Shanghai le Centre Pompidou.

Alors que nous commémorons le 50ᵉ anniversaire de la visite du président français Georges Pompidou aux grottes de Yungang, on ne peut que souhaiter que Datong et toute la province du Shanxi consolident et approfondissent leurs relations avec une autre terre de culture, la France.

Né à Paris en 1970, David Gosset est sinologue. Auteur de Limited Views on the Chinese Renaissance (2018), *il est l'éditeur de* China and the World *en trois volumes. Il a fondé le Forum Europe-Chine (2002) et la China-Europe-America Global Initiative (2021).*

Remerciements

Je tiens tout d'abord à remercier tous ceux qui ont pris le temps d'écrire pour ce livre ainsi que toute l'équipe de la maison d'édition New Star et celle de Shanxi Education Press.

Je souhaite également exprimer toute ma reconnaissance à monsieur Du Zhanyuan, monsieur Gao Anming, madame Zhou Bingde, monsieur Joan Valadou, madame Irina Bokova, et monsieur le professeur Louis Godart.

Le contenu de ce livre doit beaucoup, je le sais, au généreux soutien de diverses organisations de la province du Shanxi, de madame Han Qian et de monsieur Sun Ruisheng.

Etant un ouvrage en trois langues, je souhaite ici remercier les traducteurs, monsieur le professeur Wang Zhiguang, Zheng Yakun, Lin Weiwei et Kevin Ruan.

Tout au long du processus de création de ce livre, j'ai pu aussi compter sur l'assistance de Xu Congcong et de Yuan Qiongyi! Qu'elles en soient remerciées!

A chacune de mes visites dans la Shanxi, j'ai rencontré des gens dont la gentillesse et la générosité m'ont inspiré. Au moment de remercier, je pense fortement à eux.

Enfin, je suis heureux d'exprimer toute ma gratitude à madame Lin Keyao pour ses conseils linguistiques mais aussi culturels, et sa capacité à coordonner des projets complexes avec finesse et patience.

图书在版编目（CIP）数据

灵感·山西：汉、英、法 / （法）高大伟主编 . — 北京：新星出版社，2023.10
 ISBN 978-7-5133-5356-4

Ⅰ . ①灵… Ⅱ . ①高… Ⅲ . ①山西－概况－汉、英、法 Ⅳ . ① K922.5

中国国家版本馆 CIP 数据核字 (2023) 第 191950 号

灵感·山西（汉、英、法）

[法] 高大伟　主编

出版指导	山西省人民政府新闻办公室		
出版统筹	邹懿男		
责任编辑	张　维	**责任校对**	刘　义
特约编辑	赵　玉　刘晓露	**法文校对**	蔡菲菲
特约编审	杜学文　李广洁　高专诚	**封面设计**	薛　菲
助理编辑	赵婧文	**内文设计**	魏　丹

出 版 人	马汝军
出版发行	新星出版社　（北京市西城区车公庄大街丙 3 号楼 8001）
	山西教育出版社　（山西省太原市水西门街馒头巷 7 号）
网　　址	www.newstarpress.com
法律顾问	北京市岳成律师事务所
印　　刷	北京中石油彩色印刷有限责任公司
开　　本	660mm×970mm　1/16
印　　张	25
字　　数	225 千字
版　　次	2023 年 10 月第 1 版　2023 年 10 月第 1 次印刷
书　　号	ISBN 978-7-5133-5356-4
定　　价	99.00 元

版权专有，侵权必究。如有印装错误，请与出版社联系。
总机：010-88310888　传真：010-65270449　销售中心：010-88310811